Demokrasiden Darbeye

Babam
Adnan Menderes

Demokrasiden Darbeye
BABAM ADNAN MENDERES

Yazan: Aydın Menderes, Taha Akyol

1. baskı / Eylül 2011 / ISBN 978-605-09-0351-5
Sertifika no: 11940

Kapak tasarımı: Yavuz Korkut
Kapak fotoğrafı: Hulûsi Turgut'un *Yassıada'da Yaptırılmayan Savunmalar* (Doğan Kitap, 2007) kitabından alınmıştır.
Baskı: Mega Basım, Baha İş Merkezi. A Blok
Haramidere / Avcılar - İSTANBUL
Tel. (212) 422 44 45

Doğan Egmont Yayıncılık ve Yapımcılık Tic. A.Ş.
19 Mayıs Cad. Golden Plaza No. 1 Kat 10, 34360 Şişli - İSTANBUL
Tel. (212) 373 77 00 / Faks (212) 355 83 16
www.dogankitap.com.tr / editor@dogankitap.com.tr / satis@dogankitap.com.tr

Demokrasiden Darbeye

Babam
Adnan Menderes

Aydın Menderes
Taha Akyol

DK DOĞAN KİTAP

İdamlarının 50. yıldönümünde
Şehit Adnan Menderes,
Şehit Fatin Rüştü Zorlu,
Şehit Hasan Polatkan'ın
aziz hatıralarına saygıyla...

Önsöz yerine

Geçmişiyle, geleceğiyle Adnan Menderes

Taha Akyol

İdamların üzerinden elli yıl geçti. Merhum Fatin Rüştü Zorlu, Hasan Polatkan ve bir gün sonra da merhum Adnan Menderes, 16 ve 17 Eylül 1961'de, Celal Bayar'ın yerinde ifadesiyle "asılarak öldürülmüşler"di.

Millete hizmet yolunda, masum ve mazlum olarak katledikleri için inancımıza göre şehittirler. Aziz şehitlerimizin ebediyete intikallerinin 50. yıldönümünde elinizdeki kitabı size sunmakla, hem onların hatıralarına, hem demokrasi ve hukuk tarihimize çok mütevazı bir katkıda bulunmuşsam bundan mutluluk duyacağım.

Tabii bu mutluluk en başta muhterem Aydın Menderes'in hakkıdır. 1970'li yıllarda tanıştığım, şahsiyetini ve siyasi tefekkürünü daima takdirle izlediğim Aydın Menderes'le üç gün fasılasız görüşerek anlattıklarını kaydettim. Aydın Bey hafızasını ve değerlendirmelerini elinizdeki kitap vasıtasıyla okurlara, halka ve tarihe tevdi etti.

Burada Aydın Bey'le birlikte, muhterem eşi Ümran Menderes Hanımefendi'ye de cömert misafirperverliği için teşekkürlerimi belirtmek isterim.

Benim yaptığım, soru sormaktan ve kitapta çerçeve içinde göreceğiniz bazı notları ve kitabın sonuna *Milliyet* arşivinden bazı kupürleri ilave etmekten ibarettir. Eser, Aydın Menderes'in telifidir.

Önsöz niyetine yazdığım bu bölümde merhum şehit Adnan Menderes hakkında genel bir değerlendirme yapmak istiyorum.

Başlıkta "Geçmişiyle, geleceğiyle Adnan Menderes" dememin sebebi, merhumun siyasi tarihimizdeki büyük muhafazakâr-liberal damarın artık simgeleşmiş bir lideri olmasıdır.

Bu büyük damarda Menderes'i yetiştiren bir "öncesi" vardır, Menderes'i devam ettiren bir "sonrası" vardır.

Cumhuriyet'te iki damar

Cumhuriyet tarihimizde iki damar vardır: Biri devletle bütünleşen inkılapçı, merkeziyetçi, otoriter CHP... Öbürü devlet katında hiçbir müttefiki olmayan, sadece halka dayanan ve sık sık kapatılan liberal-muhafazakâr diyebileceğimiz çizgideki çeşitli partiler.

Menderes'in Tek Parti devrinde CHP ile değil de liberal Serbest Cumhuriyet Fırkası ile siyasete adım atmış olmasının anlamı büyüktür ve hangi damara yakın olduğunu gösterir.

Genç Adnan'ın 1930 Eylülü'nde Aydın'da Atatürk'le görüşmesinde inkılaplardan, irticadan ve o zaman moda olan dil ve tarih fantezilerinden falan bahsetmeyip "tarım, sanayi, kooperatifleşme, kredi" gibi halkın sorunlarından ve çözümlerinden bahsetmesi önemlidir; öncelik farkını göstermektedir.

Serbest Fırka da böyle bir partiydi...

Onun öncesinde, Kasım 1924'te kurulup Haziran 1925'te kapatılan, Kâzım Karabekir ve Rauf Orbay liderliğindeki Terakkiperver Cumhuriyet Fırkası da böyleydi; programında liberal diyordu, ekonomik kalkınmaya öncelik veriyordu, inkılapçı değil reformistti...

Menderes'in görüşleriyle, onun "öncesi"ndeki bu iki partinin görüşleri arasında şaşırtıcı paralellikler vardır. Onun için Serbest Fırka'yı tercih etmişti zaten. Samet Ağaoğlu'nun tanıklığıyla belirtelim; Adnan Menderes, Rauf Orbay'a DP'den milletvekilliği önermiş fakat Rauf Bey siyasete girmeyeceğini belirterek, DP'ye başarılar dilemiştir. Bu da Menderes'in Terakkiperver hareketine duyduğu ilgiyi gösterir.

Erken Cumhuriyet tarihimizdeki iki damardan hangisine Menderes'in yakın durduğu bellidir.

Menderes'in öncesi böyledir ve "sonrası" da merkez sağ partileri için daima bir esin ve referans kaynağı olmuştur: Adalet Partisi, sonra daha vefalı bir şekilde Turgut Özal'ın Anavatan Partisi ile bugünkü Adalet ve Kalkınma Partisi...

Onun için Menderes, sadece bir "birey" değil, öncesi ve sonrasıyla yüksek temsil vasfı olan bir lider, bir simgedir.

"Hurafeden kurtulmak"

CHP geleneğinde nelere "hurafe" denildiği ayrı bir tartışma konusu... Metot planında CHP neyi "hurafe" gördüyse yasakladı, yakalayıp hapsetti... Bu konuda ayrıntıya girmeye burada gerek yok.

Menderes'in yaklaşımı çok farklıdır. Feroz Ahmad'ın *Türkiye'de Çok Partili Politikanın Açıklamalı Kronolojisi*'nde tipik bir olay vardır. 12 Aralık 1952'de Menderes basın toplantısı düzenlemiştir. Gazetecilerin sorularından biri irticadır. İşte Menderes'in cevabı:

> ... Yollar köylere kadar uzandıkça, elektrik ve su köylere kadar geldikçe, traktörler vesair makineler köylünün hayatı arasına girdikçe, kalkınması ve seviyesi yükselen bu insanlar hurafelere kapılmazlar.

Meseleye böyle bakmak, vatandaş kitlelerine de bakışı değiştirir. Mektep yüzü görmemiş, çeşitli batıl itikatları olan bu yoksul ve sade insanlar "potansiyel mürteciler" olmaktan çıkar, okul, yol, iş, aş götürülmesi gereken "vatandaş" haline gelir. "Hasolar, Memolar, fasa fiso vatandaşlar" jandarma dayağından kurtulur, kaymakamın, valinin, milletvekilinin ve başbakanın nazarında "aziz ve muhterem vatandaşlarım" olurlar.

"Yeter, söz milletindir" artık.

14 Mayıs ve Adnan Menderes, Anadolu insanının "Cumhuriyet-i mutlaka"nın tebaası olmaktan çıkıp "vatandaş" haline gelmesinin sembolleridir.

Menderes'in elli yıldır hafızalarda yerini muhafaza etmesinin ve millet çoğunluğu tarafından daima sevgiyle, hürmetle anılmasının bir sebebi, trajik sonu ise de, daha büyük ve asıl sebebi, Anadolu insanını "vatandaş" itibarına kavuşturmuş olmasıdır.

Topraktan, halkın içinden...

Menderes kışladan veya bürokrasiden gelmiş bir komutan veya âmir değil, Şevket Süreyya'nın isabetli tanımıyla "topraktan gelen lider"dir. Tarlada ırgatlarla çalışmış, pazarda esnafla halleşmiş, kuraklıktan canı yanmış, bereketten yüzü gülmüş bir liderdir ve bu özellikleriyle tarihimizde bir ilktir. Onun için, Aydın Menderes'in deyimiyle "itilmiş kakılmış" milyonlar Menderes'te kendilerini buldular.

Onun için, tarihimizde kalabalıklarla bütünleşen, kalabalıklarla birlikte olmaktan manevi haz duyan ilk lider de Menderes'tir. Ahaliye "adam etmek, hizaya getirmek" için değil; dertlerini anlayıp hizmet götürmek için bakmış, yüreği bunun için çarpmıştır.

Samet Ağaoğlu, *Arkadaşım Menderes* kitabında anlatır:

Sanıyorum 1952 veya 53. Hava sıcak, rüzgârlı. Samyeli esiyor. Adnan Bey'in gözleri dalgın, yüzü sapsarı. Elimi tuttu, titrek sesle, "İçim yanıyor Samet, içim yanıyor" dedi. "Bu rüzgâr şimdi Anadolu'yu kavuruyor. Bilirim köylünün bu yel estikçe içine düştüğü kederi. Toprak kurumakta, kısacık ekinler sararmaktadır. Duadan başka hiçbir şey yapamazlar."

Yanaklarına baktım, gözlerinden yanaklarına sessiz yaşlar süzülüyordu.

Şevket Süreyya Aydemir'in *Menderes'in Dramı* adlı kitabı CHP penceresinden bakmakla birlikte, gerçekçi tespitleri de az değildir. Şu satırları da gerçekçidir:

> Bizde Demokrat Parti ilk defa aşağıdan gelen bir sosyal harekettir... Menderes'in şahsında, etrafında halkalanan kitlenin gücünü ve dilini bilen bir sözcü bulmuştur... Ocak başkanları, bucak başkanları ve her tarafta türeyen gönüllü politikacılar şeklindeki bu geniş kadro şehirde, kasabada, köyde, kentte siyaseti sayarak, siyaseti halka mal ederek, halkta bir bir nevi şahsiyetleşmenin, şahsiyet gururunun doğmasına, yerleşmesine hizmet etmiştir. Susan halk, konuşan halk olmuştur.

Bu vizyon, bu duygu, bu heyecan elbette devlet idaresini de ona göre yaptı. Deniz Baykal, 1930'larda, muhtemelen ünlü Ankara Valisi Nevzat Tandoğan tarafından, Âşık Veysel'in kıyafetinden dolayı Ankara'ya sokulmadığını söylemişti. Böyle olaylar o devirde çoktur. Sivas'ın Sivralan köyünden, binbir zorlukla, kim bilir hangi derdine çare aramak için Ankara'ya gelen Büyük Veysel, geri çevrilince nasıl üzülmüştür! Şimdi ise Menderes yol, su, elektrik, okul, hastane ve piyasa ile halkın ayağına gitmektedir. Şevket Süreyya bu durumu "Sıçrayan Rakamlar" başlığı altında istatistik verileriyle anlatır.

Sıçrayan rakamlar

Şevket Süreyya'ya göre, 1950'de 130 bin ton olan şeker üretimi Menderes'in on yılında 643 bin tona çıkmıştı... Enerji üretimi endeks olarak 100'den 375'e yükselmişti... Hemen bütün rakamlar böyledir.

Menderes'in 10 yılında, Tek Parti'nin 27 yılının toplamından fazla yol, okul, hastane, çimento, üniversite meydana getirilmiştir.

Sosyal Demokrat Hasan Bülent Kahraman, kültür ve hukuk devrimi olan Tek Parti devrini "Pasif Modernleşme", buna karşılık ekonomik ve sosyal yapının değişmesi olan Menderes devrini "Aktif Modernleşme" olarak niteliyor; haklıdır. Elinizdeki kitabın sonunda Menderes'in 1950 hükümet programından bölümler göreceksiniz. Orada Menderes "karasaban ve kağnının mahkûmu olan geri bir zirai bünye"den ve bunun üzerine Tek Parti'nin inşa ettiği müsrif ve hantal devlet yapısından yakınır. Terakkiperver Parti'den bilhassa Menderes'e ve takipçilerine uzanan damarda modernleşmenin simgesi balo ve "lüküs hayat" değildir, "karasaban ve kağnının mahkûmu olan geri bir zirai bünye"nin yerine geçen traktör, biçerdöver, yol, kamyon ve otobüs, pazar, üretim, verimliliktir, kalkınmadır. Şevket Süreyya, Menderes'in on yılında sanayi genel indeksinin 100'den 270'e çıktığına dikkat çeker.

Dr. Hüseyin Şeyhhanlıoğlu'nun doktora tezinin konusu *Türk Muhafazakârlığının Kurumsallaşması ve Demokrat Parti*'dir. Kitap olarak da yayımlandı. Modern muhafazakârlığın Fransız jakobenizmini eleştirerek oluştuğunu anlatan Şeyhhanlıoğlu, DP'yi de bizim tarihimiz açısından böyle bir bağlamda inceliyor. Kitabının sonuna bir de Demokrat Parti dönemindeki ekonomik gelişmeyi gösteren sistematik bir tablo koymuş. Oradan aldığım verilerle size özet bir tablo sunacağım:

Sektör	**1950**	**1960**
Tarım		
Ekili alan (Hektar)	14.5 milyon	25 milyon
Traktör sayısı	16.585	42.135
Buğday üretimi	4 milyon ton	8.5 milyon ton
Eğitim		
İlkokul sayısı	12.511	22.011
Ortaokul	343	688
Lise	59	138
İmam Hatip	4	16
Bayındırlık		
Karayolları	17.457 km	40.800 km
Barajlarda su	157 milyon m^3	13 milyar m^3
Sağlık		
Yatak sayısı	11.637	42.814

Şunu da ilave edelim ki, Tek Parti, Osmanlı'dan devraldığı Teknik Üniversite ve Darülfünun hariç, bir tek üniversite kurmuştur: Ankara Üniversitesi... Menderes'in on yılında ise dört üniversite kurulmuştur: ODTÜ, Karadeniz Teknik, Erzurum Atatürk, İzmir Dokuz Eylül Üniversiteleri...

Menderes dönemindeki ekonomik ve sosyal kalkınma konusunda, Menderes'in Ulaştırma Bakanı merhum Rıfkı Salim Burçak'ın *On Yılın Anıları* adlı hacimli eserinde ayrıntılı bilgiler vardır.

Menderes kalkınmayı aynı zamanda milli bir dava, bir vatanseverlik hedefi olarak da görüyordu. Şevket Süreyya, Menderes'in şu sözlerini aktarır:

> Biz yeni yeni tek bir vatan, tek bir millet oluyoruz. Tıpkı Fatih zamanındaki gibi. Fatih Anadolu'daki çeşitli Oğuz boylarını birleştirdi. Biz de memleketi birleştirmek, yeniden kurmak zorundayız. Bir şehir diğerini tanımaz. Yol yok, iz yok. Kuş uçmaz kervan geçmez. Böyle vatan olmaz.

Menderes, "millet" olmanın altyapısının ekonomik ve sosyal entegrasyon olduğunu biliyordu. Onun için tarihimizde "sıçrayan rakamlar"da Menderes'in ve onun yolundan gidenlerin imzası vardır.

Menderes'in hataları

Menderes'i sevenler onu "Atatürkleştirmek"ten sakınmalıdır. Böyle bir şey anlayışımızı kısırlaştırır, almamız gereken derslere mani olur, onu tarihi bir aktör ve beşer olmaktan çıkarır, adeta tabiatüstü bir efsane haline getirir. "Atatürkleştirmek"ten kastım budur. Nitekim Atatürk'ü efsaneleştirmek böyle bir psikolojiye yol açmış, içinde muazzam tecrübeler bulunan o büyük kitabı, Atatürk'ü "okumak" yerine ona hayran kalmak gibi bir sonuç doğurmuştur.

Menderes'in ciddi hataları olmuştur. Bu hataları merkez-kenar çatışması bağlamında ele almak daha aydınlatıcı olur; günümüze de ışık tutar.

"Merkez" yani devlet, yani CHP+ordu+bürokrasi; buna Tek Parti eğitimiyle yetişmiş üniversite ve aydınları da eklemek lazım...

"Kenar" yani halk ve onun seçtiği TBMM ile hükümet, Demokrat Parti...

Bu sebepten, DP hükümet olduğu zaman bile "devlet iktidarı" karşısında muhalefet gibidir ve "merkez"in darbe yapacağı endişesi içindedir. Başlangıçta vehim, sonra endişe, sonra gerçek olan darbe...

İsmet İnönü'yü de bu bağlamda değerlendirmek gerekir. 1950'ye kadar "devlet" olan İnönü, ondan sonra iktidarı kaybetmiştir, güçlü, kudretli "merkez"in temsilcisidir ama seçim sandığı onu muhalefete itmiştir. O da muhalefeti gittikçe artan dozda, "merkez"in güçlerini kullanarak yapacaktır.

Bu tablo zamanla Menderes'i tedirgin ve vehimli, İnönü'yü tahammülsüz ve hırçın yapacaktır. Menderes baskı politikalarına, İnönü yıkıcı muhalefete yönelerek karşılıklı hatalarla 27 Mayıs'a gelinecektir.

Merhum gazeteci ağabeyimiz Tekin Erer'in *On Yılın Mücadelesi* adlı kitabında dönemin gazetelerinden ve Meclis tutanaklarından birçok örnek vardır. Menderes 1 Ağustos 1951'de Yabancı Sermayeyi Teşvik Kanunu'nu çıkarıyor. Yeterince sonuç alamadığı için 18 Ocak 1954'te daha liberal yeni bir Teşvik Kanunu çıkarıyor. 7 Mart 1954'te Petrol Kanunu'nu çıkarıyor. Bunlar çok müspet adımlardır, fakat İsmet Paşa'nın 23 Nisan 1954'te Sivas konuşmasındaki sözleri şudur:

> Afrika kabileleri kendi topraklarını işleten yabancılara karşı ayaklanmışlardır. İktidar, gül gibi toprağımıza Afrika kabilelerinin kovduğu yabancı sermayeyi getirmek istiyor!..

Halbuki İnönü 27 Mayıs'tan sonra koalisyon hükümetinin başbakanı olacak ve bu kanunların kılına dokunmayacaktır! Ama muhalefette böyle konuşuyor. Seçim kampanyasına "Büyük Ege Taarruzu" gibi adlar takıyor!.. Böyle bir muhalefetin, İnönü'nün tarihi şahsiyeti de dikkate alınırsa, orduda ve üniversitede yarattığı etkiler sürpriz değildir.

Abdi İpekçi ile Ömer Sami Coşar *İhtilalin İçyüzü* adlı kitaplarında orduda cuntaların 1955'te kurulmaya başlandığını yazarlar.

Öbür yanda, Menderes 25 Nisan 1954'te İzmir konuşmasında "Bir hükümete sen vatanı satıyorsun demek, o memleketi ihtilale sevk etmektir" diyerek tepki gösteriyor...

Hatta Menderes daha 21 Mart 1952'de DP İstanbul kongresinde CHP'yi "ihtilal havasının yıkıcı taktiklerini tatbik etmekle" suçluyor ki bu o zaman fazla kuşkuculuktu.

İnönü DP iktidarını vatanı satmakla, irticaya taviz vermekle,

Düyun-ı Umumiye'yi kurmakla ve daha 1952'de DP'yi diktatörlüğe yönelmekle suçluyor! "Demokrasinin bekçisi gençliktir" diye konuşmalar yapıyor, niye halk değil de sadece gençlik?!

Bu sorunun cevabı bellidir. Bu muhalefet tarzının nelere yol açtığı da bellidir.

Buna karşılık DP'de "ihtilal" ve "İnönü" fobileri var, Menderes daha Kasım 1954'te Meclis kürsüsünde "İnönü kâh melekâne, kâh profesyonel bir caninin soğukkanlılığıyla konuşuyor" diyor...

CHP'nin sorumluluğu

Menderes'in 9 Şubat 1958'de, evet 27 Mayıs'a yakın bir dönemde Bursa'da yaptığı konuşma fevkalade önemlidir:

> Muhalefetin zorlaya zorlaya bizi tedbirler almaya mecbur etmeleri, demokrasiye uygun neticeler değildir. Eğer onlar zorlamasalardı, bugün beğenmedikleri birçok kanunun çıkmasına imkân yoktu. Sizin üstünüze yürünürse elbet müdafaa tedbirleri alırsınız. Fakat daha şiddetli kanunların çıkması için ne derece zorlarsa zorlasınlar, Demokrat Parti sınırı aşmak, ölçüyü kaçırmak gafletini göstermeyecektir.

Çok isabetli bir görüş fakat maalesef tırmanan gerilim DP'yi ve Menderes'i "ölçüyü kaçırma gafleti"ne sürükleyecektir. Menderes böyle konuşurken İsmet Paşa'nın şu sözlerini Şevket Süreyya da dikkat çekici bulmaktadır:

> Farzımuhal herhangi bir kimse demokrasiye paydos demek gibi bir gaflete özenip sabahleyin böyle bir teşebbüste bulunursa, akşama kadar kendisinin ve etrafındakilerin yıkılıp kendilerini zindana soktuklarını görecektir!

Ortada ne darbeye gerekçe yapılacak Tahkikat Komisyonu var ne seçim yapılacak mı, yapılmayacak mı endişesi... 1957 seçimlerinden çıkalı da bir yıl olmuş sadece... Bu tür tahrikler DP'yi maalesef baskıyı artırma hatasına sürüklemiştir ve Metin Toker'in dediği gibi "İnönü ihtilale yeşil ışık yakmıştır."

Merhum Metin Toker, ihtilal hazırlığının 1957'de başladığını yazar. Menderes'in CHP'yi kapatarak diktatör olmak amacıyla kurduğu iddia edilen ünlü Tahkikat Komisyonu'ndan üç yıl önce!

Toker'e göre, 1958'in 19 Mayısı'nda CHP'nin resmi gazetesi *Ulus*'ta "Atatürk'ün Bursa Nutku"nun yayımlanması "sebepsiz değildi!" Bu nutukta Atatürk, güya "Memleketin polisi vardır, jandarması, ordusu, adliyesi vardır demeyeceksin" diyerek inkılapları kurtarmak için gençleri eyleme çağırıyordu! Bu nutuk uydurmadır ama 1958'de CHP'nin bunu yayımlaması bir eylem çağrısıydı, hem de Atatürk gibi bir siyasi kült adına...

Yine Toker'in, dört ciltlik *İsmet Paşa'yla On Yıl* adlı kitabında açıkça yazdığı gibi "ihtilalin esası, Ordu+CHP unsuru" idi (cilt 3, s. 101) Burada Metin Toker'den yaptığım bütün alıntıları onun bu kitabından aldığımı belirtmeliyim. Hatta Toker, 27 Mayıs'a gidişi anlatırken "CHP'nin yeraltı faaliyetinin bütün hazırlıkları tamamlanmaktaydı" diye yazar; isteyen Metin Toker'in aynı kitabının 2. cildinin 236. sayfasına bakabilir.

CHP'nin önde gelen isimlerinden Kâmil Kırıkoğlu anılarında vahim bir olayı anlatır. 27 Mayıs'a giden süreçte sistemli olarak yayılan bir dedikoduya göre Menderes çok sayıda genci öldürtmüş, cesetlerini Et-Balık Kurumu'na göndererek kıyma ya da gübre yaptırmak suretiyle yok etmişti! Bu korkunç dedikodu o kadar etkili olmuştu ki cunta idaresi darbeden sonra buzlukta cesetler bulunduğuna dair resmi açıklama bile yapacaktı. Bunun gazete manşetlerindeki haberini kitabımızın sonundaki gazete kupürleri bölümünde göreceksiniz...

Böylesine korkunç bir söylenti ortada dolaşırken İsmet İnönü'nün emriyle CHP'de kurulan bir komisyon bunu araştırmakla görevlendirilmişti. Komisyonun başında Kâmil Kırıkoğlu vardır. Titiz araştırmalardan sonra Komisyon kesin olarak tespit ediyor ki, bu söylenti tamamen yalandır, böyle bir şey yoktur. Komisyon raporunu İsmet İnönü'ye sunuyor. Kâmil Kırıkoğlu'nun anlattığına göre İsmet İnönü bu raporun açıklanmasına izin vermemiş, "Olmaz! Yoktur demeyeceksiniz! Vardır imajı vereceksiniz!" diyerek raporun üzerini örtmüştür!.. Ve maalesef bu korkunç dedikodu gençleri ve askerleri ihtilale tahrik eden faktörlerden biri olarak tedavüle devam etmiştir. Bu konuda isteyenler Tanju Cılızoğlu'nun *Anılarla Kâmil Kırıkoğlu* adlı kitabının 103. sayfasına bakabilirler.

CHP'li merhum Nihat Erim'in 20 Ağustos 1960 günü defterine yazdığı not şöyledir:

> Bir 27 Mayıs darbesinin zaruri hale gelmesinde İnönü'nün mesuliyeti yok mu? Ciddi, samimi ve ısrarlı bir uzlaşma aradı mı? Buna rağmen yürüttüğü 1955-60 politikasının ya Menderes diktatörlüğüne veya askeri darbeye götüreceğini anlamadı mı? Askeri darbenin netice-

sini hesaplayamadı mı? Son bir buçuk yıl nutuklarıyla da böyle bir darbeyi teşvik etmedi mi?..

Erim'in 27 Şubat 1962 tarihli notu:

> (İnönü) 27 Mayıs'ı teşvik etti, askeri politikaya teşvik etti, ihtilale azmettirdi. Şimdi onlar bir darbe ile Meclis'i, hükümeti, devlet reisini yıkıverince, işin kolay olduğuna hükmettiler. Yeni hevesliler çıkıyor...

Tek Parti'den demokrasiye geçişimizi temin ederek demokrasi tarihimizde kesinlikle saygın bir yere sahip olan İnönü, özelikle 1950'lerin ortalarından itibaren ihtilal tahriki yapan bir muhalefet lideridir!

Çok önceden hazırlanan ihtilalin en etkili bahanesi bu Tahkikat Komisyonu oldu. Halbuki ihtilalcilerin yayımladığı propaganda kitabındaki belgeler bile gösteriyor ki, Komisyon'un amacı CHP'yi kapatmak değil, "seçim güvenliği"ni sağlamaktı. Seçmen kütüklerinin yenilenmesine ilişkin hükümet tasarısı Meclis'te görüşülüyordu zaten. Ve tanklarla geldiler, milli iradeyi katlettiler, darağaçları kurdular, arkadan gelecek cuntalara da yol açtılar!

Merhum Nihat Erim'in 25 Mart 1963 günlü notu, iktidarlar için de muhalefetler için de ve hele ordular için de ebedi bir uyarıdır:

> Baskı ve korkutma tedbirleri işi daha kötüye vardırır. Ordunun komutanları, halka rağmen uzun vadeli bir politika güdülemeyeceğini bilmezler mi?

Çatışmacı kültür

Hangisinin daha kusurlu olduğunu tartışmak beyhudedir. İki taraf da aynı çatışmacı kültürün iki yarısıdır; bazen birini, bazen öbürünü haklı bulsanız da...

Merkez-kenar çatışmasında araya girecek güçlü bir girişimci orta sınıfın bulunmayışı yüzünden kavga sürekli kızışacaktır, ara sıra yaşanan "bahar havaları" gelip geçecektir.

Gerçekten güzel "bahar havaları" olmuştur. Ben on yıl içinde yedi defa ciddi "bahar havası" olduğunu tespit ettim. İnönü "başvekil muktedirdir" diyerek Menderes'i ve dış politikasını övüyor... Menderes bir resepsiyondan sonra İnönü'yü arabasına alıp Pembe Köşk'e götürüyor... Menderes 6 Nisan 1957 gibi nispeten geç bir tarihte ve hem de seçim arifesinde diyor ki:

İktidar ve muhalefet birbirini yok edemez, birbirimize tahammül zaruridir. Bu anlayışa vardıktan sonra karşı saflarda bulunmamıza rağmen birbirimize tahammül edebiliriz...

Fakat iki tarafa da hâkim kültür, çatışmadır; yarış, müzakere ve uzlaşma değil.

Neticenin nereye vardığı bellidir: darbe...

Aydın Menderes'in de elinizdeki kitapta belirttiği gibi DP iktidarı "tedbir" olarak baskıya yönelmiştir; liberalleştirdiği Basın Kanunu'nu yeniden otoriterleştirmiştir. Radyoyu iktidar tekeline almıştır. Kırşehir'i Bölükbaşı'ya oy veriyor diye ilçe yapmıştır... Vatan Cephesi de yanlıştı ve darbeyi önleyeceğim diye darbeyi körükleyen hatalardan biri olmuştur. Hele de hukuken anayasa ihlali olmamakla birlikte siyaseten çok yanlış olan Tahkikat Komisyonu... Bunlar darbeyi bastırmamış, aksine kışkırtmıştır, yangını körüklemiştir!

Onun için iktidarlar hiçbir zaman basına ve muhalefete baskı yapmayı "tedbir" sanmamalıdır.

DP'nin sert politikalara yönelmesinde Bayar'ın daha sorumlu olduğunu söyleyenler vardır ve doğrudur. DP'nin Ulaştırma Bakanı Rıfkı Salim Burçak bu görüşte, Ali Fuat Başgil de bu görüştedir. Şevket Süreyya da İnönü'nün yurt gezilerini engelleyerek ortamı geren kişinin Bayar olduğunu belirtir.

Basına ve muhalefete karşı baskı yoluna gitmek DP'nin en büyük hatasıdır ve en çok ders alınması gereken tarihi bir olgudur. Fakat "DP Tahkikat Komisyonu ile CHP'yi kapatacaktı, diktatörlük kuracaktı, 27 Mayıs bunu önledi" iddiası külliyen yanlıştır. Tahkikat Komisyonu'nun taslak raporu CHP'yi kapatmaktan değil, aksine güvenli ortam sağlanarak seçime gitmekten bahseder. Yüksek Adalet Divanı adlı cunta mahkemesi bu belgeyi açık duruşmada okutturmamıştır.

27 Mayıs hukuk cinayetleri ve yargıyı "hizaya getirdikten" sonra sözde bağımsızlık vererek gelecek dönemlere "devrim yanlısı" bir yargı devretmiş olması ayrı bir faciadır. Bu konuda Dr. Osman Doğru'nun *27 Mayıs Rejimi* adlı değerli eserini önemle tavsiye ederim.

Nazlı Ilıcak'ın *27 Mayıs Yargılanıyor* adlı kitabı, darbeyi destekleyenler de dahil olmak üzere, aydınlarla, siyasetçilerle ve hukukçularla yapılan görüşmelerle 27 Mayıs'ın bir muhasebesini çıkarmıştır. Yine Nazlı Ilıcak *Bitmeyen Hasret* adlı kitabında merhum Menderes'in eşi Berin Menderes ve çocuklarıyla Yassıada'dan mektuplaşmalarını ve Yassıada'da nasıl bir zulüm rejiminin uygulandığını anlatıyor.

27 Mayıs bir yandan yol açtığı cuntalaşmalarla, öbür yandan yargıyı taraflı hale getirmesiyle, sonraki yıllarda Türkiye'nin yaşadığı vahim istikrarsızlıkları da tetiklemiştir.

Artık tarihin kavgasını yapmak yerine, hepimizin ders alması için yeterli zaman geçmiştir.

Şüphesiz, merhum Menderes doğru bir yolun, doğru bir anlayışın lideriydi, ülkeye büyük hizmetleri geçmiş, bin yıldır, on bin yıldır köylü olan Anadolu'da şehirleşmenin, ticaretin, sanayinin yolunu açmış, cumhuriyetin tebaasını vatandaş haline getirmiştir. Hatası, "tedbir" diye baskıya yönelmesiydi. Bu onun büyük hizmetlerini ve temel felsefesinin doğru olduğu gerçeğini örtemez.

Katledilişlerinin 50. yılında şehit Adnan Menderes'i, şehit Fatin Rüştü Zorlu'yu ve şehit Hasan Polatkan'ı rahmet ve hürmetle anıyorum.

27 Mayıs, Menderes'in son günleri

Taha Akyol: Rahmetli Adnan Menderes'in idamının 50. yıldönümü için yaptığımız bu çalışmaya 27 Mayıs'ı ve idamları konuşmakla başlamak istiyorum. 27 Mayıs'tan önce, gerek annenizin, gerek babanızın, yakın çevrenizde böyle bir rüya, bir hiss-i kablel vuku ya da böyle şeyler var mıydı?

Aydın Menderes: Annem pesimistti, siyaseten kötümserdi. "Kıskanırlar, haset duyarlar, rahat vermezler, düşürmek için ellerinden geleni yaparlar babanıza" derdi. Sonradan, 27 Mayıs'tan sonra bu kanaati giderek daha da pekişecektir. Rahmetli babama gelince ben onu, hiçbir gün yorgun argın, bezgin veya kötümser görmedim, her günkü gibi. Ve o günkü dönemle ilgili bir-iki anımı anlatmak istiyorum. Birisi çok özel bir şey. Bir gün eve öğlen erken gelmişti, nadir gelirdi.

1960 Mayısı, değil mi?

Evet, 1960 Mayısı. O da "yemek yemeyeceğim, meyve filan yerim" dedi. Yenidünya çok sever, o varmış, ondan yedi. Beni çağırdı, "Ne yapıyorsun?" dedi. Annem 28 Nisan olayları patlak verince beni İstanbul'dan aldı, Ankara'ya getirdi, göndermedi geriye. Orada duruyorum, "Ne yapıyorsun?" "Ders çalışıyorum." "Bak" dedi "derslerin iyi, tarihin çok iyi." O vakit ben iki sene hazırlık olduğu için Robert Kolej, orta birdeyim. Babil, Sümerliler filan okuyoruz. Ne okuyorsun bunları deyip rahmetli bana sorular sordu. Hâlâ hayret ederim. O kadar yıl geçmiş olmasına rağmen, imtihana girecek ortaokul lise talebesi kadar, hatta ondan da fazla bilgi sahibiydi. Hatta ben zorlandım filan, gülmüştü. "Yok, yok merak etme iyi çalışmışsın, aferin iyi biliyorsun" demişti. Şimdi 5 Mayıs akşamına geliyorum, buradan. Şu 555K.

5 Mayıs akşamı ben yatmıştım, beni kaldırdılar. "Babanız çağırıyor" dediler, hemen giyindim, sofraya gittim. Sofra 13 kişiymiş, 13 iyi bir rakam değil, 14 kişi olsun demiş. Kim olur? "Bizim Aydın gelsin" demiş. Ben de oturdum. Refik Koraltan var, mesela değişik isim. O vakit Sümerbank Genel Müdürü Mehmet Akın, aynı zamanda Demokrat Parti'nin Ankara il başkanı. Şartlar müsait bu görevlerin bir arada yürütülmesine. O gelecek, o bekleniyor. 555K konuşuluyor. İşte Koraltan mutantan bir edayla, devletin sebebi mevcudiyeti, can ve mal güvenliğini, asayişi temin etmektir gibi şeyler söylüyor. Ve o arada konuşulan tartışılan konu: "Biz de Ankara'da bir şey yapalım mı? Mukabil miting yapalım mı?"

Okurlarımıza burada 555K'nın ne olduğunu hatırlatalım: 5. ay yani Mayıs, 5. gün ve saat 5'te Kızılay'da hükümet aleyhtarı gösteri yapılacak. Sizin anlatımızda bu gösteri yapılmış, akşam yemek yeniliyor...

Evet. Yapılmış, yollar kesilmiş, içine girilmiş, olaylar olmuş. Menderes kalabalığın içine girmiş. "Daha ne istiyorsunuz, başvekilin yakasından tutuyorsunuz?" Bu arada tartışılan konu, böyle bir miting yapıp yapmamak konusu. Efendim, bunları yaparız diyenler, neyse bekleyelim diyenler filan. O arada il başkanı da geldi. Gelir gelmez hemen kalk demedi bana. Ben biraz daha kaldım, yoksa işim bitmişti benim, ben sayı tamamlansın diye oradayım. İl başkanı dedi ki "Efendim Ankara'da istediğiniz yerde Ankara teşkilatı hazırdır. Fevkalade büyük bir miting yaparız." Sonra rahmetli Menderes toparlandı, dedi ki, "Parti olarak böyle bir gücümüz vardır ama bu tahrik edici olur. Biz iktidarız, biz vatandaşın karşısına vatandaşı koyarak asayişi sağlamak gibi bir yola gidemeyiz. Bizim yapacağımız devletin gücünü bir şekilde seferber etmektir. Başka vilayetlerde miting yaparak gücümüzü sergileriz ama Ankara'da bir şey yapmayalım." Sonra da döndü bana "Hadi bakalım seni rahat bırakalım Aydın" dedi. Ben de "Allahaısmarladık" dedim, el öptüm, ayrıldım. O vakit çeşitli milletvekillerinden istediği sayı 14 ve ben tekrar çekildim. Yani böyle bir genel ihtiyatlılık da bir taraftan hâkim.

Bir de bu arada rahmetli Menderes'in istifaya karar vermesi, eve gelip kapıyı kapatarak odasına çekilmesi, kimseyle görüşmemesi fakat Refik Koraltan gelince kıramayıp onunla görüşmesi var, onu anlatır mısınız?

Şimdi özellikle, annem –tabii iki ağabeyim yurtdışında– ben döndüğüm vakit, önemli işleri bana anlatır, sorar. 27 Mayıs'tan önce dedi ki bir gün, "Baban geldi, girdi odaya böyle böyle, 'kimse girmeyecek' dedi. Koraltan geldi, 'aman hanımefendi' falan, filan dedi, ben de onu kıramadım. O da kapıyı açar gibi olunca, Refik Bey içeri girdi, bir süre oturdular, konuştular ve ayrıldılar. Baban da iyiydi ve başvekâlete gitti."

Yani Menderes "İstifa ettim" mi demiş?

Hiç bilinmiyor içerde ne olduğu, fakat 27 Mayıs'tan sonra bu istifalar, işte Menderes istifa etti, etmedi; Bayar kabul etti, etmedi diye laflar çıkınca, annemin kafasında oluşan senaryo bu: Herhalde Bayar'la aralarında bir şey oldu. İstifa etti, kalktı eve geldi, arkasından Refik Bey'i gönderdi. Refik Bey zaten emsal, bir Refik Bey var hani dörtken üç kişi kalmışlar.

Buna bir hemen şey ekleyeyim. Türkiye'de hükümet kuruluşunun en çok geciktiği dönem, bakanların istifa ettirildiği 55'teki dönem. O vakit de, uzun süre evden çıkmadı babam, 10 gün, 15 gün. Mükerrem Sarol falan böyle bir-iki kişi dışında kimseyle görüşmediğini, derin derin düşündüğünü anımsıyorum. Bir an için bırakmak fikri yani tekrar geri dönüşle birlikte tabii, düşünülmüştür. Yani bırakıp gitmek tekrar çiftliğe, Adnan Bey olmaya değil de, bir şey gibi.

Meydan okur gibi...

Zaman zaman zihninden bunun geçmiş olabileceği ihtimalini ben varit görüyorum ama annemin anlattığı olay neye karşılık gelir bilemiyorum, kendisi de bir yorum getiremedi. Bir türlü de öğrenemedik, hep merak ederiz zaman zaman, acaba kapıyı açmasaydık, "İstifa etmiş olsaydı" bunlar da böyle olmazdı.

26 Mayıs gününü hatırlıyor musunuz, ilginç bir şey var mı?

26 Mayıs günü ilginç bir şey yok. Bir gün önce ilginç bir şey var. 25 Mayıs, babamın Eskişehir'e gideceği gün. O vakit sene sonu imtihanları olur, Robert Koleji usulü, kanaat notuyla geçilmez. Babam diyor ki "Aydın'ın imtihanlarının vakti geldi." Annem "Ne yapayım göndereyim mi, girsin mi imtihanına, yoksa burada kalsın mı?" diyor. Orada rahmetlinin cevabı çok enteresan, "Bugüne kadar kalmış, varsın kalmaya devam etsin, dokunma. Ortalığı görmüyor musun?" Belki de evdeki son görüşmenin bir parçası.

Orada da rahmetli babam Eskişehir'e gitti, Eskişehir'de de darbe oldu. 26 Mayıs'ın hiçbir özelliği yok.

27 Mayıs sabahı nasıl uyandınız?

27 Mayıs gün ağarmadan annem beni kaldırdı. "Kalk oğlum" dedi, "askeri müdahale varmış, ihtilal olmuş." Hemen kalktım, giyindim, daha güneş doğmamış. Annem sakin. Yani o an, o sırada kontrolde her şey, telefon filan, bir süre sonra telefonlar kesildi. Gün hafif ışımaya yüz tuttu. Ne yaparız, ne yapabiliriz, babamdan bir haber alabilir miyiz?

Telefonlar açık mı, kesik mi?

Açıktı, kesildi. Bu arada bazı telefon görüşmeleri oldu. Ve bizim, rahmetli oldu, Osman adında Karadenizli bir garson vardı. Her gece birisi nöbetçi kalır, babam gece gelir, o sıralarda rahmetli babamın bir ihtiyacı olursa hizmet görülsün diye. Osman dedi ki, "Hanımefendi, buradan bir haber alamazsınız. Haber varsa yine karşı köşkte vardır." Çankaya Köşkü'yle karşı karşıyayız, aradaki mesafe 100 metre. "Ben düşündüm beyefendinin silahı var, onu izniniz olursa, her ihtimale karşı üstüme alayım" dedi. Telefon edildi falan, "Buyurun gelin" demişler. Biz de gittik, bizim Osman arkada. Köşkte üst kata girdik. Bayar alt katta.

Askerler filan yok mu hiç, kuşatmamışlar mı?

Asker çok.

Ama size engel olmadılar?

Hayır, bahçe asker dolu. Giriş o meşhur köşkün nizamiye kapısı. Orada da muhafızların iki tankı duruyor. İkisinin de topları Ankara'ya dönmüş, bir sürü de asker var. Yukarı çıktık.

Size kimsiniz falan diye sormadılar mı?

Hayır hayır, hiç soran yok orada. Tanıyorlardı. Biz öyle geçtik girdik köşke. Reşide Hanım rahmetli, Nilüfer Hanım, kızları, kocası Ahmet Bey, Ahmet Gürsoy milletvekili ama yurtdışında. Bayar aşağıda. Öyle sessizce oturuyoruz biz. O sıra Bayar yukarı çıktı, salondan geçti, yatak odasına doğru yürüyor. Annem ayağa kalkıp "Beyefendi acaba Adnan'la bir temasınız olabildi mi?" dedi. Bayar döndü, yorgun, üzgün, "Artık çok geç hanımefendi" dedi. Sonra çok kısa kaldı. Olabilir ki silahı da almıştı, döndü Bayar aşağı indi. O arada ben dışarı bakıyorum, bahçedeki askerlerin tüfeklerinin namluları yere doğru çevrilmiş.

Yani ateş edecekmiş gibi omuzdan yukarı durmuyor, öyle mi?
Hayır, tam tersine, hani yağmurda namluya su gelmesin diye.

Aşağıya çevrilmiş, evet.
Evet. Ben sonra öğreniyorum onun manasını. Orada bir böyle asker arasında dalgalanma, onun da nedenini sonra öğreniyorum. İçeri girdim ben tekrar, o sırada aşağıdan bir gürültü geliyor, bayağı bir ses yükselmesi falan. Arkasından Bayar'ı götürdüler yazık ki. Hemen şöyle bir balkondan baktım. O nizamiyedeki iki tankın topları bu sefer köşke çevrilmiş. O askerlerin de teslim ol tüfeği aşağı çevrili.

Çankaya Köşkü'nün Muhafız Alayı teslim olmuş.
Muhafız Alayı'nın komutanı Osman Köksal, 38 Milli Birlik Komitesi üyesi biri olmakla birlikte, diyor ki, "Olur ki hareket başarılı olmaz, biz de idama gideriz. Onun için aşağıdan iki çift asker göndereceksiniz, beni teslim alacaksınız. Böyle bir durumda ben teslim olmayacağım." Yani yürekler de pırpır o vakit, böyle bir işe teşebbüs edilmiş ama başarılı olabileceklerinden emin değiller. Ve burada bir cümlede eleştirmek lazım. Zaten 27 Mayıs bütün askerin yaptığı, Silahlı Kuvvetler'e mal edilecek bir hareket değildi.

Bir cunta hareketi, öyle değil mi?
Evet. Mesela 24'ünde bir sürü general var rahmetliye gidip "Sen bu millet için bulunmaz insansın" diyen. Cemal Gürsel'in gayet samimi bir mektubu var: "Şu birkaç kişiyi hallet, geç kendin otur Adnan Bey, bizim sana bir itirazımız olmaz."

Hallet yani uzaklaştır dediklerinden biri de Celal Bayar...
Biri Bayar falan işte.

Başka?
Söylenti çıkmış, bakanlar var diyor. İsimlerini yazıp yazmadığı belli değil.

Sonra bu mektup Yassıada'da değiştirildi, değil mi?
Orada değiştirildi. Onu zaten Türkeş değiştirmiş, başbakan müsteşarı olur olmaz. Yassıada yargılamaları sırasında o değiştirilmiş metin okunmuş, bu mektubu ben değiştirdim diye de Türkeş kendisi açıkladı, *Sabah*'ta Hulûsi Turgut'a. Gürsel'in emriyle değiştirdiğini söyledi.

Orgeneral Gürsel mektubunda ne yazmıştı?

Cuntanın mektup sahtekârlığı

27 Mayıs darbesini yapan Milli Birlik Komitesi adlı cuntanın başkanı Org. Cemal Gürsel, darbeden önce Kara Kuvvetleri Komutanı idi. Demokrat Parti hükümetinin Milli Savunma Bakanı olan Ethem Menderes'e bir mektup yazmıştı. Gidişin kötü olduğunu anlatıyor, özü siyasetin kısıtlanması olan tedbirler öneriyordu. Bir yandan "anti demokratik kanunların tedricen kaldırılmasını" istiyor, öbür yandan demokratik siyasi hayatın il merkezleriyle sınırlandırılmasını istiyordu! Konumuz Org. Gürsel'in mektubunun analizi değil.

Konumuz, cuntanın mektupla yaptığı sahtekârlıktır.

Aşağıya tam metin olarak aldığımız mektup metninde kalın harflerle işaretlediğimiz iki tane 1. madde vardır. İlkinde Bayar'ın istifasıyla Menderes'in cumhurbaşkanı olmasını istiyor ve Menderes hakkında **"Bu muhterem zâtı her şeye rağmen milletin çoğunluğunun sevmekte olduğuna kaniim, bu sevgiden istifade edilerek kırılanların gönülleri alınmalı ve millete yeniden güven telkin edilmelidir"** diyor. Demek ki darbenin lideri ve "Devlet ve Hükümet Başkanı Türk Silahlı Kuvvetleri Başkumandanı" Org. Cemal Gürsel'e göre Menderes'i "milletin çoğunluğu sevmektedir, bu sevgiden istifade edilerek" kriz çözülmelidir; Menderes cumhurbaşkanlığına layıktır...

Fakat Gürsel, darbe gerçekleştikten sonra Başbakanlık Müsteşarı Albay Alparslan Türkeş'e direktif vererek, mektuptan bu ifadeleri çıkarttırmıştır! Yassıada'da yargılanmakta olan Menderes'in savunmasında pozitif etkisi olacak bu satırları çıkarttıktan sonra, aşağıda ikinci gördüğünüz 1. maddeyi yazdırarak kamuoyuna açıklattırmıştır. Amaç, "ordu uyarmış, ne yapsın" dedirtmektir.

Fakat dürüstlük, mektubun aslının olduğu gibi açıklanmasını gerektirirdi. Bunu yapmamışlar, mektupta sahtekârlık yaparak, "belge" diye ve tamamen sanıkların aleyhine olacak şekilde açıklamışlardır.

Kaynak: Hulûsi Turgut, *Yassıada'da Yaptırılmayan Savunmalar*, s. 25-50.

DP çözüm üretebilirdi

Dürüstlüğe aykırı bir durum da Ethem Menderes'in Gürsel'in bu mektubunu Adnan Menderes'e göstermemiş, önemini anlatmamış, şöyle bir bahsedip geçmiş olmasıdır. Ethem Menderes, Gürsel'le yaptığı görüşme ve görüşmede neleri konuştukları, dolayısıyla ordunun nabzının nasıl olduğu konusunda Başbakan'ı bilgilendirmemiştir.

Dahası, Gürsel tahrif edilmiş olarak mektubu açıkladığında konu Yassıada duruşmalarında gündeme gelmiş, fakat Ethem Menderes, "Gürsel Adnan Bey'in cumhurbaşkanı olmasını istiyordu" demek mertliğini de göstermemiştir.

Başbakanın kabinesinde yer alarak siyaseten yüklendiği ortak sorumluluktan başka, insani ahlak da Ethem Menderes'in velinimeti ve başbakanı Adnan Menderes'i bilgilendirmesini gerektirirdi. Mektup özel de değildi, siyasi idi, hükümeti ve Menderes'i birinci derecede ilgilendiriyordu.

Ethem Menderes siyasi ahlak bakımından tarihten kırık not almıştır.

Adnan Menderes'in bu mektuptan haberi olsaydı, olayların ne yönde gelişeceğini bilemeyiz ama gidişatı muhakkak değişirdi. Liberal anayasa hocası Prof. Ali Fuat Başgil, Menderes hükümetinin istifasını ve bir seçim koalisyonu kurulmasını tavsiye ettiğinde bunu Menderes kabul etmiş, fakat Celal Bayar engellemişti. Demokrat Parti içinde de Sıtkı Yırcalı, Rıfkı Salim Burçak gibi değişik çözümler gerektiğini düşünenler az değildi. Gürsel'in mektubu farklı çözümlerin DP içinden geliştirilmesine vesile olabilirdi.

Ethem Menderes'in vebali büyüktür.

İşte Gürsel'in mektubu

Aziz Bakanım,

Ankara / 3 Mayıs 1960

Dün geceki konuşmalarımızdan cesaret ve ilham alarak zât-ı âlilerine, memleketin huzur ve istikrarı için alınması lâzım gelen tedbir ve kararlar hakkında düşüncelerimizi arz etmeyi millî ve vatanî bir vazife bildim.

Sayın Başvekilin açıklamalarını dinledim ve okudum; bunlarda, benim düşüncelerimin kabulüne müsait bir zeminin henüz mevcut olmadığı aşikâr olarak belli ise de, gene de görüşlerimin sizlere iblâğının [bildirilmesinin] zaruretine inanıyorum.

Muhterem Bakanım; şu hakikatı kabul etmek lâzımdır ki, Kayseri hadiseleriyle başlayıp son karar ve feci olaylara kadar devam eden vakalar vatandaş ruhunda derin tesirler ve hükûmete karşı telafisi güç hoşnutsuzluklar yaratmıştır. Hele ordunun talebelere karşı akılsızca kullanılması, işin vehametini arttırmış, ordu mensuplarında da huzursuzluk ve güvensizlik hisleri belirmiş, korkulan şey olmuş, ordu politikaya karıştırılmıştır.

Sayın Bakanım;

Bu ahval küçümsenecek, cebir ve şiddetle geçiştirilecek şeylerden değildir. Memleket, hükûmet ve partinin düştüğü bu müşkül vaziyeti kurtarmak için sükûnetli fakat ciddi ve zecri tedbirler almak lazımdır. Bu tedbirler şunlar olmalıdır:

1- Cumhurbaşkanı istifa etmelidir. Cumhurbaşkanlığına Sayın Adnan Menderes getirilmelidir. Bu muhterem zatı her şeye rağmen milletin çoğunluğunun sevmekte olduğuna kaniim, bu sevgiden istifade edilerek kırılanların gönülleri alınmalı ve millete yeniden güven telkin edilmelidir.

1- Cumhurbaşkanı istifa etmelidir. Çünkü bütün fenalıkların bu zattan geldiği hakkında memlekette umumi bir kanaat vardır.

2- Kabine'de iyi kabul edilmeyen ve suihalleri bütün memlekete yayılmış bulunan zevat çıkartılmalı ve yeni kabine mutlak dürüst, makul, zorcu değil, adalet ve şefkat hissi taşıyan zevattan kurulmalıdır.

3- İstanbul, Ankara valileri ve Emniyet Müdürleri süratle değiştirilmelidir.

4- Son çıkarılan ve Tahkikat Komisyonları ihdas eden kanun kaldırılmalıdır.

5- Ankara Sıkıyönetim Kumandanı değiştirilmelidir.

6- Partilerin ocak, bucak teşkilâtı kaldırılmalı, sadece vilayet merkezlerinde mümessiller bulundurulmalıdır.

7- Parti faaliyetleri azami senede iki defa vilayet merkezlerinde ve mahdut partililerle yapılmalıdır.

8- Tutuklu gazeteciler bir af kanunu ile kısa zamanda tahliye edilmelidir.

9- Son hadiseden tutuklanan talebeler tedricen serbest bırakılmalıdır. İlim müesseseleri yeniden faaliyete geçirilmelidir.

10- Şimdiye kadar çıkarılan bütün antidemokratik kanunlar tedricen kaldırılmalıdır.

11- Vatandaş, hürriyet ve eşit muamele hakkına mutlak surette riayet edilmelidir.

12- Ordunun meseleleri süratle hal edilmelidir.

13- Din istismarcılığından vazgeçilmelidir.

14- Suistimaller oluyor mu bilmiyorum. Fakat olduğu hakkında umumi bir kanaat mevcuttur ve milletin, hükûmete karşı itimatsızlığına sebep olmaktadır. Bu gibi kötülüklerin şiddetle bertaraf edilmesi lâzımdır.

15- Müstesna zamanlar ve günler haricinde hükûmet büyükleri ile memleket gezilerinde sayısı büyük vatandaş toplulukları ile karşılamalar yapmak usulü kaldırılmalıdır.

Çok Muhterem Bakanım;

Bu yazdıklarım aslâ bir parti ve politika mülâhaza ve tesiriyle değildir.

Memleketin durumunun bu tedbirlerin alınmasını zarurî kıldığına inandığım için arz ediyorum. Sizlerin vatanperverlik ve vicdanlarınıza hitap ediyorum. Memlekette çok şeyler yaptığınız muhakkaktır, fakat bu da asla kâfi değildir. Bu yapılan işleri müstemleke idareleri de yapar, yapıyor ve yapmıştır.

Asıl mühim olan toplumun ruhunda yaşama şevk ve azminin geliştirilmesi, hak ve hürriyet aşkının kökleştirilmesi ve vatandaş idrakinin yüksek ve necip hislerle donatılmasıdır. Olaylar bu yolda olmadığımızı göstermektedir. Talebelerin hürriyet duygusu ile yaptıkları masumane tezahürata karşı, idarecilerin hatası yüzünden kıtalar sevk edilmesi ve onların desteği ile emniyet kuvvetlerinin ilim yuvalarının içine kadar girerek talebeleri, profesörleri ile beraber coplarla ve kurşunlarla tedip etmesi [bastırması] feci bir şeydir.

O hengâmede kız talebelerin yürekler parçalayan çığlıklarının analar, babalar ve halk ruhunda onulmaz yaralar açacağını ve açtığını anlamamak, memleketin huzuru bakımından büyük hata olduğuna kaniim. Bizim gençlerimizde hak, adalet ve hürriyet duygularının gelişmesinden ve kemalinden memnun olmamız lâzım gelmez mi? İstikbali hissiz, duygusuz müstemleke ruhlu, yalnız maddeci bedbaht insanlara mı bırakmak istiyoruz?

Sayın Vekilim, maruzatım muhakkak ki çok mühim ve hatta çok cüretkâranedir. Fakat memleket için, millet için, Hükûmet ve hatta partilerin selâmeti için dikkate alınması lâzımdır ve hatta çok lâzımdır.

Derin ve sonsuz hürmetlerimi sunarım.

(imza)

Kara Kuvvetleri Kumandanı
Orgeneral Cemal Gürsel

Menderes'in aleyhine olacak şekilde değiştirmişti...

Gürsel'in Menderes'e söylediği "Sen başımıza geç" cümlesini çıkarmış. Gerisi kalmış. Menderes'in avukatı Orhan Apaydın'ın bu mekbunun tamamını bir okuyun ısrarı var. Rahmetli ise "Bunu vekilim istiyor ama bence lüzum yoktur" diyor.

Orada Cemal Gürsel'e jest yapıyor!

Tabii. Devletin itibarı o sırada aynı zamanda Gürsel'in itibarı da. Kaldığımız yere dönersek, Celal Bayar Çankaya Köşkü'nden alınıp götürüldü. Radyo da başlar bir süre sonra, Kütahya yolunda Adnan Menderes yakalandı haberi geldi. Harp Okulu'na getiriliyormuş diye işittik. Öğlene kadarki kısım bu 27 Mayıs'ta.

Babanızı ziyaret ettiniz mi Harp Okulu'nda tutulurken?

Hayır, izin vermediler. 2-2.30'da bizim tarafa gelmişler. Telefon geldi, Harp Okulu'ndan gelenler var: "Hanımefendi sizi çağırıyorlar." Annem de "Oğlum sen bekle, ben bir gideyim" dedi. Ben de bir şey diyemedim ama dedim "Dur bakalım bu iş nasıl bitecek" falan ama tahmin de ediyorum, işte kısa bir pusula geldi rahmetliden: "Harbiye'de mevkufum, acil şunlara ihtiyacım var, sizleri öperim." Onları annem hemen bir küçük çantaya koymuş, teslim etmiş.

Çamaşır, pijama filan, öyle şeyler değil mi?

Evet. Sonra annem döndü geldi. O gün akrabalardan birisi de Emel Hanım, Fatin Rüştü Zorlu'nun eşi, köşke Bayar'ın ailesini ziyarete geldiler. O sırada girin, girmeyin diyen olmamış, akşam olunca biz izin aldık ve geçelim dedik ondan sonra. Bayar'ın ailesiyle kucaklaştık ve ayrıldık. İki-üç gün sonra cereyan eden bir olay var, bunu anlatmam gerekiyor. Bunu anlatmam ve bundan sonuç çıkartılması lazım. 27 Mayıs'tan üç gün sonra falan, bize kal diyen yok, çık diyen yok. O sırada köşke Gürsel geçmiş.

Siz başbakanlık konutundasınız...

Evet. Albaylar falan gelip gidiyorlar. Hatta ve hatta bir haber geldi, İsviçre'ye gönderilecekler diye.

Dışişleri Bakanı Selim Sarper'in öyle bir teşebbüsü vardı.

Selim Sarper'in öyle bir teşebbüsünü bilmiyorum. Ben bunu çok yıllar sonra rahmetli Dündar Taşer Bey'den duydum. Şöyle dedi: "Ben İsviçre lafını ortaya attım. Beni de İsviçre'ye gönderdiler, ortalıklarda bulunmayayım diye."

Dündar Taşer Bey "Ben Menderes'i İsviçre'ye gönderin dedim, onlar beni gönderdiler" diyor...

Evet. O döneme o kadar ayrıntıyla girilir mi bilmiyorum ama Türkeş'in Demokratlara, Menderes'e dokunmamak gibi bir tercihi olduğunu tahmin ediyorum. Ve hatta bazı Demokratlarla, İstanbul'da temas edip, *Öncü* gazetesi vesaire Gökhan Evliyaoğlu ile *Son Havadis*'i çıkarttırarak, böyle dağılıp gitmesinler, CHP ile tamamen yalnız kalmayalım diye bir düşüncesi olabilir. Ama üç gün sonra falan gece vakti, annemle ikimiziz evde. "Kalk oğlum" dedi, "gelmişler." Bir on beş kişi var asker, çoğu sivil, iki tane de albay, evi arıyorlar. Biz de yardımcı oluyoruz. Dolabı açtılar, orada vergi beyannameleri var, annem çıkardı, efendime söyleyeyim. "Aa" dedi bir tanesi, "siz vergi de verir miydiniz?" Annem dedi ki "Varlık Vergisi beyannamesi de var." Fevkalade bozuldular. Yani laf Halk Partisi'ne dokunacak gibi.

Yani o zalim Varlık Vergisi'ni çıkaran Halk Partisi muhalefet olduğu için, Berin Hanım onu hatırlatınca bozuldular.

Evet. İğneler biçimde iki şey var. Siviller daha aklı başında, insaflı. O iki Harp Okulu talebesi var, birisi ara sıra bir şeyler soruyor, o daha yakın duruyor, benimle görüşüyor. "Hanımefendi ne iyi bir evlat yetiştirmişsiniz" filan dedi. Yukarıda bir oda var, oraya çıktı. "Bu eşyalar sizin mi?" dedi benim iyi dediğim çocuk. Annem döndü, "Bak oğlum, bunu benim için söylüyorsan benim anamın evinde de bu kadar eşya vardı" dedi, "yok kendin için soruyorsan daha çok gençsin, maşallah paşanız bak karşıya geçti oturdu, Allah size de yüksek makamlar nasip eder."

Bu eşyalar sizin mi derken, oradaki bir tür lüks harcadınız, milletin parasını harcadınız anlamında mı?

Yani işte kumaştı, elbiseydi, fazla da bir şey yok ya, fazla görünmüş gözüne o günün şartlarında. Öbürü daha aksi bir tip, her yeri arıyor filan. Büyük bir salon, o büyük salonda büyük bir masa. Parkelere vuruyor postallarıyla. Bir gürültü, patırtı. Annem geldi dedi ki, "Buyurun, aradığınız sorduğunuz bir şey varsa yardımcı olalım elimizden geldiği kadar." Çocuk "Altınları nerede saklıyordu?" dedi. "Ah" dedi annem, "onu bir bilsem ben, nerede saklı olduğunu!" Şimdi "Bunlar altınları topladılar, evlere koydular" gibi sözleri kimler yaydı, kimler çıkardı, kimler söyledi? Demokrat Parti'ye, Demokrat Partililere karşı duyulan kin, öfke, intikamı kimler kışkırttı? Ki biz annemle bir hafta sonra Ankara'daydık. Taksiye bindik, mağazaya gittik, alışveriş ettik, bankaya borç erteletmeye gittik. Her yere girdik, çıktık. O gün bugün, ne ben ne annem, –ağabeylerim bir sene sonra Türkiye'ye döndüler zaten– biz hiçbir yerde, hiçbir şekilde en küçük bir imayla dahi karşılaşmadık.

Neyin iması?
Yani Menderes, Demokrat Parti şu bu hakkında incitici laflar: halktan, Halk Partili'den, komşudan, askerden, sivilden. Sadece ilgi ve yardım gördük veya nötr. Onun için ben kişisel şikâyet olarak dile getirmiyorum ama çok eziyet ettiler Demokratlara. Adam ilçe başkanı bile değil, varmış garnizona götürmüşler, milletvekili bilmem nesi, çocukları. Nazlı Hanım bile bana şu oldu bu oldu diye anlatıyor. Ben kendi adıma, okulda talebeyken hiç öyle tavırlara rastlamadım.

Böyle dost çevrenizden tavrı değişenler oldu mu? İkbalden düşünce, onları da sorayım.
Akraba olup gelmeyenler oldu, bakan eşi filan olup gelmeyenler oldu. Efendim Türkiye'nin dört bir tarafından hiç tanımayıp çıkıp gelenler oldu. Rahmetli Cafer Ağa vardı, Adapazarlı. Tanımıyoruz, ikide bir, kaymak alır bir tabak, Adapazarı'nın kaymağı Afyon kaymağı gibi, çıkar gelir. "Cafer Ağa hoş geldin, gel otur." "Yok, sizi gördüm, yeter." Tabii bir süre sonra bizde paralar kesildi, bankalara haciz geldi. Haciz sonunda iki bin, sadece ayda iki bin liraya indirdiler. Biz bin lira zaten kira veriyoruz. Göreme Sokak diye bir yerde oturuyoruz. Rahmetli de ha bire "Oradan çıkın" diyor. Meğer sokağın adı Göreme, göreme gibi algılıyor.

Onda bir tür uğursuzluk mu sezdi?
Vardır ya göreme, konuşama filan. Onu ilk gidip ziyaret edişimizde söylemişti.

Evet ilk görüşmenize geçelim, nasıl oldu ilk görüşmeniz? Yassıada'da mı? Harbiye'de mi?
Yassıada'da. İhtilalden sekiz gün sonra biz taşındık. Ha bire bilgiler soruluyor, yazık bir hukuk müşaviri, eşi bankacı, onlar gelirler. Bir daktilonun başında sabaha kadar, onları yazarız, uğraşırız, göndeririz. Annem sorar, ben hukuk kitaplarını açıp ba-

karım "Oğlum bak bakayım, şu ne demek?" "Anne, şu demek işte." İhtarname gelmiş, şuraya bak basında ne yazıyor? Bu sırada avukatlar falan derken, sene 1960 daha çıkmamış, bu 14'ler hadisesinde.

13 Kasım 1960'ta 14'ler, Türkeş ve arkadaşları tasfiye edildi.
Çok kısa bir süre sonra bir telefon, izin çıktı Yassıada'da görüşebilirsiniz.

O zaman bir dakika, siz 27 Mayıs gününden, 14 Kasım gününe kadar görüşmediniz...
Görüşmedik, bir de 61 Ağustos ortasında görüştük, iki kere.

Bütün ihtilalden sonra iki kere...
Görüşme iki kere, bu bir faciadır.

Facia az bile... Korkunç...
Facia az bile, anlatacağım. Ve bir de gerçekleşmeyen ziyaret var. Orada dedik, belki de bunlar gitti, bir yumuşama havası vermeye çalışıyorlar, çünkü hiç kimse görüşmemiş, ilk biz görüşeceğiz; falan gün, falan yerde olun. Haftada bir gün avukatların görüşme günü var, biz avukatların vapuruna bindik, Yassıada'ya yanaştı. Oradan alıp götürdüler, Yassıada komutanının Albay Tarık Güryay'ın odasındayız. Albay Güryay ful azamet, rahatsız edici derecede kibirli, mütehakkim... O sırada rahmetli babam geldi, "Adnan Bey sen şurada bir dur bakalım" dedi. Tavrı böyle...

Bir tür aşağılıyor yani...
Aşağılıyor. Efendim şu nasıl, bu nasıl? Biz bir şeyler söyleriz de, bizden sonra o burada kalacak. Son derece de üzücü bir durum. Kendine iyi bak vesaire dedik o arada.

Yani komutanın odasında sizi baş başa görüştürmediler, komutan başınızdaydı.
Evet. Annem işte komutana "Adnan görüşmeden sıkılır, bak siz çağırıyormuşsunuz, ne kadar teşekkür etsek azdır" filan diyor. "Ethem Bey'le de görüştürelim" dediler. Annem, "Aman onunla görüştürmeyin" dedi. Orada bile. Ondan sonra da rahmetli babam gülümseyerek "Zaten pek az insan var ortada" dedi. O da herhalde laf alır getir bize diyedir. Kimseyle görüştürülmüyor, dört-beş

metre ya da biraz daha büyük bir odada. Ve biz kendisiyle hiçbir şey görüşemedik.

Sadece kucaklaştınız öpüştünüz, nasılsınız, iyi misiniz? Kendinize iyi bakın, o kadar...

Evet. Ve rahatsız edecek şeyler söylemedi, genel itibarıyla. Fakat korktuğumuz kadar da kötü görmedik, o vakit tek bir gülümseyen resmi vardır mahkemede. 6-7 Eylül davaları, hafif gazete tutmuş, o dönem demek biraz yumuşama olmuş. "Allah kavuştursun, Allah esirgesin, görüşürüz, Aydın şöyleydi, bu böyleydi" sözler böyleydi. Yine orada annem ha bire bu konuları açıyor ki, yani artık siyaset bizim için de bitmiştir.

Mesaj veriyor.

Mektuplar zaten elli kelime, sadece bir kişiye yazabilir. Onlar da bir kişiye.

Adnan Bey'in size yazdığı özel bir mektup var mı?

Tek bir tane var. Ondan sonra biz kendisiyle o görüşmeyi tamamladık. Komutan dedi ki "Ben bırakacağım sizi, kendi botum var. "Bota bindik. Orada biri var, sivil, efendiden bir adam. Annem tanımadı fakat o 15 savcı yardımcısından biri, gençten biri. Dedi "Hanımefendi, Adnan Bey'in malı mülkü de varmış, keşke hiç bu işlere karışmasaymış." Annem de durur mu tabii... "Haklısınız da" dedi, "o bakmayacak, bu bakmayacak, memleketin işine kim bakacak?" Neyse biz oradan, Kabataş'a geldik, bizi oralarda bir yerde indirdi. Oradan geldik işte avukatlar filan, bekliyorlar, nasıl geçti diyorlar. Daha Burhan Apaydın filan tutuklanmamış. Şartlar kötü ama...

Adnan Menderes'in Yassıada'dan oğluna yazdığı mektup

4 Ağustos 1960

Aydın'ım,

Ara sıra mektuplarını alıyor, pek seviniyorum. Ben de sana işte doğrudan yazıyorum. Annene yazdıklarımı kim bilir kaç defa okuyorsundur. Metin, sabırlı ol. Derslerine çalış. Sınıfta sakın kalmayasın. Seni, sizleri ne kadar özlediğimi bilemezsin. Annenin mektupları bana şifa. Sen de arada yaz. Seni ne kadar sevdiğimi bilirsin. İşte o sevgiyle seni kucaklar, binlerce binlerce öperim, gözümün nuru evladım.

2 / 1 / 1960

Berinim; yirmiyedi tarihlileri aldım, yirmiyediden beri
mektup almadığını, yeni harflerle yazamadığını söylüyor
sun. Yazında, belliki, titreyerek yazılmış, nasıl bir
teessür ve perişanlıkla yazmışsın anlaşılıyor. Bu halin
beni ne kadar muztarip ve perişan ettiğini tahmin
edemezsin. Bu satırları titreyen ellerimle, bitmiş
takatla ve büyük bir gayretle yazabiliyorum. Gelecek
mektuplarını ıztıraplı bir tehalükle beklemekteyim.
İnşaallah hayırlısıyla bugün senden mektup alırım.
Seni binlerce binler kucaklar, Aydın'ımla sizi pek çok öperim

İmza
A. Menderes

Not : Satırlar dışındaki boşluklara yazı yazılmaz

Perşembe
31 / 8 / 1961

Berinim; Dün mektup almadım; bu, nefes alama
dım, bunaldım, der gibi birşey; mektuplarınla ancak
nefes alabiliyorum, bugün alırım inşallah ve biraz
ferahlarım. Bu küçük odada, uçsuz bucaksız yalnızlık
ummanında, yalnız sen ve sizler varsınız, mektup
larını ise, adeta bu varlığınızı maddeleştiren, hasret acısını biraz
dindiren tılsımlı sözlerin, sihirli nefeslerinmiş
gibi bana ferahlık ve teneffüs imkânı veriyor. Sen,
bundan, "biraz oyalayabiliyorsam seni.." şeklinde ifade
lendiriyorsun, halbuki.. En derin sevgi ve hasretle pek
çok öperim Berinim

İmza
A. Menderes

Aydın Menderes'in Yassıada'dan eşi Berin Menderes'e yazdığı mektuplardan. Yukarıdaki mektupta görüleceği üzere sınırlı kelime sayısının yanı sıra satırlar dışındaki boşluklara yazı yazmak da yasaklanmıştı.

Avukatlar daha tutuklanmamıştı...
Avukatlar daha tutuklanmamıştı.

Hüsamettin Cindoruk Menderes'in avukatı değil, başkalarının avukatıydı, değil mi?
Hasan Polatkan'ın avukatıydı. Menderes'in avukatları Talat Asal ve Burhan Apaydın, onlar tutuklanınca, Burhan Bey'in kardeşi rahmetli Orhan Apaydın ve Ertuğrul Akça, sonra Manisa milletvekili olan.

Avukatlardan memnun musunuz?
Her ikisinden de. Orhan Apaydın da falan da ellerinden geleni yaptılar ama yaptırmadılar.

Engellediler.
Özellikle de Talat Bey için rahmetli babamın yazdığı bir mektup var. Talat Bey için gayet güzel birkaç cümlesi geçer. Bir gün Talat Asal'ı çağırdı annem. "Talat Beyefendi bak, ben rahmetliden gelen bütün mektupları sakladım, sadece bir tanesini size vereceğim. Bu benden çok size ait. Çünkü sizin de payınız var." Mektubu ona vermiştir. Onunla da böyle çok frapan, haşin, gösterişli bir müdafaa istenmiyor.

Hâkimleri tahrik etmek istemiyor...
"Ve ne istiyorsunuz bizden?" diyor Talat Bey. "Diktatör olmadığımı anlatın" diyor, "bunu ispat edin." Cevap çok can alıcı.

Menderes: "Diktatör olmadığımı anlatın."

Avukatla görüşmesinde mi oluyor, mektupta mı?
Avukatla görüşmesinde. Adnan Menderes Talat Bey'le başka bir görüşmede her dakika, her gece yukarıdan bir çekiç sesi geldiğini söylüyor.

Neymiş bu çekiç sesi, kasten mi yapılıyor?
Öyle olduğu anlaşılıyor.

Uyutmamak için sürekli çekiç sesi!
Zaten pek rahat bir uykusu yok. Ve tabii bu arada onun bir 15 Ekim günü yaptığı konuşma var, çıkıp ilk gün. O şartlar altında, "akli melekelerim sekteye uğradı" diyor.

Menderes 24 saat ışık ve gözetim altında

"Sizi buraya tıkan kuvvet böyle istiyor!"

Yassıada duruşmalarını yakından takip eden ve tarihimize ilişkin araştırma eserleri bulunan merhum gazeteci yazar Tekin Erer yazıyor:

"Menderes 16 ay Yassıada'da pencereleri kapalı ve devamlı elektrikleri yanan bir odada tutulmuştu. Başbakanlığında sabah saat 06.00'dan gece saat 24.00'e kadar çalışmaya alışmış bir insandı. Çok hareketli bir insanın kapalı, gündüz ışığına hasret bir odada tutulması, hareketsiz kalması her şeyden önce ruhi yapısını çöküntüye uğratmıştı.

Gece gündüz her saat başı değişen ve odasının içinde bekledikleri halde kendisiyle tek kelime dahi konuşmayan nöbetçiler, esasen zayıf olan asabını büsbütün bozmuştu.

Her konuda haklı haksız sorguya çekilmesi, fikri durumunun sarsılmasında etken oluyordu. Bunlara mahkeme salonundaki davranışlar, mahkeme başkanı (Salim Başol) ile ada komutanı (Alb. Tarık Güryay) tarafından müsamaha ile karşılanan dinleyicilerin aleyhteki tezahüratı da eklenince morali her gün bir çöküntüye doğru gidiyordu.

Kimseyle konuşturulmuyor, fikir alışverişinden mahrum, pencereleri ve perdeleri devamlı kapalı bir odada gün ışığına hasret çekerken, Allah'tan yegâne istediği arzunun bir an evvel ölmek olduğunu nöbetçilere her vesile ile anlatmak istiyor, fakat idareciler onu mutlaka yargılama sonuna kadar yaşatmak gayesini taşıyorlardı.

Menderes geceleri daima uykusuzdur. Bunu önlemek için gece saat 02.00'den sonra duşa sokularak asabının düzelmesine ve uykusunun yerine gelmesine yardım edilirdi. Bazı gecelerde etrafı bir manga askerle çevrili olarak arka bahçeye çıkarılır, fakat bu arka bahçedeki gezinti de en çok üç beş dakika sürer, hevesi yüreğinde bırakılarak tekrar odasına sokulurdu. Çok defa uyuması için iğne yapılır veya haplar verilirdi."

Kaynak: Tekin Erer, *Yassıada ve Sonrası*, s. 354.

Amaç Menderes'i çökertmekti

Merhum Tekin Erer'in bu satırları 1964'te yazılmış, 1965'te yayınlanmıştır. 27 Mayıs'ı ve Yassıada yargılamalarını eleştirmeyi suç sayan Tedbirler Kanunu'nun yarattığı çekingenliğin izleri görülebilir.

Ya da Yassıada yönetiminin ve cuntanın bir tertibi: Menderes'e kanuni hakkı da olan rahat uyayabileceği bir tutukluluk şartları sağlamak varken, onu kimsenin uykusunu alamayacağı o feci şartlar altında tutarak "uyuması" için ilaç vermek, iğne yapmak, iki-üç dakika bahçeye çıkarmak herhalde iyi niyetli bir davranış olmasa gerekir.

Menderes'in avukatı Burhan Apaydın, Menderes'le görüşme günlerinde, en fazla yarım saat ve dört subayın nezaretinde konuşabildiğini, bunun savunma hakkının ihlali olduğunu söylemiş, iki görüşme hakkının ve savunma için lazım olan zamanın tanınmasını talep etmiş, durum değişmemiştir.

Hatta avukatlar sindirilmek için tutuklanmıştır.

Darbe, bilhassa baş hedef seçtiği Menderes'i sinirsel ve ruhi olarak çökertmek için ne gerekirse yapmıştır. Menderes, Yassıada duruşmalarının başladığı gün, içinde yaşatıldığı şartları mahkeme huzurunda anlatarak tutanaklara geçirmiştir.

Menderes adil yargılanma hakkı istiyor

İşte merhum Adnan Menderes'in tutanaklardaki sözleri:

"Sadece usule ait maruzatta bulunacağım. Bir insanın haklarını melekeleriyle [yetileriyle] müdafaa edebilmesi için, muayyen şartların mevcudiyetine lüzum vardır. Bendeniz beş aydır tecrit edilmiş vaziyette bir tek odanın içinde ve günün 24 saatinde, her saat değişen bir nöbetçi subayının nezareti altında hiçbir kelime konuşmak imkânı mevcut olmadan yaşadım. Bu şartlarda konuşma ve akli melekelerim sekteye uğradı. Kumandan [Tarık Güryay] Bey'in lütfu olmasa, biraz dışarı çıkmak imkânını vermeseydi şimdi huzurunuzda bulunmaya muktedir olamazdım.

Arzum, bana imkân verecek, moralimi düzeltecek bir rejimin tatbikidir.

Nöbetçi subayı ile bir kelime konuşmama izin yok. Beş aylık konuşmalarım, Soruşturma Kurulu'ndakiler hariç, 10-15 saati geçmez.

Bir sanık huzurunuza böyle gelecek olursa, haklarını müdafaa etmekte melekelerinin büyük kısmını kaybettiğine emin olmanızı rica ederim. Bendeniz huzurunuzda kumandan beye olan teşekkürlerimi arz eder ve genç subay beylerin nazik muamelelerine teşekkür ederim. Ancak hiçbir kelime konuşmamak ve 24 saat bir subayla karşı karşıya bulunmak tahammül edilmez bir haldir."

Kaynak: Prof. Emine Gürsoy Naskali, *Yassıada Zabıtları*, Anayasa Davası, cilt 1, s. 28.

Menderes'e yapılan, zamanımızda dünyanın hiçbir ülkesinde en azgın bir teröriste bile yapılamaz.

Menderes'in "adil yargılanma hakkı"nın ta kendisi olan bu talebine Divan Başkanı Salim Başol ne cevap vermiştir biliyor musunuz?

"Sizi buraya tıkan kuvvet böyle istiyor!"

Hâkimin böylesi, mahkemenin böylesi... Sözün bittiği yer!

Siz ilk günkü duruşmada var mıydınız?

Annemle biz gitmedik, yani meşru olmayan bir yerde, biz bulunamayız.

Burayı meşru bir mahkeme kabul edip gidiyoruz dememek için.

Hayır gitmiyoruz, kendi de zaten istemedi. Annem de, "Bu durumda görmemiz iyi olmaz" dedi. Fakat annem bir kere şahitliğe gitti, Örtülü Ödenek davası dolayısıyla, onlar hariç. Yine bize bir yazı geldi, görüşeceksiniz diye. Kalktık, annemle gittik, vapura bindik. Geldiler, "Siz daha önce görüşmüşsünüz, hakkınız geçmiş, görüşemezsiniz" dediler. Yüzü kıpkırmızı oldu annemin, ben hiç bu kadar sinirlendiğini, hiddetlendiğini, üzüldüğünü görmedim. Çünkü rahmetli babamı düşündü. O böyle kaç gün, kaç gece, onu kurmuş beklemiş, bak yine Berin gelecek, Aydın gelecek diye. Yani nerdeyse karşısındaki askere bir tokat filan atabilirdi herhalde. Usulca elini tuttum, "Hadi gidelim anne" dedim. Bazı hareketler bazen ani gerilimi düşürürler. Karşıya baktı, "Haklısın Aydın, hadi kalk" dedi, "nasip değilmiş." Böyle bir geri çevrilme hadisesi de yaşandı. Bu arada dışişleri memuru büyük ağabeyimin İsviçre'den Belgrad'a tayini çıkmış. Onları da Türkiye'ye getirttiler, daha iki yılı olmadan, o gidip görüşme imkânı buldu: Daha görüşmeler kapanmamıştı, bir süre sonra da görüşmeler kapandı. Gene ortanca ağabeyim, o ayrıca görüşemedi. Bizler ikişer kere, dördümüzün en son gittiği görüşmedir ağustos ayındaki. İdamdan bir ay önce aşağı yukarı.

Nasıldı gördüğünüzde?

İkinci gördüğümüzde tabii çok üzgündü, zayıflamıştı. Akıbet az çok belliydi zaten. Bir anneme, fırsat buldukça bir bize, ağabeyime sarılıp öpüyor, seviyor, her an gözlerinde yaş. Öyle denize baktı, ne kadar denizi sever, oradan deniz bütün güzelliğiyle odalarda. Sonra başımı çevirdim, rahmetli babama baktım. Acaba hangi vicdan, hangi insan, hangi Âdemoğlu bu güzel yüzlü, bu veli mizaçlı insanın boynuna o yağlı ilmiği geçirebilir? Nasıl? Biz yarım dakika baş başa görüşemedik.

Yassıada komutanı ceberrut Tarık Güryay hep yanınızdaydı, değil mi?

Hep orada. O yarım dakikanın davacısıyım, çünkü Allah'a şükür, şu ana kadar istediğim şeylerden olanı oldu, olmayanı oldu, hiçbir önemi yok. Hiçbir şeyde, bak şu olmadı dememişimdir. Bir tek şey içimde kaldı. Kendisine şöyle bir sarılıp, "Baba hiç üzülme, millet aynen senin bıraktığın gibi, bıraktığın ne kelime, belki bir milyon kat daha fazla seni seviyor. Hiç kimse seni burada unutmuş değildir, yolunu gözlüyor" demek. Diyeceğim bu kadar bir şeydi. Çünkü kalabalıkların içinden kopmuş gelmiş. Yassıada şartlarında Bayar dik konuşuyor filan. Rahmetli Menderes'in üzerinde hepsinin sorumluluğu var, orada söyleyeceği bir söz bir sürü insanı da yakabilir, darağacına gitmesine sebep olabilir ve olmadık şeylere sebep olabilir. Bunlar acaba nasıl suhuletle bir yol izleyip, bu kitleyi buradan çıkartabilirim, yani sürüyü nasıl kurtarabilirim acaba, düşüncesiyle zihni meşgul. Şartlar fevkalade belli. Kendisine orada ne yapılmıştır? Nasıl bir muamelede bulunulmuştur? Bunlarla ilgili gelenler, orada askerlik yapanlar, çeşitli yarbay, binbaşı filan, yüzbaşı, teğmen, böyleleri çıktı ama çok fazla, ayrıntılı bir bilgi sızmadı. Sızdırmadılar.

Şartların çok negatif olduğunu, kendisi ilk celsede anlatıyor. 24 saat ışık yanıyor, 24 saat nöbetçiler giriyorlar, çıkıyorlar. Yani kendi odasında ışığını söndürüp uyuma imkânı bile yok!

Öyle...

Başında devamlı bir asker bekliyor.

Devamlı bir asker bekliyor. Günde en az iki kere soğuk suyun altına girip duş almaya alışmış, günde iki saat, üç saat yürümeye alışmış, konuşmaya alışmış bir insanı, böyle bir yere kapatıp...

Herkesle konuşmasını yasaklayarak...

Evet. Aziz Yıldırım bile adam çağırıyormuş, eliyle çay ikram ediyormuş. "Ne olur gelin de iki laf edelim." Yani zaten o başlı başına bir şey. Tabii gerçekten büyük bir zulüm, işkencedir, faciadır. Hepsi orada çeşitli haysiyet kırıcı, hatta fiziki birtakım müdahalelerle karşılaşmış, rahmetli Osman Turan'a kadar.

Fiziki müdahale dediğiniz dayak atma mıdır?

Dayak atma çünkü Ada Komutanı Tarık Güryay, Osman Turan'a tokat atmış. Orada yargılananların iki büklüm durabildikleri Bizans'ın zindanları var...

"Işıklı oda" dedikleri yer, bir mahzen var, oraya sokuyorlar ancak iki büklüm durabiliyorsunuz.

Evet, rutubet içerisinde, ancak o tür yerler. Tabii bizim bütün o şeyin içerisinde tek dileğimiz, tek duamız var: O da Allah onu milletine, bize bağışlasın, ömrünü uzun etsin, bunların hepsi gelir geçer.

Celal Bayar'ın *Kayseri Cezaevi Günlüğü*'nde altın dişli bir yüzbaşı diye tarif ettiği birinin Adnan Menderes'i dövdüğü anlatılıyor, bunu Avukat Gültekin Başak anlatmış.

Evet, Gültekin Başak, Bayar'ın avukatı, böyle bir manzarayla karşılaştım diye Bayar'a anlatıyor. Yani buraya kadar da varmış ve giderek de zaten baskı sürekli Menderes'e doğru kayıyor, yani diğerlerinden çok, hep Menderes.

Milli iradenin üç şehidine işkence de yapılmıştı

Menderes'i dövüyorlar

Celal Bayar'ın *Kayseri Cezaevi Günlüğü*'de Yassıada'da Demokrat Partililere yapılan zulümlerle ilgili birçok bilgi vardır. Mahkemede biraz diklendiniz mi, mahzendeki dehlizlerde "ışıklı oda" denilen rutubetli, basık hücreye atılırsınız mesela...

Celal Bayar'ın günlüğünde subayların Adnan Menderes'i nasıl dövdüğüne dair bir not da vardır.

"Anayasayı ihlal davasının (idamlık) müdafaa faslı başlamıştı. Herkes avukatlarıyla görüşmek imkânını arıyordu. Çünkü bu imkân kasten verilmek istenmiyordu. Adnan daha zor bir durumda idi. Avukatlarını birer bahane ile sıkıyönetim mahkemesi tutukluyordu...

Çarşamba günüydü... Benim de yalnız bir avukatım, Gültekin Başak geldi. Halinde bir tuhaflık vardı. Gamlı ve dalgındı... Şunları anlattı:

Menderes'e bulunduğu odanın önünde rastladım. Çok kederli idi. Avukatlarını beklediği anlaşılıyordu. Bana sordu:

"Merak ediyorum Başak Bey, benim avukatlarım da geldiler mi?" dedi...

Cevap almaya vakit kalmadı, şiddetli bir tokat darbesi Adnan Bey'in yüzüne patladı. Yakadan tutulup oda içerisinde sürüklenirken, "Başkasıyla nasıl konuşabilirsin?" sesi, sayhası işitiliyordu. Odasında da dövme, sövme faslının devam ettiği anlaşılıyordu...

Bunu yapan, sarı saçlı, altın dişli, iriyarı teğmendi. İsmini de söyledi fakat ben heyecandan bu "namert" adamın adını hafızamda tutamadım...

Kaynak: Celal Bayar, *Kayseri Cezaevi Günlüğü*, s. 30

Bu nasıl namertliktir, bu nasıl alçaklıktır, anlamak mümkün değil? Subaylar nasıl bir kinle doldurulmuştu ki, babası yaşındaki bir insanı, bir başbakanı böyle dövebiliyordu!

Merhum şehit Adnan Menderes'in bütün Yassıada hayatı, pencere ve perdeleri kapalı, yirmi dört saat elektrik yanan küçük bir odada geçti. Başında saatte bir nöbet değişen iki er ve bir subay gece gündüz nöbet tutardı, hiçbir saniye yalnız kalmasına, istirahat edip dinlenmesine izin verilmezdi. Bir kelime dahi konuşması yasaktı. "Avukatım geldi mi?" diye sormasının karşılığı, mazlum Adnan Menderes'i böyle dövmekti!

Subaylar nasıl bir kinle "endoktrine" edilmişlerdi böyle?!

Babası yaşındaki bir başbakanı böyle dövmek; bu alçaklığı tanımlamak için söz bulabiliyor musunuz?

Fatin Rüştü Zorlu'yu dövüyorlar

27 Mayıs şekavetinin mazlumlarından biri, Dışişleri Bakanı merhum şehit Fatin Rüştü Zorlu'dur. Avukatı Orhan Cemal Fersoy anlatıyor:

Bütün teferruatıyla olayı tespit etmiştim: Fatin Rüştü Zorlu, kollarından iki kişiye tutturulmak suretiyle yumruklanmış, tekmelenmiş ve perişan edilmişti. Gözüne atılan yumruklardan gözlüğü parçalanmış ve gözlerinden yaralanmıştı. Çenesine vurulan darbelerin tesiriyle çene kemiği yerinden oynamıştı. Kendisinin revire kaldırılması icap etmişti. Hakkında verilecek hükmü (idam!) bekleyen savunmasız bir insana karşı bu saldırganlık ne idi? Soruşturma açılması isteğime anne Zorlu:

"Olmaz evladım, sonra görüşmemize hiç izin vermezler. Bilmiyor görünelim, hele oraya gidelim. Ben onlara gösteririm" diye fikrini söylüyordu...

Dayak olayı nedeniyle annesi, eşi ve kızı son görüşme için Yassıada'ya gönderilmiyordu... Nihayet son kafilede yer almaları kabul edilmişti.

Fatin Rüştü Zorlu'yu bu son karşılaşmada annesi Güzide Zorlu, eşi (kanser hastası) Emel Zorlu, kızı Sevim Zorlu, Türkiye'ye dönmüş olan ağabeyi Büyükelçi Rıfkı Zorlu ziyaret ediyorlardı...

Bir masa etrafında toplanmışlardı. Masalarında iki tane de nezaretçi subay yer alıyordu. Zorlu için oldukça loş bir köşede yer gösterilmişti. Ve siyah renkli gözlükler takmıştı. Bayan Emel Zorlu, Fatin Bey'in gözündeki morluğu fark etmişti. Zaten her şeyi biliyorlardı. Bayan zorlu derhal soruyordu:

"Fatinciğim, ne oldu gözüne, yüzünün bu hali ne?"

Zorlu gülerek cevap veriyordu:

"Bir şey yok, top oyununu seyrederken yüzüme çarptı."

Annesi Güzide Zorlu, dinleyici subaylara bakarak asabiyetle:

"Oğlum sen kimi kandırmak istiyorsun? Seni adam akıllı dövmüşler. Kötülük yapanların elleri kırılsın. Elbette Allah cezalarını verir" diyordu..."

Aile fertleri ve avukatı, akla gelen bütün makamlara bu olay için şikâyet dilekçesi verecekler fakat hiçbir cevap alamayacaklardı.

Kaynak: Av. Orhan Cemal Fersoy, *Devlet ve Hizmet Adamı: Fatin Rüştü Zorlu*, s. 131-133.

Zaten kısa bir süre sonra Fatin Rüştü Zorlu asılarak şehit edilecek, yüreklere düşen ateş dayağı unutturacaktı...

Hasan Polatkan'ın ellerindeki yanıklar

Maliye Bakanı Hasan Polatkan idam edildiğinde 45 yaşındaydı. Yüksek Adalet Divanı denilen darbe mahkemesinin tavrından idam edileceğini sezmişti. Salim Başol'un başkanlığındaki Divan, Polatkan'ın savunmasını kısa kesmesini istiyordu! İşte tutanaklardan bir bölüm:

Başol: Polatkan, sen gel! Savunman kaç sayfa?

Polatkan: Müsvedde halinde bulunduğu için ne kadar olduğunu bilmiyorum efendim. On dakika içinde bitmez zannederim.

Başol: Öyle şey olmaz. Kısa kes! Sen zaten diğer davalarda da uzun müdafaa yaptın.

Polatkan: Hayatımın söz konusu olduğu bir meselede son sözlerimi söylememe müsaade edin efendim.

Başol: Olmaz, kısa kes! Az konuş!

Polatkan: Öyleyse müdafaa yapmayayım mı?

Başol: Yapma!"

Bunun üzerine Polatkan yazılı savunma hazırlayacaktı; kim okuyacak ise!

Hasan Polatkan mahkemenin bu tavrında da genel tavrında da idam kararı çıkacağını anlamıştı, onun için davayı "hayatımın söz konusu olduğu bir mesele" olarak nitelemişti.

Hulûsi Turgut şöyle anlatır:

"Polatkan bu yazılı savunmasını hazırladıktan sonra meçhul akıbeti bekliyor ve birtakım işkencelerle karşılaşıyordu. 1961 yılının Ağustos ayı sonlarına doğru, Yassıada Komutanı Albay Tarık Güryay'ın isteği üzerine Av. Hüsamettin Cindoruk'la buluşan Polatkan, ellerinin üzerinde söndürülmüş sigara yanıklarının ıstırabı içinde şunları söylüyordu:

Hüsamettin, bunlar Adnan Bey'i, Fatin Bey'i, Tevfik Bey'i ve beni asacaklar!"

Kaynak: Hulûsi Turgut, *Yassıada'da Yaptırılmayan Savunmalar*, s. 185, 219.

Merhum Tevfik İleri'nin cezası müebbede çevrildi, diğer üçü, Celal Bayar'ın deyişiyle "asılarak öldürüldüler."

En çok Menderes'e işkence yapıyorlar. Demin anlattığımız işkenceler daha çok Menderes'e yapılıyor. Bayar'ın odasında 24 saat ışık yanmıyor, 24 saat başında nöbetçi durmuyor.

Hayır. Zaten yaradılış olarak Bayar farklı, "Hava bozuk olduğu vakit" diyor Tarık Güryay, "benim kaşarım ekmeğim geldi mi?" diye Bayar sorardı. Menderes de "Acaba yağmur var mıymış, hava nasıl?" diye sorardı. Güryay, Gürsel'in doğrudan doğruya adaya tayin ettiği adamı durumunda. Ve zaten ikinci görüşmelere mahkeme ara vermişti. Karar öncesi o arada görüşmeler oldu, bir süre sonra diğer görüşenler, tanıdıklar oluyor. Tabii Menderes'i nasıl gördünüz diye haberleşiyoruz. O vakit Gaziosmanpaşa semtindeyiz. Genellikle zaten Demokrat Partililerin neredeyse yarısı o civarda oturuyorlar. Görüşüyoruz ediyoruz ve oradan sonra artık, eskilerin "Beklemek ateşten yakıcıdır" dedikleri şey. Ne olacak, ne karar verilecek?

Şimdi, rahmetli annem, 27 Mayıs'tan sonra hep bir umut dalı aramakla birlikte, giderek daha çok da bana "Oğlum, yaşatmazlar babanızı" dedi. "Niye anne?" diye sorduğumuzda da, "bir haset, iki onu tanımaz, korkarlar. Sağ bırakırsak, bu döner gelir intikam alır diye düşünürler. Halbuki bilmezler ki intikam rahmetlinin hiç tanımadığı, hiç yüreğine girmemiş bir duygudur."

Mahkeme heyetiyle ilgili söyleyecekleriniz neler? Başta Salim Başol olmak üzere...

Şimdi mahkeme heyetinden önce elli kişilik bir tahkikat komisyonu kuruldu. Yüksek soruşturma kurulu. Bunun başkanı da, Celalettin Kuralmen Allah rahmet eylesin. O vakit tanıdıklar filan dediler ki, bu zat orada kalırsa korkmayın. Bu insaflı ve adil bir süreç yaşanacaktır, gayet güvendeyiz. Ama görevden alınır, ayrılır şu olur bu olursa, o zaman bakmak lazım. Çok geçmedi Celalettin Kuralmen hastalık raporu almış, ha bire Aspirin yutmuş, kalbinde çarpıntı, taşikardisi var filan diyerek Celalettin Kuralmen'i görevden aldılar. Yani kendi isteğiyle, rapor almak suretiyle. Bu büyük bir üzüntü oldu bizim için.

Sonradan kendisiyle hiç görüştünüz mü?

Hayır, fakat Celalettin Kuralmen Anayasa Mahkemesi'ne ilk seçilen üyelerdendir ve verdiği bütün oylarda hukuk dikkati görülür. O zaman Anayasa Mahkemesi'nde hukuk dikkati olan bir de Halit Zarbun var, hem de hukuk konusunda dikkatli, devrin rüzgârına kapılmayan bir zat; Halit Bey Adalet Partisi kontenjanından Anayasa Mahkemesi'ne seçilmişti. Halit Zarbun'la birlikte Celalettin Kuralmen mebus olduğu sırada verdiği bütün oylar, bu iki üyenin Anayasa Mahkemesi kararlarındaki oyları ve karşıoy yani muhalefet şerhi yazıları, Yassıada'da yapılmış iyi şahitlikleri haklı çıkartacak, teyit edecek şeylerdir. Bir süre sonra da vefat etti. Yassıada duruşmalarında avukatlar ve biz, Salim Başol olmadığı zaman duruşmaları yöneten ikinci başkan Selman Yörük'ten ümitliydik. Yumuşak bir insandı, sanıklara kötü muamele etmekten sakınırdı. Buna bakarak kararlarında da dürüst hareket eder filan diye ümitlenmiştik.

Fakat kararlar öyle olmadı.

Evet, öyle olmadı. Kararlar o kadar ilginç ki! Dört idam cezasının, dördü de on beş imzalı. Bayar yaşı yüzünden idam edilmiyor. Diğer üçü malum idam edildiler. Milli Birlik Komitesi de diyor ki,

"Ne yapayım elimden geleni yaptım, ekseriyetle çıkmış kararlar. Tabii bu on beş mi olacaktı, şu mu olacaktı, bu mu olacaktı?" gibi sözler söyleniyor. Biz 90'da naaşları almaya gittiğimiz vakit orada bir depoda hâlâ tabutlar, ipler.

Pardon 1990'da mı, nereye gittiniz?
90'da. İmralı'ya gittik, alıp geleceğimiz vakit gece adaya indik.

Turgut Bey zamanında cenaze, kabir nakledileceği zaman...
O gece indik orada da gördük yani, her şey de kalkmamıştı, aradan 29 sene geçmiş olmasına rağmen. Sehpaların direkleri, kalaslar, başka tabutlar, ipler kalmış, bir kısmı gitmiş, bir kısmı kalmış o dönemden. Çünkü İmralı'da başka bir şey yoktu. Yarı açık cezaevi zaten.

Ve o süre geriye sayım başlamış oldu. Büyük bir acı, kıvranış ve biraz kesik anlatıyorum, arada bir şey de kaçırmış olmayayım. 15 Eylül günü, idamlardan iki gün önce, kararların açıklandığı gün. Radyoyu açtık, mahkeme kararlarını dinliyoruz, önce bir şoke olduk bir kere. İntihara teşebbüs eden Adnan Menderes, yoğun bakımda olup mahkemeye gelmemiştir. Hakkında da idam cezası verilmiştir. İdam, öldürdüler de alıştırmak için mi intihar diyor, neyin nesidir, durumu nedir, kurtulsun diye mi dua edelim, yoksa? Çünkü kurtulsa önündeki yol darağacı olacak. Çok tabii büyük bir acı, ev dolu. Herkes ne yapacağını bilemez halde. Akşam annem Bölükbaşı'nı aradı. "Hanımefendi çok üzgünüm, onun için gitmedim zaten yuvarlak masaya, maalesef yapacak bir şey yok, Allah'tan ümit kesilmez" demiş.

Bu yuvarlak masada Cemal Gürsel'i cumhurbaşkanı yaptırmak için, liderleri toplamışlar. Bölükbaşı gitmedi.
Bölükbaşı da "İdamları onaylattılar, onun için gitmedim" dedi. Epey de oy aldı o sayede. Şimdi ertesi gün oldu 16 Eylül.

Ben İnönü'yü ziyaretinizi, İnönü'nün teşebbüslerini soracağım.
Onu anlatacağım. Şimdi 16 Eylül günü sabah kalktık, gazetelerde rahmetli Fatin Bey, rahmetli Hasan Polatkan'ın asılmış resimleri. Hasan Polatkan o vakit 40 yaşında. Eşi Mutahhara Hanım 35 yaşında. Fatin Bey 50 yaşında.

Onların hanımlarıyla bir temasınız var mı?
Annesinin, kayınvalidesinin yanında Emel Hanım, onunla tele-

fonla görüşüyoruz. Başsağlığı diliyoruz. O Güzide Hanım tabii, o başlı başına bir hanımefendi, başlı başına bir kalender, bir abide şahsiyet. Güzide Zorlu.

İnönü'ye gittiniz mi?
"İnönü'ye gidecek olan Adnan Menderes değil ki" dedi annem. "Gitti de af istedi, İsmet Paşa'nın ayağına gitti diyemezler. Gidecek olan benim, sizler de gitmeyin, sizler oğullarısınız. Yarın var, ben karısıyım, her imkânı denerim rahmetlinin hayatı için derim" dedi. "O daha küçük beni yalnız bırakmaz, Aydın benimle gelsin" dedi. Taksi çağırdık, Maltepe'nin sonunda Tandoğan Meydanı'nda, Ayten Sokak'ta o vakit Çankaya Köşkü'nde değil. Ev orada. Geldi kapıyı açtı. Mevhibe Hanım önce çıktı. "Bak paşam kimler gelmiş" dedi. İsmet Paşa bizi kabul etti. Yer gösterdi, oturduk. Rahmetli annem, "Paşam" dedi, "siz herkesten çok tanırsınız Menderes'i, nasıl bir insan olduğunu, bu söylenenlerle hiçbir ilgisinin olmadığını bilirsiniz. Sizin sözünüzden çıkmayacaklardır, çıkmazlar. Bir siz varsınız, hayatının hiç olmazsa bundan sonra bağışlanmasına vesile olabilecek. Ben küçük oğlumu da aldım, bunu istirham etmek için geldim." Ben bunu daha önce de anlattım, ben de sürekli dikkatle İsmet Paşa'ya bakıyorum, ne netice çıkartabiliriz. İsmet Paşa'nın gözpınarlarında yaş vardı, ben bunu gördüm.

Yani samimiyetle müteessir miydi?
Teessürü pek rol için olmaz, annemle bana neden rol yapacak? Ama orada, o an zihninden hangi düşünceler, duygular neler geçmiştir? Onun arka planında ne var, onu hiçbir zaman bilemeyiz.

Ama gözünde yaş gördünüz...
Yani gözpınarlarında, gerçekten üzgündü. Dedi ki "Hanımefendi bunlar çılgın vaziyetteler, kesinlikle söz dinlemiyorlar, tamamen zapturapttan çıkmışlar. Ben mektup da yazdım."

Sizden önce mi yazmış mektubu?
Evet, daha önce. "Tekrar da görüştüm, uğradım ama sizin yüreğinizi rahatlatacak bir şey söylemek maalesef mümkün değil. Karar ne olur bilemiyorum, gelişme ne olur bilemiyorum ama bir şeye emin olunuz ki, kendisinden dolayı, size ve ailenize, en ufak bir nakise değmeyecektir, isabet etmeyecektir ve ailenize de bir söz olmayacaktır." Daha fazla durmanın bir âlemi yok. "Paşam yine

inşallah elinizden gelen gayreti esirgemezsiniz" dedi annem. Kalktık, el sıkışıldı ve dışarı çıktık. Bizi tabii heyecanla bekliyorlar, döndük, bir ümit ışığı yok dedik. Söylenen sözler bunlar. Ve 16 Eylül akşamı öyle geçti, 17 Eylül'e geldik. Ancak o sırada izniniz olursa, bir 15 Eylül akşamı, Milli Birlik Komitesi'ne bir dönelim.

Evet Aydın Bey, Milli Birlik Komitesi'nde 15 Eylül akşamı...

15 Eylül akşamı, Milli Birlik Komitesi toplandı, tabii özel konuya da gelmişler. Bunu birçok kişiden, en son da rahmetli Suphi Karaman'dan dinledim. 1999'da da bir sebep dolayısıyla, başkentte hastanede yatıyordum, onu da Allah kurtarsın diyelim, Doğu Perinçek de aynı partiden, öyle uğramışlardı. Kendisi de anlattı ve ben başka kaynaklardan da yani yine 14'lerin içinden de işittim. Toplantıyla ilgili benim topladığım bilgiler yüzde yüz doğrudur, çünkü çok kaynaktan teyit ettim. Şimdi orada üç grup var. Bir kısmı, her halükârda asılsın diyenler, bir kısmı elimizi kana bulamayalım diyenler, mesela Fahri Özyürek, Cemal Gürsel. Onlar en az olan grup. Bir grup cunta da bastırıyor, eğer biz burada idamlara evet diyecek olursak, bunlara ödül vermek olur, biz buna hayır demek mecburiyetindeyiz ki böylece kendi varlığımızı ispat edelim.

O cunta dediğiniz Türk Silahlı Kuvvetler Birliği adıyla Milli Birlik Komitesi'nin dışında teşekkül etmiş bir cunta. Daha keskin, daha faşist.

Daha keskin, daha faşist, İrfan Tansel'in ilk varlığını durdurarak, haziran ayından sonra imzalar olan falan filan uzun bir hikâye, aynen dediğiniz gibi. Belki o cunta o vakit daha kalabalık, daha az imza var. Mesela Cemal Turan filan, onların da imzaları var. Sonra oraları bırakanlar var, kalanlar var. Şimdi böyle bir şey karşısında üçlü tavır. İlk oturumda, idam cezaları geri çevrilecek. Ara veriliyor, o ara verilince işte sağ çıkamazsınız, şu olur bu olur, diye cunta Milli Birlik Komitesi'ne adamakıllı büyük, yeni bir baskı uyguluyor ve diyelim ki, dört veya beş oy farkla idam cezaları kabul edilmiş oluyor. Fatin Bey ile Polatkan'ınkini uyguluyorlar, Menderes'in de sağlık durumu malum. Yani o dönemin bir istikrarsızlık dönemi olduğu, onun için de cuntaların kaynaştığı bir dönem olduğu kesin. İşte Adalet Partisi lideri Ragıp Gümüşpala ve genel başkan yardımcısı Şinasi Osma Cemal Gürsel'le görüşmek için köşke gidiyorlar, görüşerek idamın infazını durdurmaya çalışacaklar. Fakat bir albay bunları geri çeviriyor, kovalıyor. Ve ertesi gün, hiçbir haber yok. Biz 17 Eylül günü, evde kalabalık oturmuş bekliyoruz, inşallah iyi bir haber olur diye ama herhangi bir ümit yok.

Radyoyu açtık, 17 Eylül saat 19.00 ajansı haberleri. İlk haber Adnan Menderes'in infazı. Bugün İmralı'da idam edilmiştir. Tabii o ıstırabı, acıyı, kelimelerle filan anlatmak mümkün değil. Yalnız bir ara birisinin bir sesi, "bir dakika" ama daha yüksek bir ses, annem durdu. "Evvela bir görevimiz var, sonra gözyaşımızı dökeriz. Hemen bir telgrafla Milli Birlik Komitesi'nden naaşlarımızı istememiz gerekiyor" dedi. Hay hay, hemen bir telgraf yazıldı. Daha sonra Bursa milletvekili de olan, kendi babası da Bursa milletvekili, kısa bir süre milli savunma bakanlığı yapmış Kenan Yılmaz'ın oğlu Özer Yılmaz telgrafı alıp götürdü. Bu telgraf bakanlıklar şubesinden pazar günü saat, en geç 19.40 itibarıyla filan çekilmiştir ve zaten bu iki-üç dakika, ondan sonra feryat figan. Divan gibi bir yer var annem orada uzanırdı, hep birlikte onun yanına koştuk, o gayet fena. Bir akraba doktor baktı filan, herhalde pek beğenmedi durumunu, iğne yaptı. "Niçin bana iğne yaptınız, ben o kadar da istemedim. Niye yani ne var? Adnan gittikten sonra bizim bu dünyada gölgemiz bile fazla" dedi. Üzüntülü ertesi gün de. Tabii bitmeyecek bir matem depremidir. Bir dönem ama kendi kendimize de bu hatırayı yaşatmak mecburiyetindeyiz, dik durmak mecburiyetindeyiz. Yapmamız gerekenleri yapmak mecburiyetindeyiz diye, adeta sözleştik. Hayat bir yandan devam edecektir. Bir süre sonra benim okulum başladı, o sırada seçim yakındı. Tabii her gün heyetler gelir gider, ev dolar taşar, insanlar kendi senatörlerini, milletvekillerini bulurlar bizi götürün diye.

Tabii mesele burada kalmadı. Örtülü Ödenek davası, karar kendisine tebliğ edildiği için, mahkeme düşmüş olmuyor, olmadığı için de o vakit esası bir küsur milyon lira, tamamı dört milyon lira cezayla Örtülü Ödenek borcu var. Biz çiftliği satsak 2 milyon etmiyor o vakit, eldeki gayrimenkullerle falan hiçbir şeyle ödememiz mümkün değil. Ne yapalım, ne edelim? Avukatlar milletvekili oldukları için hazineye karşı dava alamazlar. Fatin Bey'in avukatı rahmetli Orhan Cemal Fersoy boşta. Orhan Cemal Bey İstanbul'da ama gelir gider, dedik aklı başında insandır. Dört kişi de –tabii benim adıma annem benim daha o vakit yaşım 18 değil– imzaladı ve verdik vekâleti, o uğraşıyor. İsmet Paşa hükümeti, Ferit Melen de maliye bakanı. Annemle randevu alırlar, İsmet Paşa'ya giderler. İsmet Paşa der, "Orhan Cemal söyle bakalım hanımefendiyi rahatlatmak için ne yapalım?" O da "Paşam en uygunu şudur, şunu yapsınlar" der. İsmet Paşa emir verir ama Ferit

Melen yapmaz. Tabii yapar mı, yapmaz mı sorusunu da, okuyucunun izanına, irfanına bırakmak lazım.

Yani İnönü burada bir tür muvazaa ile yap dedi de aslında yapılmasını istemiyor iddiasında mı bulunuyorsunuz?

Gibi bir kanaate sahibim.

Teselli etmek için yapar gibi gözüküyor ama aslında yapmıyor mu?

Yapar gibi gözükür. Zaten annem hep derdi: "Bu ceza bize verilmiş cezadır. Onun canını aldınız, canı olaydı da bunun 10 katı ceza geleydi. Bu bizim için konulmuş bir cezadır." Ve uğraşmalar, olmadık bir şey, dörde bölünmüş ödeme planı. İlk ödeme beş yüz bin lira. Dedik bunun altına girilmez. Rahmetli Orhan Cemal Fersoy dedi ki "O zaman izin verin ben borcu üstüme devralayım, uğraşayım, giderse gitsin, ama siz bundan vazgeçemezsiniz, yani reddi mirasta bulunamazsınız." Doğrudur dedik, bunun başka bir yolu yok. Mirası kabul ettik, o dava açıldı. Diğer taraftan gayrimeşru iktisap davaları devam ediyor, neyse orada Demokratlar hep birer birer beraat ettikleri için, ona af çıkartıldı Talat Aydemir'le birlikte hemen. Bizim Örtülü Ödenek'e gelince, o devam ediyor. O sırada bunu da anlatmak istiyorum: Feridun Cemal Erkin dışişleri bakanı, Halk Partili. Washington Büyükelçiliği'nden Demokrat Parti geri almış olmakla birlikte, o sırada çok sevdiği eşi vefat etmiş, ona hürmet edilmiş, acele edilmemiş. Böyle bir mağduriyeti de yok. Rahmetli dayım, o da eski büyükelçilerden, Yüksel Ağabeyim o filan, bulurlar kendisini. Derler "Bu durum böyle, bak bir ay, iki ay sonra buradaki bizim kat satılacak, Ulus'ta Posta Caddesi'nde. Ne olur bir çözüm." Çözüm namütenahi. Çünkü bir tanesi en son gidiyordu, bir usuli itirazla Orhan Bey durdurmuş. Feridun Cemal Erkin giriyor devreye, İsmet Paşa'yla görüşüyor, yine bir sonuç yok. O sırada Taha Bey, gitmeyecek olan gitmez, kalacak olan kalır. Bölükbaşı, Demirel bölünmüş, Ahmet Oğuz kesimi, Cumhuriyetçi Millet Partisi, filan bölünmüşler, o kesim, Ekrem Alican hepsi anlaşmışlar, İsmet Paşa'yı düşürecekler.

1964 sonu?

1964, hatta 65. O zaman 65'te, bütçe o zaman şubatta, seçimlerden önce çıkıyor ya. Satış ilanı filan verilmiş, 20 gün 25 gün var. Hükümet oylanacak. Radyo verir, biz radyo başındayız, hükümet müzakerelerini izliyoruz. Hükümet düşüyor, İsmet Paşa yalnız, yanında bir tek Feridun Cemal Erkin. Feridun Cemal Erkin de diyor ki, "Paşam bunun olacağı belliydi de, hiç olmazsa şu Mendereslerin işini çözüp de gitseydik." Bizim gördüklerimiz, yaşadıklarımız, Örtülü Ödenek davaları, bunların hiçbir önemi yok. Hacizden sonra hiçbir yerden bir kuruş alamazsın. Kiracının kirasını alamazsın, çiftliği işletemezsin, çünkü sermayeyi de haczedecekler. Ortağa verirsin, o götürür hazineye yatırır. O şartlarda Ahmet, Mehmet bir yerlerden bulunmuş. İşte gelenler, efendim, bir ihtiyacınız var mı diyenler var. Ve o vakit bu duyulur. Bir kampanya açılmış Türkiye'de. Ödeyelim, kurtaralım. O vakit yatan paraların, büyük bir çoğunluğu 2,5 lira.

Yoksullar vermişler.
Yoksullar, yani. Çocuğunun, karısının ilaç parasını, çocuğunun süt parasını, baba parasını adam götürmüş, yatırmış. Ve bunun devamını da anlatmam lazım.

Tabii anlatın.
Sonra bu dönem geçer.

Ne kadar para toplandı?
Aşağı yukarı 1 milyon civarında toplandı. O da yatar, yatırırlar. Sonra tabii haciz kararları bütün banka şubelerine ulaşmamış. Büyük bir ekseriyeti milletvekili olan Yüksel ağabeyime yatmış. Zaten durum 66'da tam olarak düzeldi. Anneme ara sıra geldiği olurdu: İşte biz, Karabüklüleriz, Demirbank'tan bize bildirdiler, böyle bir tarihte, böyle bir para toplanmış, şu anda bu para serbest. Eğer size lazım değilse, herhangi bir sakıncası yoksa, izniniz olursa bunu İmam Hatip okullarının yapımlarında kullanmak istiyoruz.

Toplanan bir milyon için mi?
Hayır.

Peki ne için?
Şimdi bazı bankalara haciz emri ulaşmamış. Ulaşmadığı için, onun bunun yatırdığı paralar kalmış orada. Bu paralar aslında hazinede olacak ama o banka şubelerine emir ulaşmadığı için, o teberruyu yapanlar diyor ki artık malınız, mülkünüz kurtuldu...

Nasıl kurtuldu, daha kurtulmadı ki, sadece 1 milyonu yattı.
Benim söylediğim 1966'da.

Malların kurtuluşunu dinleyelim, ondan sonra oraya geçelim.

Mallar nasıl kurtuluyor? Hükümet değişince 65'te durduruluyor. Yeni bir anlaşma yapılıyor, borcun süresi uzatılıyor. 1966'da Demirel hükümeti döneminde de bilmem ne kadar para yatırıldı. Annem de "Kendi iktidarımızda da para yatırdık" diye ona üzülür, sinirlenirdi. O parayı da son taksit gibi yatırdık. Ondan sonra da 1966'da Adalet Partisi iktidarı yaz mesaisinde, Yassıada mahkûmlarının medeni haklarını –doktor, avukat mesleklerini yapabilecekler– iade eden, bu Örtülü Ödenek davasının sonuçlarını ortadan kaldıran genişçe bir af çıkardı. O af münasebetiyle bu para ayrıldı. Para 62'de yatmış, 63'te yatmış, ama 66'ya kadar el sürülmemiş, çünkü o şubeye emir gitmemiş.

Ben bunu şöyle mi anlayayım: Vatandaş kendi arasında para topladı, o paralar yatırıldı, bir kısım şubelere haciz emri gitmediği için yatırılmadan kaldı, kalan kısım affedildi devlet tarafından?

Kalan kısım zaten borç kalkınca, haciz de kalkmış oldu.

Peki o ödemelerin tamamı, milletin bağışlarıyla mı ödendi?

Hayır ödenmedi.

Şimdi 4 milyon nasıl ödendi?

1966'da af çıktı. Diyelim ki aşağı yukarı, hacziyle macziyle toplanan paralarla, bizim çiftlikten kira, iki milyon civarı bir para yatmışsa hazineye, geriye de faiziyle en az iki buçuk milyon falan kalmıştır. O iki buçuk milyonluk kısmı, af kaldırmış oldu.

Af geldikten sonra, toplanıp da kalmış paralar için de İmam Hatip okulları.

Diye istekte bulundular, ama bu on bankanın bir şubesinden, Böyle bir birliktelik oluşmuş oldu.

Dolayısıyla siz İmam Hatip okulları kavramıyla manevi bir bağ kuruyorsunuz, anladığım kadarıyla.

E tabii manevi bağ, bir köken birliği. İmam Hatip'e hassasiyet gösterenler, Menderes'in çiftliğine de hassasiyet gösteriyorlar. Çoğu da fakir fukara, böyle zor durumda olan insanlar, bunu kurtaralım edelim diye uğraşıyorlar. Dediğim gibi hiç evden çıkmayıp da yolu şaşırıp, bizi unutanlar da var; hiç olmadığı halde her vesileyle çıkıp gelenler var. İnsanoğlu, yani şöyle bir denge kuruluyor, bir vefasızlık, bir vefayla dengeleniyor. Ve böylece kendi dengesi, dostluk, sosyal hayatta kuruluyor. Hiç aklınıza gelmeyecek olan şeyler cereyan ediyor.

Aydın Bey sizin "çok vefalı çıktılar" veya "çok vefasız çıktılar" diye zikretmeye değer bulduğunuz isimler kimlerdir?

Başta, Vasfiye İleri Hanımefendi, Tevfik İleri'nin eşi. Ve Atıf Benderlioğlu'nun eşi, Muhterem Benderlioğlu, gün aşırı mesela, her dakika gelirler, uğrarlar mutlaka. Dostluk var fakat o ölçüde bir dostluk, o ölçüde bir yakınlık yok. Çok tabii muhterem insanlardı. Başka, mesela bahsetmiştim Adapazarlı Cafer Ağa gibi birisi çıktı geldi. Türkiye'nin hemen yer yerinden böyle yoğurt getiren, kaymak getiren, bal getiren, bir sepet meyve getiren insanlar oldu. Zaten ev boş kalmaz, ben saat 4 gibi okuldan dönmüş olurum, ev hep dolu olur. Gelen giden, akşamdan sonra gelen. 65'te ağabeyim milletvekili olunca bu biraz arttı. Onu orada görenlerle filan, fakat sürekli bir kalabalık.

En büyük vefayı halk gösterdi?

Sokak. Gidersiniz taksi şoförü para almaz. "Hanımefendi biz sizin paranızı çok aldık, ne siz yenisiniz, ne biz yeniyiz" diyen, tanıdık çıkan çıkmayan. Mağazaya gidersiniz, Kızılay'ın sokaklarında falan, belli bir kesimin dışına çıktığınız vakit, Türkiye'de zaten ihtilal filan yok, Demokrat Parti yine iktidarda gibi. Adalet Partisi gelmeden önce de. Daha idamlardan önce de, daha idamlardan önce gibi. Yeter ki o muhitlere değil de doğru adrese gidin, yanlış adrese girmeyin. Zaten belirli kesimlerde ekseriyet Demokrat Partisi.

Aydın Bey böyle vefasız diye zikretmek istediğiniz birileri var mı? Başta Ethem Menderes tabii...

Şimdi Ethem Menderes gelmez, gelse de annem kabul etmez. Zaten kabul etmedikleri oldu. Mesela Esat Budakoğlu.

Niye kabul etmedi?

Muhalefet ettiler. Mesela annem Sıtkı Bey'le görüştü. Görüştü çünkü Sıtkı Yırcalı'nın mahkemede hiçbir ters sözü olmadı, ona da annem biraz kızar, ederdi ama.

Sıtkı Yırcalı mahkemede "ben zaten parti içinde muhaliftim" diye konuşabilirdi ama yapmadı.

Hayır, yapmadı, Sıtkı Bey gayet dürüst davrandı mahkemede. Ölçü mahkemede. Bir hatıra defteri çıkmış veya bozuk bir şahitlik yapmış, şu olmuş bu olmuşsa onların hiçbirisiyle görüşmemeye, onları kabul etmemeye, annem özen gösterdi. Çok açık söyleyeyim, vefasız çıktı diyeceğim sayı, bugün ölenler de dahil, üst üste söylüyorum on kişiyi bulmaz. Onların da büyük bir kısmı, işte zorluk gördük, korktuk filan diye, daha sonra duruma göre de döndüler, geri geldiler.

Halk Partililerden böyle yakınlık, dostluk gösteren, üzüntü beyan eden, böyle hatırlanacak derecede alaka gösteren oldu mu?

Nihat Erim. Şimdi bizim yeni taşındığımız evin üst katında bir deniz albayı otururdu. İki kızı var, hanımı var, kim olduğunu da bilmiyoruz, selam verdik filan. Ama annemle aramızda da konuşuruz, ara sıra. Bir gün albayı getiren götüren araba ortada yok, gözükmüyor. Birkaç gün sonra albay geldi dedi ki "Biz epey sorduk. Zaten Demokrat Partiliyiz" falan. Nihat Erim'le de ahbaplığından, arkadaşlığından bahsetti. Hatta Nihat Bey bir yazı yazmış 5-6 sayfa, anayasa ihlali davasıyla ilgili. İşlerine yarayabilir diye.

Sizin savunmaya yardım etti yani Nihat Erim.

Evet.

Bravo, çok asil bir adammış.

Nihat Erim'in şöyle bir hikâyesi var, onu da anlatayım çünkü şimdi burada karşımıza geliyor. Nihat Erim siyasi tansiyonun çok yükseldiği bir sırada, 1958'de filan, İnönü ile Menderes arasında aracı. Rahmetli Menderes diyor ki Nihat Erim'e "Benden çok daha iyi bilir, İsmet Paşa hazretleri, sen de, başvekâletler devlet makamıdır. Kimsenin yeri değildir. Kendileri, bir kahve için, bir ayaküstü iki dakika uğrasınlar, ben hemen iki gün sonra istediklerini yerine getireyim. İstedikleri zaman, istedikleri kadar emirlerini yerine getireyim, iade-i ziyarette bulunayım."

Nihat Bey de bunu gidip anlatıyor İsmet Paşa'ya. İsmet Paşa "Söylenenlerde bir yanlışlık yok" diyor. Bunun üzerine Nihat Bey, "Paşam, bakın bir şey söyleyeyim size, bu siyasettir, olur bu iş yarıda kalır, bundan vazgeçersiniz, bir yerden kesilir, kopulur. Ben bu insanları ve Menderes'i gayet samimi bulurum. Eğer siz devam ettirmezseniz karşı taraf benle ilişkisini devam ettirdiği sürece, ben onlarla ilişkilerimi koparmam, bunu da şimdiden size haber vereyim" der. O da "Tabii Nihat, başka türlü olur mu?" demek suretiyle icazette bulunur. Ve Nihat Bey bir gün rahmetli Yüksel Ağabeyim ile Orhan Cemal Fersoy yine, "Ne yapalım, ne edelim, bu İsmet Paşa'ya nasıl nüfuz edelim de şu bizim Örtülü Ödenek davasında biraz rahatlayalım, fikir alışverişinde bulunalım" diye paşaya gittikleri vakit Nihat Bey bu olayı anlatıyor. Bu olayı anlattıktan sonra diyor ki, "Bu işleyecekti, belli bir kıvama gelmişti. İnönü "Türkiye'de herkes rahat uyuyabilir, ülkenin bir başvekili vardır. Menderes tarihi bir şahsiyet, her şeyin üstündedir" gibi sözler ediyor. Böyle bir şeyde, isim veriyor, verdiği isimlerin birisi mesela Metin Toker. Daha genç CHP'liler. Bunlar kalktılar gittiler İsmet Paşa'ya dediler ki, "Paşam bu millet zaten Menderes'i seviyor, Demokratlardan da memnun. Bir tek senin inadınla CHP diyor. Bir de sen bunlarla görüşürsen hep beraber CHP'yi kapatalım. Senin direnmen lazım." İsmet Paşa'ya baskı yapıyorlar, ilişkiler tekrar bozuluyor. "Ama" diyor Nihat Erim, "Ben ilişkilerimi bozmadığım gibi başvekil Menderes beni Kıbrıs anayasasını yazmakla görevlendirdi." Arada da onun da bizim eve geldiği olurdu, babamın anneme havale ettiği insanlardan birisiydi. Medeni ilişkilerinde son derece mazbut çıkmıştır, CHP'de. Bir de tabii Kasım Gülek'in genel sekreterliği zamanında, Yassıada mahkemelerinde çıkıp Topkapı'daki olaylarda İsmet Paşa'yı öldürme teşebbüsüyle ilgili böyle bir şey yoktu, görmedim diye yaptığı şahitlik var.

Çok iyi oldu bu örneği verdiğiniz...

O vakit akla geliyor, İsmet Paşa da mahkemeye çağırılmış şahitliğe. Mesela İsmet Paşa'nın "O günkü şartlarda kavga gürültü oluyordu ama, benim hayatıma yönelik bir davranışı olmamıştır" diye mahkemede şahitliği olsaydı bütün Yassıada mahkemelerinin gidişi değişebilirdi; yani İsmet Paşa istese, 27 Mayıs'ı da önleyebilirdi, idamları da önleyebilirdi diye düşünen, Türkiye'de o gün de, hâlâ bugün de birçok insan olmuştur.

Aydın Menderes dahil mi bunlara?

Size anlattıklarımdır, çünkü bunlar çok özel şeyler, çok yakından bakmak lazım. 27 Mayıs'tan öncesinde daha net, çünkü 27 Mayıs'tan öncesinde tansiyon düşer, şu olur bu olur, o zaman farklı, rahat engel olabilirdi. İdamlara gelince, orada İsmet Paşa da bitmiş. Yani başvekillik. Orada Cemal Gürsel'e soruyorlar İsmet Paşa'yı nasıl buldun, işte gelinin koynuna girecek damat gibi, heyecanlı filan. Ve bunun için de Cemal Paşa da sürekli Demirel'i tutmuştur. İnönü'yü bu frenler diye. İsmet Paşa böyle bir tartışmanın göbeğinde, ortasında sürekli olarak bulundu, yer aldı; kolay değil. Ama dediğim gibi 27 Mayıs sonrası, cuntalar, asker kontrolden çıkmış, kimse kimsenin sözünü dinlemiyor. Mesela bakın sordunuz, Karaosmanoğullarından Ragıp Karaosmanoğlu. Uzaktan merhaba var, fakat bizim eve gelip gidenlerden değildi. 27 Mayıs'tan sonra her gün bize uğrar, hanımı Aliye Hanım'la birlikte gelir. Onu da bu şekilde kaydetmiş olalım. Ankara Koleji'ne yeni başlamışım, 61 yılı, ekim sonu filan gibi, belki yok o kadar.

İsmet Paşa'nın "O günkü şartlarda kavga gürültü oluyordu ama, benim hayatıma yönelik bir davranışı olmamıştır" diye mahkemede şahitliği olsaydı bütün Yassıada mahkemelerinin gidişi değişebilirdi; yani İsmet Paşa istese, 27 Mayıs'ı da önleyebilirdi, idamları da önleyebilirdi diye düşünen, Türkiye'de o gün de, hâlâ bugün de birçok insan olmuştur.

İdamlardan bir ay sonra mı?

Gibi, belki daha az, 15 gün sonra. Ben eve döndüm, o arada kapı çaldı, bir polis, adam ağlayacak neredeyse, bin bir kere özür diliyor. "Efendim, emir kuluyuz, kanunmuş kim yazdıysa, idam edilenin evine hüküm özeti asılır. Bunu ben buraya asmam lazım, ama bakın yine asmayım isterseniz." Annem de "Oğlum asan asmaya utanmamış, sana mı düştü utancı?" dedi.

Kâğıdı asmaktan sen mi utanıyorsun?

"Koy, o bizim için iftihar vesilesidir" dedi. Bir gün geçti, rahmetli Ragıp Karaosmanoğlu geldi "Hanımefendi" dedi, "birisi gelirse, 'Ragıp Karaosmanoğlu yırttı' dersiniz, 'ne zaman' derse 'haber veremedim yarım saat önce oldu' dersiniz. Sizin için yine gurur vesilesi olsun, sizin büyüklüğünüzü anlıyoruz ama bu gelip giden bizlere ayıp." Orada eliyle tuttu, yırtıp attı. 27 Mayıs'tan bir buçuk sene sonra Allah rahmet etsin, vefat etti. Çok böyle durduğu yerde kahramanlık ederdi. Orayı da öyle belirtelim. Tabii başka bir gün yine evdeyiz, bir torba, o torbanın içinde üstünden çıkanlar.

Ben de onu soracaktım, rahmetlinin eşyaları size nasıl teslim edildi?

Bir torbanın içinde...

Getirdiler, resmen tebligat...

Evet, o gün üstünden çıkanlardır diye, doldurmuşlar bir torbaya. Bir gün de bir ödeme emri, cellata ip parası.

Kaç lira?

50 lira diyelim o vakit.

Sizden 50 lira cellata ip parası aldılar?

İp parası aldılar. Onu da göndermişler. Bunlar da yaşanmış olaylar, tabii yani bunların failleri, yapanlar ortada yoklar, onlar kimdir, nedir, neyin nesidir, bilmiyoruz.

Bu cellata ip parası, böyle icradan ödeme emri gibi mi geldi? Yoksa bir polis mi getirdi?

Aynen ödeme emri...

Şimdi o makbuz elinizde yok değil mi?

Yok. Ödeme emri olarak geldi, bununla vereceksiniz diye.

Rahmetlinin mezarını ilk ne zaman ziyaret etiniz?

Alacağımız gün, onları meşrulaştırmayalım diye, gidersek meşrulaşır, orada kalır. O tabii çok uzun bir hikâye. Rahmetli Turgut Bey'le oraya gidişimiz, onunla ilgili çok şey var.

Turgut Bey'le beraber mi gittiniz?

Hayır, bir gemi tahsis etmiş, biz gittik, akşam vakti.

Anneniz hayatta mıydı?

Annem hayattaydı ama annemi götürmedik, yaşlıydı. Ben gittim ve Atilla Bengü vardı bizim, en son temyiz ceza dairelerinin başkanlığının birisinden emekli oldu. O vakit orada cezaevleri genel müdürü, onunla görüşüyordu zaten. O haber göndermiş, demiş ki, biraz el ayak çekilsin, biz geceden ineriz, adayı gezeriz ziyaret ederiz, sabah da mezarlar açılır diye. Biz o gece indik, aşağı yukarı rahmetli Fatin Bey'in veya Polatkan'ın idamının gerçekleştiği saat, 16 Eylül'ün 29. yıldönümünde ve aşağı yukarı aynı yerde idik. Ve yürüdük gittik. Tabii bir pazar günü Menderes'in idamında iki kere ipe çekmişlerdir.

Öyle mi? O denir de, ben bilmiyorum.

Evet iki kere, bir keresinde düşmüş, tekrar ipe çekmişler. Onun için yüzünün tek taraftan fotoğrafı çekilmiş. Sonra bırakmışlardır, sonra mahkûmlar gitmiş teçhizini yapmışlar.

Bırakmışlar dediğiniz, yani nasıl?

Kaldırmamışlar, ipte sallanıyor veya indirmiş bırakmışlar. Ve sonra onu oradaki mahkûmlar alır götürürler, teçhizini yaparlar ve birer taşla belirlerler üçünün yerini. Etrafını minik minik taşlarla çevirirler. İdam anında, gürültüden tahmin ederler, Agâh Erozan filan Kuran, yasin-i şerif okurlar. Orada onlar defnederler. Ve gittik, orada gördük, her dönem değiştikçe yeni gelen adalet bakanı biraz bir şeyler yapmış. En sonunda orası, üçünün mezarı bayağı çiçek bahçesi gibi olmuş. Fakat cenazesini de kaldırmak milletine nasip oldu. O da Allah'ın mutlak bir hikmetidir, şehittir zaten, yani hiçbir günden bir güne şüphe etmedim. Çünkü yaptığıyla başına gelen arasında bu kadar arası dolmaz bir uçurum var ki akıl havsalanın alması mümkün değil. Hiç kimseye şahsen bir yanlışı olmamış, kötülüğü olmamış. Bir tane CHP'li bir şey istemiş de yapılmasın, önce onların isteklerini yaptırmış. Bu şeyin kaynağı nedir? Ne olmuş, niçin böyle bir nefretin objesi haline gelmiş? Neler denilerek ve kimler buna dönüştürmüşler? Bu, mutlaka üzerinde durulması gereken bir şey, duruluyor, durulacaktır. İpuçları vardır. Ama idam edildiği günden itibaren, Türkiye'nin hiçbir yerinde kendi adını tezyif edecek, yaralayacak, sakatlayacak, bir kem söz de şu güne kadar söylenmemiş; ya susulmuş ya hayırla anılmıştır. Cumhuriyet Halk Partililerin, o dönemde, başta en üstlerinden Feyzioğlu diyelim, yapılanlardan mustarip olduklarını, 27 Mayıs'ın ne kadar büyük bir yara açtığını herkes de biliyor, Ecevit'e kadar, Deniz Baykal'a kadar.

1980'i takip eden günlerde, DYP-SHP yakınlaşması filan diyebileceğim öyle bir dostane dönemde, bu iki heyet bir araya gelip, yakın tarihi değerlendirse ve bir anayasa değişikliğini gerçekleştirseydi, Türkiye'ye çok büyük bir hizmet etmiş olurlardı. Erdal Bey de yumuşak bir insandı. Bir beyefendiydi. Demirel orada. Ve CHP'de de o zaman için bu hava var. 12 Eylül, 27 Mayıs, ikisini de bir defterde silelim deselerdi. Bugün şimdi yok mesela o hava, maalesef. O gün bu ikisi de kaldırılır, hatta dört maddesini değiştirip eski anayasayı, yeni anayasa gibi yazsalardı, adı yeni anayasa olsaydı. Bir de gerekçe koysalardı, büyük badirelere sebep olmuş diye. Türkiye'de çok büyük badirelere sebep olmuş, yaşanmış, acı bir olay. Kolay kolay etkileri de ülkenin üzerinden kalkmıyor, kalkmayacak da.

Feyzioğlu sonradan ne dedi?

Turhan Feyzioğlu: "Bugünkü aklım olsaydı, mücadeleyi yumuşatmak için bütün gücümü sarf ederdim. Geriye baktığım zaman bunu görebiliyorum. O günlerde mücadele gereksiz olarak sertleşiyordu. Gereksiz olarak diyorum, çünkü memlekette terör yoktu, ırk, mezhep, sınıf kavgaları yoktu. Ancak partiler arasındaki ilişkiler çok sertti." (Rıfkı Salim Burçak, *On Yılın Anıları*, s. 781)

Aydın Bey bir konuyu tereddüt ederek soracağım: Ayhan Aydan ve Suzan Sözen. Gazeteciyim sormadan edemeyeceğim, bu konularda, ne dersiniz?

Şimdi Ayhan Aydan'ı Yassıada'daki şahitliğinden sonra rahmetli annemin de takdir ettiğini söyleyeyim. "Bravo kadına" dedi. İnsan hayatının çok özel bir parçası ve çok sorularla karşılaştım. Bir seferinde de dedim ki, "Az yapmış rahmetli Menderes." Menderes'i bırakıp, bir Ayhan Aydan'ı çekip almak, Atatürk'ü bırakıp bir Fikriye'yi çekip almak. Bunlar da bir meraktır, bir daldır ama bir insan buna indirgenmez. Suzan Sözen meselesine gelince, onu gelip geçici olarak gördüğünü, rahmetli annemin de çok fazla ciddiye almadığını –yani bir kadının içine sinmez elbet ama– tahmin ediyorum. Bu olup bitenlerden dolayı ama hiçbir vakit annemin ağzından da bir şikâyet sözü duymadık, hele bizlerin veya benim yanımda. 27 Mayıs'tan sonra bunlar ortaya çıkınca, tabii hep beraber görüşüldüğü oldu, görüşülmüştür. Rahmetli Menderes'in hayatının bir parçasıdır. Olağanıyla, olağandışısıyla. Bir yönüyle teferruat, bir yönüyle özel bir parçasıdır. Fakat başbakanlık, başbakanlıkta verdiği karar, bütün siyaset bunların içerisinde Ayhan Hanım'ın, Suzan Sözen'in filan, yani politikacı ve devlet adamı Menderes'in üzerinde bir kadın gölgesi yok. Ama bir gönül macerası, en azından Ayhan Aydan'la böyle bir gönül macerası, böyle bir yakınlık söz konusu ama bir siyasetçi olarak üzerinde herhangi bir kadının gölgesi yok. Onun için siyasetçilerin vesairelerin daha başka şeylerle uğraşmalarını tavsiye ederim ama herkes kendi merak ettiğini, kendine göre bulabiliyor. O ayrı.

Siz milletvekili oldunuz, siyasete girdiniz. Hiç Cemal Gürsel'le yüz yüze geldiniz mi?

Hayır, Cemal Gürsel ölmüştü, yüz yüze gelmedim.

Öteki darbecilerle, tabii senatör olan ve idama oy verenlerle?

İdama oy verenlerin birçoğuyla yüz yüze gelmedim. Suphi Karaman'la görüştüm, bahsettim, o da "Biz idama oy vermeyenlerdendik" diye etraflıca anlattı. Aşağı yukarı 67'den 70'e kadar filan akşamları evine giderken, köşede Hülya Pastanesi vardır, Buğday Sokak'ın. Oraya uğrardı. Dündar Taşer, Antep milletvekili onunla da görüşürdük. Ondan dinlediklerim olurdu bir de, Türkeş'le tabii bir hukukumuz var demeyelim ama aynı muhitlerde bulunduk çünkü sonuçta AP milletvekiliydik. O Adalet Partisi'nin başkanlığında kurulan koalisyon hükümetinde başbakan yardımcısı, biz de güvenoyu verdik. Gördükçe selamlaştık, el sıkıştık. Numan Esin'le de bir siyaset meydanı ortamında karşılaştık, görüştük. Görüşmemek için çok özel gayret filan sarf etmedim. Bazı ters isimler vardı, onlarla doğrusu görüşmemiş, yüz yüze gelmemiş olmak Allah'ın bir lütfu. Sami Küçük'ler filan gibi. Ama ben, siyasi hayatta pek çok farklı kesimden insanla beraber oldum, hiçbir rahatsızlık duymadım. Hele konuşkan, ya da ağzı laf yapan, eski tabiriyle ehli sohbet kimseler ise, dinlemek, onların cephesinde olup bitenleri anlamayı, öğrenmeyi de kendime fayda gördüm.

Şimdi sizinle konuşmadığımız konu Yassıada'daki mahkeme heyeti, Salim Başol, bir de yargılamalar. Yargılamaların bu tür siyasetin katli, hukukun ihlali olması, "sizi buraya tıkan kuvvet böyle istiyor" sözü, savunmaların yaptırılmayışı, Tahkikat Komisyonu müsvedde raporunun okutturulmayışı çünkü orada Halk Partisi'nin kapatılması yok, o konuda bir heyet, iki yargılama konusunda konuşalım.

Önce Yassıada Mahkemelerini değerlendirirken, şunu peşinen koymak lazım, bir işin başlangıcında hukuk yoksa devamında hukuk olmaz. Bir asker çıkacak, bunlar anayasayı ihlal ettiler, onun için iktidardan indirdim, bunları da mahkemeye gönderiyorum diyecek, böyle bir şey olmaz. Bir kere bundan sonrası tamamen adilane, hukuka uygun devam etmiş olsa bile başlangıç itibarıyla itiraz edilmesi gereken bir durum. Zaten bunu kabul ettiğiniz vakit, Cemal Paşa anayasayı bu şekilde nereden tanıyor? Nereden biliyor? İhlal edildiğini nasıl anlamış? Askerin böyle bir yetkisi yoktur. Bir kere buradan başlıyor.

Fetvacı profesörler...

Şimdi idamların temelinde onlar vardır. Profesörler, fetvacı profesörler. Şimdi isim vermek istemem, içlerinde sağ kesimde yer almış isimler de çıktı akabinde. Madanoğlu diyor ki, ne yapacağımızı bilmiyoruz, malum profesörleri çağıralım dedik. Bunlar da diyorlar ki, siz bunları gayrimeşru ilan edip, mahkûm etmezseniz, bunlar da size aynı şeyi yaparlar. Kendi meşruiyetinizi, ancak Demokrat Parti'nin meşruiyetini kaybetmiş olması üzerine çıkartabilirsiniz ve maalesef profesörü böyle olursa, hâkimi de aynı şekilde. Tabii hâkim yok. Yargıtay'a gitmesi gereken bir şey için ayrı mahkeme kurulmuş, mahkûmlar Yassıada'da mahkûm, hâkimler ve savcılar da Heybeliada'da mahkûm. Onlar da bir yerde hapiste adeta. Ve seyirciyle doldurulmuş, bir tiyatro sahnesine çevrilmiş, yaptırılmayan savunmalar, hapse attırılan, görevleri yaptırılmayan avukatlar. Üç avukatla işin sınırlandırılması, dört tane tutulmuyor, avukatlarla görüşmelerin sınırlandırılması gibi uygulamalar. Şimdi mesela bir tane olumsuz misal vereyim size. Talat Asal ile Hüsamettin Cindoruk bir yaz günü geldiler, savunmaya talip olacak şekilde. Talat Bey'i zaten baştan gözümüz tutmuştu rahmetli annemle. İkisi de dedi ki "Beyefendide zaten vekâletini haizdir, onun vekilidir, bizim de hocamız, gidelim Bülent Nuri Esen, kabul ederse, bizlerin girmesine bile gerek yok."

Hukuk profesörlerinin utancı

27 Mayıs hukuku nasıl katletti?

27 Mayıs darbesinin hukuk cinayetlerinden biri, "geçmişe yürüyen" (mâkable şamil) ceza uygulamasıdır. Bunun en büyük utancı da maalesef hukuk profesörlerine aittir.

Darbe olmuş, Demokrat Partili liderler, bakanlar ve milletvekilleri gözaltına alınmış, sonra darbeciler milletvekillerini serbest bırakmaya başlamışlardır... Fakat ünlü hukuk profesörleri darbecilere koşuyorlar:

"Nasıl serbest bırakırsınız? Bunların hepsi suçludur! Suçlu değillerse siz niye devrim yaptınız!"

Bunun üzerine darbeciler tekrar demokratları tutukladılar. Bayar ve Menderes'le arkadaşları anayasal düzeni zorla değiştirerek diktatörlük kurmaya "cebren teşebbüs" suçundan yargılanacaktı. "Vatana hıyaneti suçları"ndan biri sayılan bu suçun cezası, o zamanki Türk Ceza Kanunu'nun 146. maddesine göre "idam"dı.

Yargılanacak olan 588 Demokrat Partili'ye ya idam ya beraat kararı vermek gerekecekti! Bir kanuna, mesela Tahkikat Komisyonu kurulmasına oy veren milletvekilleri de idam edilecek, Yassıada mezbahaya dönüşecekti!..

Bunu göze alamadılar tabii.

Veya beraat edeceklerdi, o zaman DP liderlerini de bu sebeple suçlamak mümkün olmayacaktı...

Başta Ord. Prof. Sıddık Sami Onar ve Medeni Hukuk Doçenti Muammer Aksoy olmak üzere "devrimci" hukuk hocaları cuntacılara koştular, "bunların hepsi suçludur!" diye fetvayı verdiler!

Aksi ispat edilene kadar suçlu!

Abdi İpekçi ve Ömer Sami Coşar *İhtilalin İçyüzü* adlı kitaplarında anlatırlar; hukuk profesörlerine göre:

- DP'lilerin hepsi, aksi ispat edilene kadar suçludur! "Masumiyet karinesi" normal zamanlarda geçerlidir, şimdi "devrim" zamanıdır, DP'liler masumiyet kuralından yararlanamaz!.. İmza: Ünlü medeni hukuk, idare hukuku, anayasa hukuku ve ceza hukuku profesörleri!

Evet, hukuk profesörleri "masumiyet karinesi"ni yok sayıyorlardı, DP'lilerin kendilerinin suçsuz olduğunu ispatlamaları gerektiği fetvasını veriyorlardı!

İhtilalciler serbest bıraktıkları DP'lileri de bu "fetva" üzerine yeniden tutuklamışlardı!

Tamam da DP'liler nasıl yargılanacaklardı? Hangi mahkeme yargılayacaktı? Hepsi idam mı edilecekti?

- Yine "devrimci" hukuk uleması cuntanın imdadına yetişti; "doğal hâkim" ilkesine aykırı ihtilal mahkemesi, devrim mahkemesi türü "olağanüstü mahkeme" kurulabilirdi. Doğal hâkim ilkesi, yani eskiden beri var olan normal adli mahkemelerde yargılanma hakkı normal zamanlarda geçerliydi, şimdi ise devrim zamanıydı! DP'lileri yargılamak için özel mahkemeler, devrim mahkemeleri kurulabilirdi!..

Hatta cunta bir "İnkılap Mahkemeleri Kanunu" bile çıkarmıştır.

DP'lileri yargılamak için kurulan Yassıada Divanı böyle, özel, olağanüstü bir mahkemeydi. Hukukun en temel ilkesini katleden bu utanç verici fetvaya sadece ceza hukukçusu Prof. Tahir Taner karşı çıkmış, medeni hukuk Doçenti Muammer Aksoy ise Prof. Taner'i "inançsız" diye suçlamıştı; devrime inançsız!

Hasan Cemal yazmıştı Uğur Mumcu'nun şu sözlerini: "Muammer Hocamız isterse Medeni Kanun'la bile adamı darağacına yollayabilir." (*Milliyet*, 29 Aralık 2006)

Burada dönemin Yargıtay Başkanı Recai Seçkin'i hürmet ve rahmetle anmak gerekir. Yassıada'da kurulan "Yüksek Adelet Divanı" adlı "siyaseten katl" mangasının başkanlığını reddetmiştir; doğal hâkim ve masumiyet karinelerine aykırı bulduğu için... Yargıtay Birinci Ceza Dairesi Başkanı Salim Başol kabul edecektir Divan Başkanlığı'nı...

• Bu hukuk profesörlerine göre, 27 Mayıs cuntası, Demokrat Partilileri yargılamak için geçmişe yürüyen (mâkable şamil) ceza kanunları da çıkarabilirdi! Bu, "hukukun umumi esaslarına" aykırıydı ama devrim dönemlerinde yapılabilirdi!

Böylece yargılanan 588 kişiyi idam etmeden ama beraat de ettirmeden çeşitli hapis cezası vermenin yolunu icat etmişlerdi: Ceza Kanunu'nda değişilik yapılacak, icat edilen yeni ceza geçmişe dönük olarak DP'lilere uygulanacaktı!

Bu korkunç "fetva"lardaki imzalar birer kara lekedir. İsimleri merak edenler Abdi İpekçi ile Ömer Sami Coşar'ın bahsettiğimiz kitabına bakabilirler! (s. 276, 316-323)

Fakat bu fetvalardan sonuncusunu "ibret-i âlem" olarak buraya alıyoruz. Her hukukçu bilmelidir ki, görüş ve kararları bir gün, en yüksek mahkeme olan tarih tarafından sorgulanacak ve gelecek nesillere sunulacaktır!

İşte "devrimci" fetva!

Aşağıda isimlerini göreceğiniz hukuk hocalarından oluşan "İlim Komisyonu"nun geçmişe yürüyen ceza kanununa ve uygulanmasına ilişkin raporu aynen şöyledir:

146. maddede yazılı suç, yapısı itibarıyla tek kişi tarafından işlenmesine hemen hemen imkân olmayan bir suçtur. Bu itibarla 'iştirak halinde' işlenen her suçta olduğu gibi, bu suçta da asli faillerle fer'i failler arasında imkân nisbetinde derecelendirme yapılması adalete olduğu kadar sosyal faydaya da uygun düşecektir.

146. maddeki suç, yalnız idare edilenler tarafından değil, kamu kudreti kendilerine emanet edilen kimselerce de işlenebilir. Yukarıda bahsi geçen derecelendirme ise bilhassa bu sonuncu halde bir mana ve önem taşır. Gerçekten kamu kudretini ellerinde bulunduranların ifa ettikleri kamu fonksiyonlarının değişik mahiyeti ve devlet cihazında haiz oldukları hukuki ve fiili nüfuz ve otoritenin farklılığı böyle bir derecelendirmeyi büsbütün zaruri kılar.

Vatana ihanet suçlarının toplum hayatı bakımından taşıdığı önem göz önünde bulundurularak henüz hükme bağlanmamış olsa dahi, bu derece ağır suçları işlemiş olan kimselerin tamamen tesadüfi mahiyet taşıyan bir sebepten faydalanmaları uygun (cevaz) görülemez. Sözü geçen maddedeki vatana hıyanet suçlarını işleyen kimselerin sırf hüküm zamanında 65. yaşını doldurmuş olmalarından dolayı kanunun öngördüğü cezadan kurtulmaları kamu vicdanını esaslı surette zedeler.

Vatana hıyanet suçlarının mahiyeti ve toplum hayatı için arz ettiği olağanüstü önem, bahsi geçen suçlar bakımından (hukuktaki) bazı umumi esaslardan ayrılmayı zaruri kılar.

Fransızlar 28.11.1944'te çıkardıkları bir kanunla 1940 yılında Petain hükümetinin çıkardığı bütün kanun, nizamname, talimatname ve emirlere dayalı icraatı suç ve suçları uygulayanları suçlu saymış ve genel mâkable şamil (geçmişe yürüyen) şekilde cezalandırmıştır.

Binaenaleyh (buna göre) bizde de bugünkü çıkarılan bir kanunun mâkable şamil olarak yürürlüğe konulması bir mahzur teşkil etmez ve hukuki olur.

Başkan: Sıddık Sami Onar, İstanbul Hukuk Fakültesi İdare Hukuku Ordinaryüs Profesörü

İlhan Arsel, Ankara Hukuk Fakültesi Anayasa Hukuku Profesörü

Üye: Faruk Eren, Ankara Hukuk Fakültesi Ceza Hukuku ve Ceza Usul Hukuku Profesörü

Üye: İsmet Giritli, İstanbul Hukuk Fakültesi İdare Hukuku Doçenti

Üye: Burhan Köni, SBF Ceza Hukuku ve Kriminoloji Profesörü

Üye: Nurullah Kunter, İÜHF Ceza Hukuku ve Ceza Usul Hukuku profesörü

Üye: Bahri Savcı, SBF Anayasa Hukuku Profesörü

Üye: Tarık Zafer Tunaya, İÜHF Anayasa Hukuku Profesörü

Üye: Muammer Aksoy, SBF Medeni Hukuk doçenti

Üye: Sulhi Dönmezer, İÜHF Ceza Hukuku ve Ceza Usul Hukuku Ordinaryüs Profesörü

Üye. Sahir Erman, İÜHF Ceza Hukuku ve Ceza Usul Hukuku Profesörü

Üye: Feyyaz Gölcüklü, SBF Ceza Hukuku ve Kriminoloji Doçenti

Üye: Hüseyin Nail Kubalı, İÜHF Anayasa Hukuku Profesörü

Üye: Ragıp Sarıca, İÜHF İdare Hukuku Profesörü

Üye: Naci Şensoy, İÜHF Ceza Hukuku ve Ceza Usul Hukuku Profesörü

Üye: Hıfzı Veldet Velidedeoğlu, İÜHF Medeni Hukuk Ordinaryüs Profesörü

Bu rapor hukuken bir utanç belgesi olduğu gibi, siyaseten de kör bir kindarlığın utanç belgisidir. Ülkeyi on yıldır yöneten ve her alanda Tek Parti'nin 27 yılının toplamından kat kat fazla kalkınma sağlayan Menderes ve arkadaşları Fransız Petain'e benzetiliyordu; Fransa'yı işgal eden Hitler'in uydu rejiminin başındaki Petain'e!.. Demokratların nasıl bir ideolojik yobazlık ve kör bir kine maruz kaldıklarının örneklerinden biridir bu.

İşte "geriye yürüyen" cezalar

Bu "devrimci fetva" üzerine o zamanki Türk Ceza Kanunu'nda Milli Birlik Komitesi adlı cunta iki değişiklik yaptı: Anayasayı zorla değiştirmeye teşebbüs suçunu idamla cezalandıralan 146. maddeye bir fıkra eklendi ve "fer'i iştirak", yani idam gerektiren bu suça "ikinci derecede katılma" diye bir suç icat edildi ve bunlara 5-15 yıl hapis cezası konularak geriye yürütüldü, DP milletvekilleri bu yolla cezalandırılabildi...

İkinci değişiklik, 65 yaşın üstündekilerin idam cezasını müebbede çeviren 56. maddenin kaldırılmasıdır; amaç o zaman 77 yaşında bulunan Celal Bayar'a idam cezası vermekti... Celal Bayar idama mahkûm edilecek fakat cuntadaki oylamada cezası müebbede çevrilecek, 61 yaşındaki Adnan Menderes, 50 yaşındaki Fatin Rüştü Zorlu ve 45 yaşındaki Hasan Polatkan asılarak öldürülmek suretiyle şehit edileceklerdir.

TCK'da yapılan değişiklikler şöyledir:

Madde 1: TCK'nın 146. maddesine aşağıdaki fıkra eklenmiştir:

"Birinci Fıkra'da yazılı suça ikinci fıkrada gösterilenden fer'i surette iştirak eden fer'i şerikler hakkından 5 seneden 15 seneye kadar ağır hapis ve kamu hizmetlerinden müebbeden memnuiyet cezası hükmolunur.

Madde 2: TCK'nın 56. maddesi kaldırılmıştır.

Madde 3: Yukarıki maddeler hükmü bu kanunun yürürlüğe girmesi tarihinden önce işlenmiş olan ve TCK'nın 125, 133, 141, 142, 146, 149, 150 ve 163. maddelerinde yazılı bulunan "vatana hıyanet suçları" hakkında uygulanır.

Madde 4: Bu kanun yayın tarihinden itibaren yürürlüğe girer.

Madde 5: Bu kanunu Bakanlar Kurulu yürütür.

Kaynak: Tekin Erer, *Yassıada ve Sonrası*, s. 407-410

Bülent Nuri Esen rahmetli Menderes'in umumi vekili miydi? Yani avukatı...

Vekiliydi, evet. Belki bu basın davalarında filan da, avukat olarak bakarsanız karşınıza çıkabilir. Tabii ki o görüşmede hayır diyor ama Demokrat Parti'nin döneminde de Menderes'in avukatı. O vakit hiçbir mahzur görmemiş.

Başvekilin avukatı ama sanık Adnan Menderes'in avukatı olmayı reddediyor.

Ve zaten bir terör dekoru, bir engizisyon mahkemesi gibi, lafların ağza tıkıldığı, insanların sözlerinin söyletilmediği, itilip kakıldıkları bir ortam. Yani şöyle diyelim nihayet yargıladıkları da, cumhurbaşkanı, başbakan. İnsan, kendine bir çekidüzen verip ben kimleri yargılıyorum diye bir düşünebilir nihayetinde. Adil olmuş olmamış bir tarafa, tamamen maksatlı getirilmiş kişiler. Başsavcının, 54'te Balıkesir'de milletvekili adaylığının üzerinde durulmuştu. Olmuş mudur, olmamış mıdır?

Öyle mi? Yassıada Başsavcısı Altay Egesel Demokrat Parti'den aday mı olmuştu?

Oldu sözü yayıldı fakat kati belgesi çıkmadı. Onu da en fazla bizim rahmetli Barlas Küntay araştırdı. Savcı Yassıada'da şahitlik eden Ayten Hanım'ın dostu falandı, filandı. O vakit de *Son Havadis*'te gazeteciydi Barlas Bey, o bunları ortaya çıkartmakla çok uğraştı. Onda bununla ilgili net bir şey var mıdır yok mudur, onu bilmiyorum. Ama tutumları başından itibaren sakat. Bütün davalardaki tutumları sakat. Olmayan suçların davalarına bakılırken, bu duruma hiçbir şekilde itirazları olmayıp, savcılıkla adeta zaman zaman paslaşma içersinde, orada yürütülen bir psikolojinin, çökertme hareketinin, bir savaşın bir parçası halinde hepsi. Menderes'i özellikle küçük düşürme, gözden düşürme peşindeler.

Bütün mesele oydu zaten: Onu halkın gözünden düşürmek. Eğer Menderes'i halkın gözünden düşürebilselerdi, belki asmazlardı...

Hayır, asmazlardı. Çünkü ne dediyse millet he dedi, Örtülü Ödenek dediler pırasa parası, cımbız parası dediler. İşte Ayhan Aydan şu bu dediler, hovardalık yapmayan erkekten mi sayılır dediler. Yani bu bizim milletle de pek uğraşmaya gelmez. Siyasetle uğraşacak olanların, bu işi iyi anlamaları lazım. Ayak diredi miydi ayak direr. E sen, bir taraftan silahı çekip, adamın iradesini sıfırlıyorsun, öbür taraftan da gel bunları kabul et diyorsun. Sen ne dersen, o aksini varit olarak kabul etmiş, aksine inanmış. Bir kişi düşüncesinden caymamış. Zaten 61 seçimleri ortada. Sizin de beğendiğiniz, takdir ettiğiniz bizim Demokrat Partili Rıfkı Salim Bey'in 61 seçim analizinde, sonuçları Demokrat Parti'nin, Menderes'in zaferi olarak niteliyor...

Menderes'in 1965 oyu % 54, o Demirel'in oyu değil, Menderes'in oyu diyorsunuz...

Evet. 1965 de öyle. 61'de de üçünün oyunu [Adalet Partisi, Cumhuriyetçi Köylü Partisi, Yeni Türkiye Partisi] toplayınca yine Menderes çıktı. Demirel 1964'te yapılmış, 63'teki yerel seçimlerinde Adalet Partisi % 49,5 alıyor. 1964 Gümüşpala'nın vefat ettiği, ara senato seçimlerinde de yine % 49.

Hukuk profesörü Ali Fuat Başgil'e ne dersiniz?

Ben şahsen tanıyamadım. Elini öpmek istediğim insanların başında gelir.

Ben onun elini öpmek şerefine nail oldum. Şeref sayıyorum bunu.

Evet. O insanlar fevkalade dürüst yaşamış, dik durmuş ve o cumhurbaşkanlığı adaylığından sonra, hatıratı var. Der ki "Hadi beni alıp götürdüler de iki tane milletvekili de çıkıp, oraya istifa dilekçesini bırakamaz mıydı? Ve benim üzerimden verilmiş olan o talihsizliğin sonu gelmemiştir, sonu gelmeyecektir." Hâlâ da gelmemiştir. 27 Mayıs'ın kırılma noktası Ali Fuat Başgil'dir. Ali Fuat Başgil seçilirdi, meclis kapanırdı, şu olurdu, bu olurdu ama yepyeni ve demokrat bir Türkiye doğardı. Ve yine hiç unutmuyorum, 27 Mayıs'ın ilk cumasında, haftasında "İncil'de bir söz vardır, kılıçla gelen, kılıçla gider" dedi. 27 Mayıs da 12 Eylül'ü kaldırdı. Yani adeta kerameti de çıkmış oldu Ali Fuat Hoca'nın.

Mahkemedeki şahitliği de çok asil bir şahitlik. Salim Başol'un bir Ali Fuat Başgil'e karşı, iki Hüseyin Nail Kubalı'ya karşı şahitken tavırları çok ilginç. Şimdi Ali Fuat Başgil anayasayı ihlal davasında dinleniyor, orada diyor ki "1924 Anayasası'na göre, Tahkikat Komisyonu kurmak anayasayı ihlal değildir, çünkü 1924 Anayasası'nda kuvvetler birliği ilkesi var, kuvvetler birliği ilkesi olduğu için de, Tahkikat Komisyonu kurulabilir." Salim Başol'un cevabı: "Biz sizi buraya bilirkişi olarak çağırmadık, siz

bilirkişi gibi konuşuyorsunuz. Bize sadece gördüklerinizi, duyduklarınızı anlatın" diyor. O da Çankaya görüşmesini anlatıyor, "Menderes iyi niyetliydi" filan. Sonra Hüseyin Nail Kubalı dinleniyor şahit olarak. Hüseyin Nail Kubalı'ya Salim Başol'un kendisi soruyor, "Siz anayasa profesörüsünüz, bu anayasayı ihlal midir, değil midir?" "Elbette ihlaldir" diyerek saatlerce anlatıyor. "Ol mahkemenin hükmüne derler mi adalet", değil mi?

Ve bir de Bahri Savcı'nın Yassıada'daki şahitliği... Onun çok ilginç bir sözü var. O diyor ki "1924 Anayasası, mülga olmamakla birlikte, 14 Mayıs 1950'ye kadar mer'i değildir. Binaenaleyh, anayasanın 1950'den önce mer'i olmadığından dolayı, bir ihlali söz konusu olmaz. Ama ilk defa hür ve serbest seçimleri yapılınca anayasa da mer'iyete girmiştir, mer'iyete girdiği için de Demokrat Parti'nin elbette anayasa ihlali vardır filan. Çünkü tabii Demokrat Parti'yi Tahkikat Komisyonu diye yargılarsanız, 1924 Anayasası döneminde İstiklal Mahkemeleri de var denilecek, şu denilecek, bu denilecek. Tek Parti devrine dair birçok şey çıkacak... Kaldı ki, bu konunun dışında, bu Tahkikat Komisyonu meselesi, Türkiye'de maalesef çok geçiştirilmiş bir konudur.

27 Mayıs taşları yerinden oynatınca demokratik hukuk nizamını kurmak kolay olmadı, olaylar durulmadı, orduda cuntalar bitmedi, işte Talat Aydemir'in darbe teşebbüsleri, ardından ordudaki çeşitli cuntalar ve 12 Mart Muhtırası... Ordudaki darbe ruhu, intizamsızlık, cuntalar hep 27 Mayıs'ın mirasıdır.

Prof. Bahri Savcı mahkemede 1924 Anayasası 1950'ye kadar mer'i değildi, yani yürürlükte değildi diye konuştu, öyle mi? Bu çok önemli...

Evet, mahkemede öyle söylüyor. Bahri Savcı 27 Mayıs'ın en keskin taraflarından birisi. Siyasal Bilgiler Fakültesi'ndeki en keskin 27 Mayısçı... Ve maalesef ulemanın oradaki rolü, İstanbul Hukuk Fakültesi kaynaklı olmak üzere, son derece menfidir. Ama tabii bunlar bir yerden de içten içe, bir örgü halinde birbirine bağlanmış durumdalar. 27 Mayıs taşları yerinden oynatınca demokratik hukuk nizamını kurmak kolay olmadı, olaylar durulmadı, orduda cuntalar bitmedi, işte Talat Aydemir'in darbe teşebbüsleri, ardından ordudaki çeşitli cuntalar ve 12 Mart Muhtırası... Ordudaki darbe ruhu, intizamsızlık, cuntalar hep 27 Mayıs'ın mirasıdır.

Zaten bakıldığında Demokrat Parti'den önce Türkiye'de demokrasi yoktu. DP'den sonra da Türkiye'ye demokrasi gelmemiştir. Merhum Samet Ağaoğlu'nun "Demokrasi her zaman Menderes'le hatırlanacak" sözleri adeta bir keramet gibidir (*Arkadaşım Menderes*/Samet Ağaoğlu). 1950 ile 1960 yılları arasında Türkiye'de kendinden önce ve sonra ilk defa Türkiye'de siyasi sebeple idam sehpaları kurulmamış, faili meçhul cinayetler işlenmemiş ve yargısız infazlar yapılmamıştır.

Siyasetçiler bir an gelip de haklı olmakla haksız olmanın sonucu değiştiremeyeceği siyasetin ihanet dolu, karanlık köşelerinden yollarını geçirmemelidirler. DP haklıydı. Adnan Menderes Türkiye'nin en çok sevilmiş devlet ve siyaset adamıydı. Ama sonuçta darağacına Adnan Menderes gitti.

Menderes'in manevi şahsiyeti bundan hiçbir şey kaybetmedi. Bilakis sevgisi defalarca büyüdü. Milletin onun için döktüğü kanlı gözyaşı hâlâ tükenmedi. Şehitlik mertebesine erişti.

Salih zatlar rüyalarında Fahr-i Kâinat efendimizin etrafındaki çevreye Menderes'in de dahil olduğunu gördüklerine dair sahih rüyalar anlattılar. Buna mukabil bütün bir millet yandı. DP yıkılınca Türkiye'ye yeniden vesayet rejimi geldi. Türkiye'nin demokratikleşmesi 50-60 yıl gecikti.

27 Mayıs'tan sonra cereyan eden olaylar Yassıada, mahkemeler, kararlar, infazların yer aldığı dönem bir fetret dönemidir. Devletin hiçbir kurumu ayakta kalmamıştı. Cuntalar savaşı başlamıştı. Türkiye bu fetret devrini yeni askeri müdahalelerle aşmak istedi. Olmadı. Tam tersine netice verdi. Millete, demokrasiye koşulacağı yerde otoriteye meyledildi.

Şimdi önümüzde yeni bir anayasa yapmak ve yeni bir devlet nizamını kurmak teşebbüsü ve ihtimali söz konusudur. Şimdi söyleyeceklerim bu ihtimalle bağlantılıdır. Ben kendi payıma birinci meclisteki ikinci grup gibi, Fethi Okyar gibi uzlaşma yanlısı bir mütevazı siyasetçiyim. Nizam uzlaşma ile kurulur. Dayatma ile kurulan, gün olur 27 Mayıs gibi bir tasfiye süreci içine girer. 27 Mayıs'ın tasfiye sürecinin başlangıcının merhum Menderes, Zorlu ve Polatkan'ın idamlarının ellinci yıldönümüne işaret etmesini biz Allah'ın kulları Yüce Yaradan'dan ulaşan bir işaret olarak kabul etmeliyiz.

Menderes'le Celal Bayar'ın Yassıada'da aralarının açık olduğuna dair bilginiz, duyumunuz var mı?

Şimdi hiç görüşmemişler, bunun yasağın sonucu olma ihtimali

yüksek. Yalnız fotoğraflar tekrar alınıp incelenirse, rahmetlinin belli belirsiz, böyle hafif bir Bayar'a göre, iskemlesini, kendisini sağa kaydıran, araya adeta mesafe koyan bir fotoğrafı var. Doğrusu bu beni, hep böyle rüyama girer, hep rahatsız etmiştir çünkü bu ilişkiler fevkalade kapalı bir kutu; belirli konularda gayet aydınlık, onlar gözüküyor, biliniyor da bazı konular da fevkalade belirsiz.

Biraz kol kırılır, yen içinde kalır.

Evet, işte o vakitki anlayış, terbiye, vefa, ahde vefa hisleri itibarıyla. Bir de işte Bayar'la ilgili şöyle bir şey var. Adnan Menderes'in Özel Kalem Müdürü Ercüment Yavuzalp'ın mesela enteresan bir gözlemi var. Diyor ki, "27 Mayıs'a doğru, son dönemlerde rahmetli Menderes daha Bayar'ın etkisine girmiş gibiydi."

O da ihtilali hızlandırdı. Bunu kabul eder misiniz? Son dönemde daha bir etkisine girdiyse, bunun ihtilali hızlandırdığını?

Evet, tabii.

Rıfkı Salim Bey bunu açıkça yazıyor.

Rıfkı Salim Bey bunu yazmış mı? Öğrendiniz mi? Çünkü Rıfkı Salim Bey temkinli bir adam, cin fikirli bir adam. Bir de Bayar karşıtı tiplerden değil, öyle bir yönü yok yani. Biraz Demokrat Parti'nin içinde öyle tipler var, hem de bir hayli. Kadri Eroğan var, meşhur, eski Urfa valisi sonra Adalet Partisi milletvekili, Kırşehirli. Bayar'ı köşkte ziyarete gitmiş, çıkmış yanına. Bayar "Ne var ne yok Kadri Bey?" diye sorunca, "İyilik, şükür" dedikten sonra, "bu Kırşehir ilçe olmasaydı, iyi olurdu. Tekrar il yapılsın" demiş. Kendi anlatıyor. "Ben bunu dedim" diyor "koca adam kalktı gitti, vakit geçti, gelen yok, giden yok. Sonra sordum, soruşturdum. Bayar beni orada bırakmış gitmiş, boşuna ona gitmeyin." Böyle bir şey.

Kırşehir büyük hataydı tabii!

Halbuki bu Menderes'e söylese, "Dur bakalım bunun bir icabına bakmak lazım, benim de içime sinmemişti" gibi bir cevap vereceğine yüzde yüz eminim. Öbürü adama cevap bile vermiyor. Orada kalakalmış ki bu Demokrat Partili valilerden filan, hatta 59'da deve kesen vali diye biliniyor.

Evet bilirim, şahsen de tanırım. Coşkun konuşan biriydi.

Yani bir devrin insanlarıydı.

27 Mayıs'a adım adım: İç politika

Şimdi efendim 27 Mayıs'a giden yolu görmek için size bir soru soracağım. Atatürk'ü Koruma Kanunu ve Anıtkabir'in inşaatının hızlandırılması, çok görkemli bir şekilde yapılması, muhteşem bir cenaze töreni. Ve Atatürk'ü Koruma Kanunu. Ne diyorsunuz? İleride Atatürk düşmanı diye suçlanacağı için bunu soruyorum.

Atatürk'ü Koruma Kanunu münasebetiyle Adnan Menderes yaptığı konuşmada, "En büyük inkılap demokrasi inkılabıdır" der. "Bu kanunu biz Atatürk'ün eleştirilmesini engellemek için çıkarmıyoruz, hatta bundan dolayı da ilk ben eleştireceğim ama onun Türk tarihi içerisinde kimseyle kıyaslanmayacak mümtaz bir mevkii vardır. Bu ülkeyi idare etmiştir, kurtarmıştır. Ona rastgele bir şekilde hakaret edilmesi, heykellerinin kırılması, bizi fevkalade üzer, bu milleti de incitir. Buna izin veremeyiz. Kanun bunun için çıkmaktadır." Ve bence Atatürk'le ilgili rahmetli Menderes, çok çok güzel, benim en azından çok sevdiğim, çok şey ifade eden bir söz söyler. Der ki "Atatürk, hakkındaki bütün söylenenler çıktıktan sonra yine büyük adamdır." Yani Menderes'te Atatürk inkılaplarının aradan yıllar geçtikten sonra bir baskı unsuru olması, demokratik tercihlerin yolunu tıkaması yolunda, CHP'nin bunları bir çeşit kullanmasına karşı tepkisi olmakla birlikte, Atatürk'ün şahsına karşı, büyüklüğüne karşı bir hürmeti olduğu ve bunun da gereklerini yerine getirmenin mecburiyet olduğunu kabul ettiği kesindir.

Bu Atatürk'ün Koruma Kanunu Menderes'in inisiyatifi mi, Celal Bayar'ın inisiyatifi mi, kolektif, hepsinin katıldığı bir inisiyatif mi, bu konuda anekdota dayalı bir bilginiz var mı?

Ben Atatürk'ü Koruma Kanunu'nda böyle biraz da günah keçisi yapıp her şeyi de Bayar'a yüklemeyi doğru bulmam.

Muhafazakârlar biraz öyle yaparlar, değil mi?
Biraz öyle yaparlar. Ona fazla yüklenmeyelim. Yani ben kendim de muhafazakârım ama ölçü önemli bir şeydir. Ölçüsüz hiçbir şey olunmaz. Ve orada ben, Demokrat Parti iktidarında ancak, bu Ticanilik, Kemal Pilavoğlu olayı, hemen heykellerin kırılmaya başlanması, bu olayların adeta pıtrak gibi, tarlalarda biter gibi, birdenbire Türkiye'yi sarması da ister istemez düşündürücüdür. Ne oluyor da birdenbire Türkiye'de bunlar yaşanıyor?

Düğmeye basıldı gibi bir duygu var sizde.
Bir çeşit.

Öyle de olabilir, Demokrat Parti iktidara geldi, Kemalistler gittiler, zamanı geldi diye kendilerinin bir kolektif yanılgısı da olabilir.
Her ikisi de olabilir. Ben zaten doğal bir yatkınlık yoksa hiçbir manipülasyonun yapılamayacağına inanan bir insanım.

Komplo teorileri yanlıştır. Zemini olmalı ki birileri gelip oynamalı.
Yani doğal bir yatkınlık olması lazım. Yoksa yoktan var edemezsiniz. Toplum mühendisliği, gidip falan yerde bir inşaat yapmak gibi bir şey değil, bu ancak doğal bir yatkınlıkla bütünleşerek olabilir. Dediğiniz gibi, o vakit fakat Demokrat Parti bunun önünü almak istemiştir. Şurası kesin bir gerçek ki, Rahmetli Menderes'in bir tarafta Demokrat Parti içindeki CHP gibi, inkılapçılık düşüncesini, o havayı teneffüs etmiş bir kesim ile bir tarafta Bayar, diğer tarafta Millet Partisi gibi daha aşırı sağ grupların, onların istekleri, yayınları arasında zor anlar yaşadığı, bazı tasarruflara mecburen tevessül ettiği, aslında arzulu olmadığı ama bir ağız kapatmak mecburiyetini de hissettiğini burada ifade etmek lazım. Belki Atatürk'ü Koruma Kanunu da bu bahsettiğim olgunun, on yıl devam edecek olgunun, bir başlangıç noktası olarak ele alınabilir. Adnan Menderes böyle bir zorluğu yaşamıştır.

Şimdi Aydın Bey, Demokrat Parti'de benim gördüğüm çok önemli bir olay da, Menderes'in büyük karizmasına rağmen, parti içinde demokratik bir muhalefetin olması. Menderes'in

bakanlarına güvensizlik oyu veriyorlar, eleştiriyorlar. Parti içinde Dağlılar denilen bir grup var. Ondan sonraki hiçbir sağ muhafazakâr partide, bu derece bir parti içi demokrasi görülmedi. Yanılıyor muyum?

> Rahmetli Menderes'in bir tarafta Demokrat Parti içindeki CHP gibi, inkılapçılık düşüncesini, o havayı teneffüs etmiş bir kesim ile bir tarafta Bayar, diğer tarafta Millet Partisi gibi daha aşırı sağ grupların, onların istekleri, yayınları arasında zor anlar yaşadığı, bazı tasarruflara mecburen tevessül ettiği, aslında arzulu olmadığı ama bir ağız kapatmak mecburiyetini de hissettiğini burada ifade etmek lazım.

Parti içinde Menderes'i eleştirenler, karşı gelenler, parti içi demokrasi, bakanların düşürülmesi konusundaki görüşlerinizi anlatır mısınız?

Bir kere küçük bir girizgâh yapalım. Siyasi partilerde demokrasinin olup olmadığının ölçüsü merkez üssü gruplarıdır. Çünkü bir parti grup kararını verdikten sonra, mecliste milletvekili ayrı oy kullanırsa, bu demokrasiye ters düşer. Parti disiplini lazımdır. Yoksa kim, nereden, niçin seçiliyor? Teşkilatlar konusu var ama teşkilat, teşkilat kadar konuşur. Önemli olan grupların murakabesidir, gruplarda yapılan konuşmalardır. Menderes'in meclis grubunda dört kere, beş kere, altı kere kürsüye çıktığı, hatta şöyle tarif edildiğini pek çok işittim. Önce kendisi bir çıkar, bir genel olarak şöyle dolaştıktan sonra, bir konunun hafiften kapağını kaldırır; eğer grupta bir ilgi, buna karşı bir temayül görürse, bunun üzerinde devam eder. Demek ki bu tutacaktır, bunu yapabiliriz diye. Diğer taraftan, eğer grup pek oralı olmuyorsa, hatta bazen ufak tefek mırıldanıyorsa, rahmetli Menderes'in hiç ona girmemiş gibi, çeşitli konularla ilgili düşüncelerini ifade ediyormuş gibi, gayet tatlı bir dönüşle, bir tarafa bıraktığı da çokça anlatılmıştır. Menderes zaten dikkat edilecek olursa, grupta da olsun yurt sathında da olsun, ikna metodunu kendine esas olarak almış. Kendine olan özgüveni, konuşması, insanlarla kurduğu iletişim itibarıyla, insanları ikna edebileceği böyle bir kabiliyeti olduğunu, imkânı olduğunu görmüş ve bununla çözmek istemiş. Demokrat Parti grubu üzerinde de, zaman zaman mesela Koraltan'ın seçiminde –58 meclis başkanlığı olabilir– birçok milletvekilini köşke davet ettiğini, oylarını istediğini, bu gibi ufak tefek müdahaleleri olmakla birlikte, temelde grubu tamamen hür bıraktığını ve bu grubun tamamen demokratik bir grup olduğunu biliyoruz. Bu yönüyle de Demokrat Parti'nin kendi iç işleyişi itibarıyla da, en demokratik parti dememiz gereken parti haline gelmişti; hatta 65'te Adalet Partisi'nde Süleyman Bey'in başbakanlığındaki AP grup toplantıları, "bir sunuş, bir alkış" diye ifade edilir ve karikatürize edilir olmuştu.

"Bir sunuş, bir alkış" yani parti lideri Demirel bir sunuş yapacak, bir alkış alacak. Tamam, bitti...

Demokrat Parti grubu öyle değil.

Demokrat Parti'de Menderes'e muhalefetten anekdotla örnek verir misiniz?

Çok ilginç bir örnek vereceğim. Demokrat Parti'nin içerisinde bir Burhanettin Onat vardı, Allah rahmet eylesin. Burhanettin Onat on yıl muhalefet etmiştir Menderes'e. Sonra o Yassıada'da, on yıllık o muhalefetini unutmuş, Demokrat Parti'yi savunmuş. Başol "Sen hukuku nereden öğrendin?" deyince, "Yassıada Üniversitesi'nde" demiş.

Yiğit bir adam. Menderes ikbaldeyken Menderes'i eleştiren ama düşünce Menderes'e sahip çıkan birisi.

Evet, hatta Yassıada Komutanı Tarık Güryay "Bak, tahliye edilenlerin başında ilk seni yazacağım Burhanettin Bey. Seni biliyoruz, bildiklerini anlat" dediği vakit de Burhanettin Onat'ın cevabı şu: "Ben Menderes hakkında bir şey bilseydim, kendi yakasına yapışıp, 'bakanların istifa etmesi yetmez Adnan Bey, senin de istifa etmen gerekir' dediğim vakit söylerdim. Beni batan gemiyi terk edecek farelerle karıştırma." Ben Burhanettin Bey'e Antalya'da uğramıştım, bana bir hikâyesini anlattı, dedi ki, "Ben 50'den 54'e kadar muhalefet ettim. Milletvekili olmak da istemiyorum ama terbiye gereğidir, Adnan Bey'e uğrayayım, başarılar dileyim. Aday değilim diyeyim, veda edeyim gideyim. Trenle gideceğim. Burdur'da ineceğim trenden, Burdur'dan da Antalya'ya bir vasıtayla o günün şartlarında gideceğiz. Randevu istedim. Randevu da biraz gecikti. Gözüm de saatimde. Tam da aday tespitlerinin ertesi günü, o vakit % 20'ler var."

% 20 merkez kontenjanı, diğerlerini teşkilatlar seçiyor.

Burhanettin Bey doktor. "İçeri girdim, Adnan Bey, rengi sapsarı kesilmiş, boynu uzamış, hiç alışmadığımız şekilde, yorgun bir halde onu gördüm ve bu beni etkiledi, üzüldüm. Yani bir insanın kendini bu kadar feda edercesine bir işe sarılmış olması beni cidden etkiledi. Dedim ki 'Adnan Bey, ben vedaya geldim, Allahaısmarladık demeye geldim.' 'Hayrola Burhanettin Bey?' dedi. Ben de 'Adnan Bey benim muhalefetten başka burada yaptığım, yapacağım bir iş yok, başka bir şeye yaramam. Muhalefet de pek faydalı olmuyor parti için, yani milletvekilliği de şart değil benim için. Kendi arkadaşımızı tatmin etmiş oluruz, Demokrat Parti'yle her daim bağımız devam edecektir ama, ben izninizi almak için buradayım' deyince 'Burhanettin Bey bu ne demek? Böyle şey olur mu? İstediğin kadar muhalefet et. Bak sana buradan namus ve şeref sözü veriyorum: Yapacağın bir muhalefetten dolayı, en ufak bir şikâyetim ve serzenişim olacak olursa, bırak herhangi bir tavır koymayı, lütfen bana bu sözümü hatırlat.' Bunun üzerine ben çıktım, taksiye atladım başbakanlıktan. Kalktık, yetişemeyiz Ankara'ya diye, 'Oğlum Atatürk Orman Çiftliği İstasyonu'na götür de, oradan bineyim.' Oraya gittim tren yok, sordum. Kondüktör de dedi ki, 'Efendim, trene bir milletvekili yetişecekmiş, yetişememiş. Onun için kaldırmamışlar. Tren hâlâ Ankara garında bekliyor' deyince, bak rahmetli Menderes beni trenime kadar düşünüyor, arkadan telefon ettirmiş dedim. Sonra birlikte Japonya-Kore seyahatinde, orada Japonya'da, rahmetli benim koluma girdi. 'Burhanettin Bey ben seni yeni tanımıyorum ki. Ben Serbest Fırka il başkanıyken sen de Antalya Serbest Fırka il başkanıydın' dedi. Türkiye'den on binlerce kilometre uzakta, öyle bir dekor, Kore'de şehitlik, Türk bayrağı, böyle gayet duygulu bir dekor içerisinde bunu söyleyişini hiç unutmadım" demişti Burhanettin Bey.

Burhanettin Bey 1954'ten sonra da muhalefete devam etti.

Evet, 1960'a kadar.

Bundan sonraki sağ partilerin liderleri bu kadar muhalefet eden birini ikinci defa mebus yaparlar mıydı?

Hayır hiç olmadı ve sadece Burhanettin Bey değil, birçok kişi. Hatta bir sözü var rahmetlinin gruba, yarı şaka latife diyor ki, o konuşmasında, "Geliyorsunuz, şikâyetçi oluyorsunuz, o milletvekili mebus arkadaşımızı vekillikten alıyorum, üç gün geçmiyor, bu sefer de Yaylacılar diye muhalif bir grup var, aranızda baş tacı ediyorsunuz. Demokrat Parti grubu ben de sizi bir türlü anlamadım."

Yaylacılar, Sıtkı Yırcalı'nın grubu değil mi?

Sıtkı Yırcalı, Esat Budakoğlu, Şemi Ergin. Gayet geniş, neredeyse Demokrat Parti'nin yüzde kırkı civarında olabilir grup.

Ve Menderes onlardan bakan yapıyor...

Onlardan bakan yapıyor. Hepsini bakan yapmış onlardan, birçoğunu.

Menderes'in meşhur "Siz isterseniz hilafet de getirebilirsiniz" sözü var. Bunu Kemalist kanat çok istismar etti. Halbuki o grup toplantısında, grup ne kadar güçlü, ne kadar önemli, gruba ne kadar değer veriyorum anlamında bir sözdü.

Doğrudan doğruya. Zaten ortada halifelik sözü de yok. Halifelikle ilgili ortada bir konu da yok. Halifeliğin kalkıp geleceği de yok. O Demokrat Parti grubunun yani bir yerde sadece "Siz bu meclisin ekseriyetisiniz. Türkiye Büyük Millet Meclisi'nin ekseriyeti olmanız itibarıyla, siz her şeyi yapabilirsiniz" anlamında söylenmiş bir söz.

"Beni de eleştirebilirsiniz, beni de düşürebilirsiniz..."

Evet ve eleştirilere, parti içi eleştirilere öyle hemen tepkisi yoktur. Belki son dönemlerde olabilir ama o da son bir ay, iki ay. Yani Demokrat Parti grubuyla olan ilişkilerinde, rahmetli Menderes'in hiçbir problemi yoktur. Ve bu arada dönemin çözümlenmesi için bir hususa da değinmekte fayda olacak. Tabii Demokrat Parti grubunda, çeşitli düşüncelerin var olduğunu, nasıl çeşitli kişilerin aşırı dindarların, aksi türde insanların bulunduğunu ifade etmek lazım.

Hatta sosyal demokratlar bile var. Sıtkı Yırcalı sosyal demokrat. Fransızca sosyal demokrasi üzerine kitaplar tercüme ediyor. Mendes France'ın *Çağımızın Cumhuriyeti* kitabını Sıtkı Yırcalı çevirdi.

Hayrettin Ekmen bile var. Şemi Ergin bakan mesela, muhalif olduğu halde, son ana kadar partide. Bir de şöyle bir husus var, bakanlara dikkat edilecek olursa, bakanların içerisinde partili bakan, hem partide temayüz etmiş, hem de bakan olarak, önemli bakanlığa gelmiş, mesela rahmetli Tevfik İleri gibi çok fazla isim yoktur. Bakanların çoğu, o konunun uzmanı diyebileceğimiz, mesela hiç akşam sofrasında davetli olmamış ama uzun yıllar bakanlık yapmış insanların mevcudiyetini biliyorum, hatırlıyorum. Ama buna rağmen bakan olsun, olmasın mesela rahmetli Emin Kalafat mutlaka bulunur, iki üç yemekten birisinde. Menderes genç milletvekillerini de bulundururdu. Kimi genel daire kurul üyesi, kimi grupta, kimi akşam yemeklerde, kimi bakan değil, onları böyle çeşitli halkalar içerisine almıştır. Gayet yumuşaktır yüzü ve kesinlikle, hele hele anayasayı değiştirmek için, maddi manevi cebir unsuru kurma, baskı yapma gibi şeylerle ilgisi yoktur. Demokrat Parti grubu-Adnan Menderes ilişkileri bugüne kadar gelmiş geçmiş, belki bir daha da tekrarlanmayacak kadar demokratik ilişkilerdir.

Aydın Bey, bu 1950-1960 arasında, siyasete yön veren iki temel fobi bulunduğunu düşünüyorum. Birisi Adnan Bey diyor ki, "Halk Partisi ihtilal yaptıracak." Buna karşılık İsmet Paşa ve Cumhuriyet Halk Partisi diyor ki, "Adnan Menderes diktatörlüğe gidiyor." Size bir örnek vereceğim. Mesela bu iki fobi dediğim konuda, size Menderes'in 25 Nisan 1951'de, –daha iktidara geleli bir yıl bile olmamış– İzmir'deki konuşmasında, Cumhuriyet Halk Partisi'ni ihtilal havası yaymakla, ihtilalin yıkıcı taktiklerini tatbik etmekle suçluyor. Daha iktidara geleli bir yıl olmuş, ortada ihtilal falan yok. Cumhuriyet Halk Partisi bitmiş, tükenmiş, iktidar orduda istediği değişikliği yapmış. Ama diyor ki Menderes, "Cumhuriyet Halk Partisi ihtilalci metotlarla çalışıyor." Buna karşılık, İsmet İnönü Haziran 1952'de Demokrat Parti'yi diktatörlüğe gitmekle suçluyor ve "demokrasinin sahibi gençliktir" diyerek, gençliğe çağrıda bulunuyor. Demokrasiyi korumak için. Böyle yüzlerce örnek verilebilir, her iki taraftan da. Ve en sonunda da İsmet Paşa'nın "Şartları oluşursa ihtilal meşru olur" sözü ve Menderes'in de Halk Partisi'nin yıkıcı taktiklerini önlemek için tahkikat komisyonu kurdurması ve arabanın devrilmesi. Bu iki fobi kavramını siz doğru buluyor musunuz?

Şimdi, şöyle bir değerlendirmeyi burada ben izninizle yapmak istiyorum. Sanıyorum, ilk eleştiri, 30 veya 40 gün sonra İsmet Paşa'nın, "Tapu memurundan şube müdürüne kadar herkes dengini hazırlamış, yarının korkusu içinde intizar etmektedir" sözü. Şimdi rahmetli Menderes bu 50'li yılların başlangıcında, ülkeyi ihtilale sevk etmek istiyorlar sözü, bir siyasetçinin taktik beyanı. Yani Adnan Menderes'in içten inanarak söylediği bir sözden çok, kendi taraftarını zinde tutmak için. Çünkü iki taraf da belli bir yere kadar gerilim politikasının kendilerine yarayacağı fikrindeler.

İki taraf da mı?

İki taraf da. Zaten bu gerilim mevcut da.

Şimdi Menderes'in bu sözü, hak veriyorum bir taktik, beyan olarak kendi tabanını motive etmek için söylemiştir. İsmet Paşa da kendi tabanını motive etmek için, "Dikkat edin, bunlar diktatörlüğe gidiyor ey gençlik, demokrasiye sahip çık" diyor. Fakat ikisi de kendi tabanını giderek bu şekilde yoğuruyor ve çatışmacı siyasi kültürü körüklemiş oluyorlar.

Oluyorlar. Şimdi burada izniniz olursa, Demokrat Parti'nin daha ileri tarihlerde Menderes'in mesela 60 yılında yapmış olduğu bir teşhis var, ihtilalle ilgili. Bunları da ayrıca başlangıçta söylenmiş sözlerden ayırmak lazım. Fakat ben burada Demokrat Parti'nin şu değerlendirmeyi ilk gün yapmamış olmasının bir eksiklik olduğu kanaatindeyim. Onu arz etmek istiyorum. Bardağın yarısı dolu, yarısı boş misali. Cumhuriyet Halk Partisi son derece güçlü, devletle bütünleşmiş, 1946-50 arası Demokrat Parti'ye kök söktürmüş. Evet 14 Mayıs 1950'de, son derece barış içinde, demokratik bir seçim olarak cereyan etmiş ama, o seçim sonucunu, böyle bitmesini, sonuçlanmasını, taraflar arasındaki gerilimi yeterli derecede izah etmiyor. Arada ciddi bir gerilim var. Bu gerilimin içerisine daha sonrada farklı unsurlar da girecek ve ayrışma başlayacak.

Farklı unsurlar dediğiniz neler? Üniversite mi?

Üniversite, gençlik, işte millet, profesör, okumuş, okumamış ayrımları. Benim eksiklik olarak gördüğüm Demokrat Parti'nin şunu değerlendirememesidir: Demokrat Parti'nin 1950 seçimlerini kazanmış olması ve Cumhuriyet Halk Partisi'ni mağlup edişi, bir açıdan baktığınız vakit, hakikaten muhteşem bir sonuçtur. Ancak öbür taraftan bakarsanız, bardağın boş tarafına bakarsanız, Cumhuriyet Halk Partisi çok oy almıştır. Yüzde 39.

Halk Partisi bugün bu oranı hayal bile edemez...

Evet, Cumhuriyet Halk Partisi'nin yüzde 39 oy almasını izah etmeli, bu kadar CHP'li nasıl olabilir? Milletin büyük bir kısmı mustarip. Cumhuriyet Halk Partisi'nin işte devlet, memur, zabıta şu bu, belli bir tabanı var ama yüzde 39'a tekabül etmiyor. Ve 1954 seçimlerinde de bu yüzde 36'dır. Demokrat Parti bence aldığı sonucun önemini görmekle, burada haklı olarak övünmekle birlikte, Cumhuriyet Halk Partisi'nin Türkiye'de tamamen silinip gitmediğini ve belli bir varlığı ve belli bir gücü olduğunu görmeliydi. Ve belli bir varlığın ve gücünün oluşunun karşılığında belki Cumhuriyet Halk Partisi'ni imkân ölçüsünde, devlet işlerine daha fazla katan, daha yumuşak bir tutum, bilhassa 50'li yılların başında takınmasının, yanlış bir şey olacağı kanaatinde değilim. Doğru olurdu.

Ben sizin fevkalade önem verdiğim analizinizi Türkiye'deki bütün büyük çoğunlukla iktidara gelen politikacılara bir uyarı kabul ediyorum. Bu niyetiniz de var, öyle anlaşılıyor.

Evet, çünkü o da orada duruyor. Ben hiç sevmiyorum ama şimdi Türkiye'de mesela bu ulusalcılar çıktı. Söyledikleri son derece yanlış. Temeldeki hislerine sempati duyuyorum ama söyledikleri ve yöntemleri son derece yanlış. Bunlara da söz dinletemedik. "Bırakın bu laiklik lafıyla muhalefeti, başka konu arayın" dedik. İşte olmadı, etmedi, yani bir sürü de üzücü olaylar yaşandı Türkiye'de. Demokrat Parti böyle bir yerde veya bir başkası kim olursa olsun –hatta muhalefetin tutumu ne olursa olsun, çünkü siyaset de askerlik gibidir– önemli olan muhalefete kendi iradenizi kabul ettirmektir. Bu bir barışsa barışı kabul ettirirseniz, siz netice alırsınız, kavga ise kavgayı kabul ettirirsiniz. Cumhuriyet Halk Partisi'nin o vakit kavga çıkartmaktan başka yapacağı bir şey yok. Çünkü geçmişini övecek olsa, olduğu yerde kalıyor. Ancak yapılanları eleştirecek ve Demokrat Parti de olayların doğası gereği, çok çırpıntılı, dalgalı, fırtınalı bir denize açılacak. Başlı başına üzerinde durduk. Kalkınmanın ne kadar o günkü şartlarda büyük bir dava olduğu, Türkiye için, ne kadar çok meselenin yığıldığı vs gibi ve başka daha iç konular, dış konular. Bana göre, şahsen, iktidarlar stratejide yumuşak ama taktikte sert, hatta mütecaviz gibi olabilirler. Zaman zaman da çok yumuşak olabilirler. Ama stratejide temelde mesele karşı tarafı incitmemek, onu efendim, gururuyla, geçmişiyle, vesairesiyle değerlendirmek gerekir, gerçi bunlara dikkat edilmiştir.

Edildiği de var, edilmediği de...

Evet edildiği de var, edilmediği de.

Mesela izin verirseniz burada size, rahmetlinin 1954'te meclis kürsüsünden yaptığı konuşmadan bir cümle okuyacağım. "İnönü kâh melekâne [melek gibi] kâh bir profesyonel bir caninin soğukkanlılığı ile konuşuyor." Bu laf çok ağır.

Evet. Şimdi tabii burada biz sözlerin doğruluk dereceleri üzerinde, haklılık dereceleri üzerinde durmuyoruz. Duracak olursak başka bir istikamete götürür. Önemli olan burada bir devre tanıklık ederken, buradan ileriye dönük çıkartılması gereken derslerin de çıkartılmasıdır. Türkiye'de mesela araları çok gergin olmakla birlikte, –konuşmayıp el sıkmayacak kadar– Demirel ve Ecevit, Türkiye'yi 50-60 arasındaki gerilime kadar götürmediler. Eğer genel tablo, o ağır sözlerden şöyle bir ayıklanırsa, geriye kalan, tarafların dikkatli olduğudur –ki o bile işe yaramadı–, kadayıf kızardı neticede. Ve işin şu yönünü de görmek gerekiyor. 27 Mayıs oldu, Menderes idama gitti. Milyonlar sevgisini kaybetmedi. Bugün kendi kurduğu parti yaşamıyor ama ismi adeta bir partiden bile güçlü olarak yaşıyor. Peki İsmet Paşa 27 Mayıs'tan sonra, zar zor bir başbakan, o da koalisyonla. Sonra o da bitmiştir. Bir başka 14 Mayıs günü, 14 Mayıs 1972'de, genel başkanlığı Ecevit'e teslim etmiştir, CHP'li olarak da vefat etmemişti. 27 Mayıs esas itibarıyla, İsmet Paşa'ya da, CHP'ye de bir şey kazandırmamıştır. Yani tabii hayatta kalıp kalmamak meselesi, bir tarafta trajedi, diğeri başka. Bunları birbirinden ayırıyorum ama neticede siyasetçinin alacağı sonuç, sadece rakibini şu veya bu şekilde bertaraf etmek değil, kendi başarısının, muvaffakiyetinin de devamını bir yerde sağlamış olmaktır. Bu arada şu hususu da ifade etmek istiyorum. O da Demokrat Parti teşkilatı ve milletvekilleri şöyle bir sıkıntı içindeydiler: Mahkemeler, karakollar, idari makamlar, belki valiler hariç, herhangi bir mesele olduğu vakit, iki vatandaş arası bir dava, bir ihtilaf söz konusu olduğu vakit, CHP'nin yanında yer alıyorlar. Ve adeta CHP iktidarda, Demokrat Parti muhalefette gibi.

Ya da devlet iktidarı, Cumhuriyet Halk Partisi devam ediyor, halkın seçtiği iktidar hükümet olarak da Demokrat Parti.

Onlar da gelip sürekli "Beyefendi bu iş nasıl olacak?" deyip duruyorlar. Yani Demokrat Parti'nin bünyesinin de, CHP'nin bünyesinin de tabii sadece Menderes'le İnönü'ye indirgenmemesi, Bayar'a indirgenmemesi, sonuçta bu gibi şeyler daha ileride ortaya konulacaktır zannediyorum. Buna bir çare aramak, buna bir çare bulmak hususu zaman zaman Demokrat Parti'yi daha ileri tedbirler alma fikrine doğru itmiş olabilir. Bunların önemli bir rolü olduğu kanaatindeyim ancak bunların somut vakalarının delillerini getirip söylemekte, sıralamakta zorluk çekilebilir.

Hangi vakaları sıralamakta zorluk çekilebilir?

Yani Cumhuriyet Halk Partisi'nin içinde de efendim işte "Menderes Yunan zabitleriyle Kordon'da kol kola gezerken, İsmet Paşa Yunanlılarla garp cephesinde savaşıyordu" veya "Yabancı Sermaye Kanunu'yla Menderes vatanı satıyor" derken veyahut "İsmet Paşa'yı şöyle yapmalı, böyle yapmalı" gibi bazı Demokrat Partili milletvekillerinin sözleri...

Bahadır Dülger gibi isimlerin de İsmet Paşa hakkında çok çirkin sözleri var.

Olabilir, yani iş bir kere 55-56'lardan sonra çığırından çıkmış.

İzin verirseniz, şöyle bir örnek vereyim. Biliyorsunuz o dönemde zaman zaman "bahar havası" yaşanıyor, iktidarla muhalefet ilişkileri fevkalade düzeliyor. Benim tespit ettiğim, 10 yıl içerisinde, birisi Londra uçak kazasından sonra olmak üzere, İnönü ile Menderes arasında yedi defa "bahar havası" yaşanıyor. 6 Nisan 1957'de rahmetli Adnan Menderes diyor ki "İktidar ve muhalefet birbirini yok edemez, birbirimize tahammül zaruridir. Bu anlayışa vardıktan sonra karşı saflarda bulunmamıza rağmen, birbirimize tahammül edebiliriz, memleket meselelerinin çözümünde işbirliği yapmalıyız." Çok güzel bir konuşma... Buna karşılık, *Ulus* gazetesi Atatürk'ün Bursa Nutku'nu yayınlıyor. Tam bir tahrikçi yayın. Yani burada Cumhuriyet Halk Partisi'nin böyle hakikaten "Biz nasılsa oy alamıyoruz yahut iktidara gelemiyoruz, halk bunlara sürekli oy veriyor, gençliği ayağa kaldıralım, bürokrasiyi tahrik edelim, diktatörlük kuruyor diyelim" diye yıkıcı bir politikası da var... Tevfik Çavdar'ı tanıyorsunuz, iyi bir araştırmacıdır, sosyal demokrattır, diyor ki "CHP'nin yıkıcı muhalefeti, Demokrat Parti'yi kirpileştirdi." Aşağı yukarı siz de aynısını söylüyorsunuz, kirpileştirdi derken, sertleştirdi, mızrak çektirdi, DP baskı politikalarına gitti...

Bu karşılıklı diktatörlüğe gideceksin, ihtilale götürmek istiyorsun sözleri hep revaçta olduğu için ben bütün bunların hülasası gibi, 1960 yılını baz alacağım. 60 yılında Menderes'in yaptığı değerlendirme şu, yani bu şifahen de benim de çeşitli yerlerde işittiğim bir değerlendirme, gazetelerde de var, Türkiye'nin birçok yerinde. Diyor ki: "Cumhuriyet Halk Partisi Türkiye'yi ihtilale götürmek istiyor." Ve Cumhuriyet Halk Partisi'nin on yıllık siyaset stratejisini de şöyle özetliyor. Benim kulağımla da işittiğim, Demokrat Partililer arasında da revaçta olan bir değerlendirme: "Deniliyor ki Cumhuriyet Halk Partisi'nin korkusu henüz milletin zihinlerinden silinmemiş ve gönüllerinden kopartılıp atılamamıştır. Cumhuriyet Halk Partisi Türkiye'de sürekli olarak, kanunsuz fiillere tevessül ederek, adeta terazinin bir kefesine kendisini, öbür kefesine devleti koyarak vermek istediği mesaj, 'Bunlar sözüm ona hükümet, bunlar iktidar filan olamaz, bunlar sizin hukukunuzu koruyamazlar. Bunlar gelip geçicidir ve sonuçta iktidara biz geleceğiz. İktidara biz geldiğimiz vakit de kendinizi şimdiden ayarlamazsanız, bunun sonuçları ağır olur, dikkat edin.' " Yani hukuksuzluğu, hukuk dışı hareketleri, gerek kendi tevessül ederek, gerek tevessül edenlere sahip çıkarak, Cumhuriyet Halk Partisi'nin bu stratejiyi güttüğünü ve bunun nihai amacının da ülkeyi bir ihtilale sürüklemek olduğunu Menderes söylüyor, anlatıyor ve konuşuyor. Şimdi izniniz olursa ben burada durup şunu söylemek istiyorum. Menderes'in bu söyledikleri doğru mudur, değil midir? Sonuca bakarsak 27 Mayıs olmuş. Fakat tartışılması gereken, Menderes'in bu sözlerinin doğru olup olmamasından ziyade, bir başka husustur. Diyelim ki bu tespitler yüzde yüz doğrudur ki ben rahmetlinin bu tespitlerinin doğru olduğu, özellikle 50'li yılların başındakilerin değil, ama 57'den sonra bunun, bu istikamette olduğu fikrindeyim.

Yani siz 1957'den sonra Cumhuriyet Halk Partisi'nin ihtilali bilinçli olarak, isteyerek tahrik ettiği kanaatindesiniz.

İsteyerek. Menderes de bu değerlendirmeyi yapıyor. CHP'nin tüm geçmişine hele kurdurduğu İstiklal Mahkemelerine bakarsak ilk gününden itibaren bu partide inkılap kanunları gibi tamamen sübjektif bir kavramın hukukun üstünlüğünün yerini tuttuğunu görürüz. İttihat Terakki'deki silahşörlere benzer ama üzerine sureta bir meşruluk ve resmiyet elbisesi giydirilmeye çalışılmış benzer bir örgütlenmeyi görmemek mümkün değildir. Bundan dolayıdır ki II. Mahmud'dan itibaren Türk modernleşmesi misyonunu üstlenen CHP, hukuku yok sayabilen davranışlarıyla bu misyon açısından bir kırılma noktası meydana getirmiştir. XX. yüzyılın ilk elli yılında Avrupa'da demokrasi ve hukuk devleti yerine diktatörlük ve baskı rejimlerinin ne kadar yaygın olduğunu düşünürsek karşılaştığımız bu durum kendisini kısmen haklılaştırabilir. Demokrat Parti kadrolarının bir kısmı CHP'nin bu uygulamalarının içerisinden geliyordu. Yanılmıyorsam İstiklal Mahkemesi savcılarından Denizli Milletvekili Necip Ali DP'de yer almıştı. DP'deki Menderes başta olmak üzere onun yaşıtı veya farklı sebeplerden CHP ile ilgili bu gözlemleri yapan geniş kadrolar da vardı.

Gerçi CHP 1957 seçimlerine kadar sadece darbeye oynamamıştır. Ancak 1957 seçimleri DP'den daha çok CHP için büyük bir hayal kırıklığına sebep oldu. Zira 1957 seçimleri DP'nin girdiği en zor, CHP'nin ise iktidarı alabileceği en kolay seçimdi. Bu sonucu göremeyen CHP'lilerin şair kanadı İsmet Paşa üzerinde darbe kışkırtıcılığını artıracak anlama gelecek tahrikleri çoğaltmak için baskı yapmaya başladılar. Sonuçta 1957'den sonra olaylar hızla bir darbe ihtimaline doğru tırmandı.

Bunun içindir ki 27 Mayıs'ın asıl müsebbibi CHP ve İsmet Paşa'dır. Demokrat Parti'nin anayasayı ihlal ettiği iddiası, seçimlere gitmeyeceği iftirası, diktaya yöneldiği gibi iddialar CHP'ye hiç yakışmamıştır.

CHP devamlı olarak Türkiye'yi bir ihtilal ortamına sürüklemiştir. 1957'den sonra bu CHP'nin ve İsmet Paşa'nın temel stratejisi olmuştur. CHP ve İsmet Paşa dördüncü seçimleri de DP'ye kaybedeceklerinden endişe etmediler. Biliyorlardı ki çok zor bir ihtimalle de olsa iktidar olsalar bile aradaki milletvekili farkı 25-30'u geçmezdi. Bu da DP'yi tasfiye etmez, tam tersine büsbütün güçlendirirdi. Ancak askeri bir müdahale kendi varlığını sağlayabilmek amacıyla DP'yi tasfiye edecekti. Nitekim Türkiye'deki bütün DP'liler "kuyruk" ve "düşük" diye çağırıldılar. Hepsine zulmedildi. Çok partili siyasi hayata geçtikten sonra eğitim döneminin sonuna gelince aileler 27 Mayıs'ta çocuklarını okula göndermemek için ellerinden geleni yaparlardı. Bu yapılanlar çok büyük ölçüdeki CHP'linin bile vicdanını sızlatmıştır.

1960 yılı 6 Ocak Adana'nın kurtuluşu ve 11 Şubat Kahramanmaraş'ın kurtuluşu münasebetiyle Menderes Mersin, Adana, Tarsus, Hatay, İslahiye ve Kahramanmaraş bölgesine gitti. Buraların çoğunda 1957'de seçim kaybeden DP bu sefer büyük bir ilgi gördü. Daha önce dediğim gibi DP büyük ölçüde toparlanmıştı.

Burada durmak ve en son iki noktanın ısrarla üzerinde durmak istiyorum. Bunlar son derecede önemli hususlardır. Tarihten çıkartacağımız derslerdir.

Söz konusu geziler de dahil olmak üzere Menderes her vesileyle "İsmet Paşa ve CHP Türkiye'de karışıklık çıkartmak istiyor, kanunlara uymamayı kendisi için bir imtiyaz haline getirmeye çalışıyor. Böylece DP iktidarını âciz gösterecek. Eğer DP tedbir almazsa tam anlamıyla iktidar olamamış bir siyasi partiye dönüşecek" diyor. CHP millete dönüp "Görüyorsunuz muhalefette olsak da gerçek iktidar biziz. Seçimleri de biz kazanacağız. İktidara gelince de kaldığımız yerden devam edeceğiz" diye de zihinlere korku salıyordu. Buna karşılık DP iktidarı kanun ve nizamı sağlamak için tedbirler alsa o zaman da çıkacak "Bunlar diktaya gitmek istiyorlar. Anayasayı ihlal ediyorlar" propagandasını yürüteceklerdi. İsmet Paşa oyunu böyle kurmuştu.

Menderes bunu çok doğru teşhis etti. Zamanında gördü. Kendisinin ve DP'nin ne diktaya gitmekle ne anayasayı ihlal etmekle hiçbir ilgisi olmamıştır. Bunların değeri sadece birer hukuki iftira olmaktan öteye gitmez. Ama bu oyunu çözecek mukabil siyasi hamleyi de geliştiremedi. Asaletinin gereğini yaptı. Sonuna kadar hukukun içerisinde kendi iktidarını değil, milletin iradesini savundu. İlk gün "Yeter, söz milletin" demişti. Menderes son günde milletine "Yeter, söz milletin" diye veda etti.

İzin verirseniz, İnönü'nün bir sözünü okuyayım burada. Eylül 1958, daha ortada Tahkikat Komisyonu filan yok, seçimlerden yeni çıkılmış. İnönü diyor ki, "Farz-ı muhal herhangi bir kimse demokrasiye paydos demek gibi bir gaflete özenip, sabahleyin böyle bir teşebbüste bulunursa, akşama kadar kendisinin ve etrafındakilerin yıkılıp kendilerini zindana soktuklarını göreceklerdir." Şevket Süreyya Aydemir'in *Menderes'in Dramı* kitabı, sayfa 267. İsmet Paşa'nın lafı tam bir tahrik bana göre. Şimdi bunu okuyan ne anlar, o günkü bir subayın bundan ne anlayacağı belli. Öyle değil mi?

Ne duruyorsun? Bu kadar basit. Şimdi ben bundan dolayı Menderes'i yüzde yüz haklı buluyorum. Ancak...

Haklı da tedbirinde haklı mı?

Şimdi işin siyasetine gelince, Menderes oyunu tespit etmiş. Bana göre tespit etmiş, bir başkası hayır diyebilir, o tartışma konusu olur. Onu tarih tartışır. Bu noktada ben doğru teşhis ettiği kanaatindeyim.

Ben de aynı kanaatteyim.

Ama netice istihsal edilmemiş. Çünkü 27 Mayıs olmuş ve koskoca Demokrat Parti, 15 Mayıs 1960'ta İzmir'de üç yüz bin kişiyi, 25 Mayıs'ta Eskişehir'de yirmi bin kişiyi toplayan Demokrat Parti, bir gecede mantar tabancası bile atılmadan, müdahaleyle devrilmiş. Burada gözüken bir husus var ki, Menderes'in bu tespitin gereği olarak, bir başka adım atması lazım idi. Bu adım ne olur, neler olabilir? Bunun üzerinde biraz duracağım. Kendi kanaatimi söyleyeceğim. Fakat bundan önce, bir hususu burada ifade etmek istiyorum çünkü ilintili. Çok tartışılmış olan bir "Dokuz Subay Olayı" vardır, Hatta Bayar'ın eleştirileri vardır, niye Menderes üstüne gitmiyor diye.

"Dokuz Subay Hadisesi" hangi yıldı?

58. Niye üstüne gidilmedi? Hatta orada ihbarcı Samet Kuşçu mahkûm oldu.

O olayı bilmeyen okuyucular için özetleyelim. Samet Kuşçu kim ve neyi ihbarda bulunuyor?

Samet Kuşçu bir ihtilal teşebbüsü olduğunu ihbarda bulunuyor. Şemi Ergin milli savunma bakanı. Menderes, olayın üzerine fazla gidilmesini istemiyor. Hatta daha sonraları Bayar, bunun üstüne gidilmeliydi, buradan bu sökülebilirdi diyor. Şimdi burada Menderes'in çok önemli iki yönü ortaya çıkıyor. Birincisi, Menderes kavga adamı değil, yani 1950'de bir hizmet dervişi gibi gelmiş. Onun için "devr-i sabık yaratmayacağız" demiş. Hatta Bayar "Ben bu görüşe karşı çıktım" diye düşüncesini belirtmiştir, o da gayet saygıdeğer bir düşüncedir.

Okuyucu için belirtelim "devri sabık yaratmayacağız" sözü, Cumhuriyet Halk Partisi'nin Tek Parti dönemindeki yolsuzluklarından, kanunsuzluklardan hesap sormayacağız demek. Celal Bayar "Hesap soralım" diyor o zaman.

O diyor ki, yarın bir gün yapsaydık yapmasaydık gibi şartlar oluşabilir. Bir kere Menderes için, Halk Partisi'yle ağız dalaşı yapmak, siyasetin bir parçası. İlle de hoşuna giden bir meşgale, bir iş değil. Şurada Sarıyer Barajı'nda, Menderes Köşkü diyorlar, oradan gelir, inşaatı seyredermiş, o gelip durduğu yere de şimdi böyle çardak gibi bir şey yapmışlar. Hoşuna giden bu. Tek tek floresan ampullerini taktırıyor, başında duruyor. Yol açılıyor, makineleri görüyor. Millet Menderes'in develeri diyor, bundan büyük bir keyif alıyor. O bu işin içerisinde ve askerle filan uğraşmaya kalkışırsa, her türlü kalkınma, iç, dış politika vs biteceğini ve Demokrat Parti'nin giderek Suriye gibi, Mısır gibi, Irak gibi bir tür diktaya dönüşeceği inancı ve fikrinde. Kati fikri bu, onun için askerin üzerine gitmeyin diyor. Bir ikincisi ise Adnan Menderes bir taraftan devletin gücünün Demokrat Parti'nin tam olarak emrinde olmadığının farkında, fakat bir tarafıyla da bunu kabul etmek istemeyen bir haleti ruhiye içerisinde olabilir. Şimdi ben meselenin hukuki yönü üzerinde durmuyorum, çünkü hukuken bir şey çıkmaz. Demokrat Parti'nin burada yapması gereken iki iş vardı o tarihte. Birincisi daha radikal bir adım. Rahmetli Menderes'in inisiyatif alarak aslında Bayar'ın yapması düşünülen bir tür "12 Temmuz"a benzer bir adım atması.

Çok güzel.
"Gelin bu ülkeyi harap etmeyelim" demesi.

Burada "12 Temmuz"u okuyuculara hatırlatalım. "12 Temmuz" Milli Şef İsmet Paşa'nın demokrasiye geçtikten sonra 1947'de yayınladığı bir beyanname. İktidardaki Cumhuriyet Halk Partisi ile Demokrat Parti arasındaki kavga kızışmıştır, çok sert boyutlara gidiyor, tarafsız cumhurbaşkanı İnönü "12 Temmuz Beyannamesi"ni yayınlayarak ortamı sakinleştiriyor ve muhalefete demokratik garanti veriyor. İnönü'nün bu tavrı fevkalade müspettir. Siz Celal Bayar da böyle bir şey yapılmalıydı, Demokratlar da bunu yapmalıydı diyorsunuz. Bunu yapması gereken de Celal Bayar, konumu itibarıyla.
Bunu yapması gereken de Celal Bayar. Şimdi burada 1987'de rahmetli Muammer Yaşar Bostancı'yla yaptığımız –onu kitaplaştırmıştı da– daha ziyade 1960 yılını, 27 Mayıs dönemini içine alan röportajda şunu söyledim: Menderes Bayar'a göre bir başbakan değildi artık o tarihlerde. O tarihlerde Bayar bir Recep Peker istiyor.

Bu çok önemli. O tarihlerde Bayar bir Recep Peker istiyor; Recep Peker yani o zamanki CHP'nin otoriter, şahin siması...
Bunları delillendireceğiz. Delillendireceğiz derken yüzde yüz değil ama bazı şeylerini anlatacağım.

> 1958'den itibaren Menderes Bayar'a göre bir başbakan değildi artık o tarihlerde. O tarihlerde Bayar bir Recep Peker istiyor.

Anlatın, şu anda anlatın. Celal Bayar'ın 1958'den itibaren Menderes gibi bir başvekil değil de, Recep Peker gibi otoriter, sert, baskıcı, faşizan...
Vurdu muydu ses getirsin.

Vurdu muydu ses getirecek bir başvekil istiyordu! Nereden varıyorsunuz bu sonuca?

Bayar'ın daha sonraki beyanlarından, o vakit ortaya koyduğu tutumdan. Ayrıca bence "12 Temmuz"u, Bayar bu tür bir vazifeyi, iktidarı, Demokrat Parti'yi zor durumda bırakmamak için, –belli bir yaşa gelmiş– cumhurbaşkanı olarak doğrudan doğruya üstlenebilirdi. Çünkü böyle bir radikal hamle başvekil ve Demokrat Parti genel başkanı için riskli bir hamledir.

Esas hakem olanın yapması lazım.

Yapması lazım. Bunu ben yapıyorum demesi lazım. Bayar yapıyorum deyince de yapacak bir insan.

Bunu doğrulayan bir anekdotu ben çok kısaca anlatayım mı? Ali Fuat Başgil *27 Mayıs İhtilali ve Sebepleri* adlı kitapta anlatıyor. Çankaya'ya çağırıyorlar. Adnan Menderes diyor ki "Hocam ne yapalım?" Ali Fuat Başgil de diyor ki, "Ben askerin tavrını beğenmiyorum, asker nümayişçi gençlerle kucaklaşıyor, iş kötüye gidiyor." "Peki ne yapalım?" "Adnan Bey siz istifa edin, süratle seçimi açıklayın, hatta Halk Partisi'nden de üyeler alarak, bir geçici seçim hükümeti kurun." Menderes "Derhal" diyor. Celal Bayar sert bir şekilde müdahale ediyor, "Hayır, dereyi geçerken at değiştirilmez, yapılacak şey tenkildir." Bu tenkil meselesi, bastırma demek, Yassıada'da çok tartışıldı biliyorsunuz. Bu Ali Fuat Başgil'in şahitliği sizin bu analizinizi doğruluyor, değil mi?

Yüzde yüz doğruluyor ve bir olay ekleyeceğim şimdi. 1959 Londra Uçak Kazası, Adnan Menderes London Clinic'te.

Rahmetli Menderes'in uçağı düştü. 20 küsur kişi öldü, Menderes, yaralı, hatta ciddi bir yarası da olmadan kurtuldu, London Clinic adlı bir hastaneye kaldırıldı.

Ağabeylerim filan ziyaret ediyorlar, haberler geliyor. Ben İstanbul'da okuldaydım. Hatta annem Ankara'ya çağırdı. O vakit söylentilere göre Ethem Menderes işin içinde. Bayar, Menderes'in kendi doktoru Gülhane Askeri Tıp Akademisi Komutanı Tuğgeneral Recai Ergüder Paşa'yı, "Diğer yaralıların durumuna da bir bak ama Adnan Bey'i de gör. Şu mesajımızı da ilet. Kendisi isterse bir süre İsviçre'de istirahat etsin. Hatta Berin Hanımefendi'yi de, Aydın Bey'i de bir şekilde yanına alsın, zaten diğer oğulları oradalar, dinlenme imkânını ve fırsatını bulur" diyerek Londra'ya gönderiyor. Bunu Recai Paşa yanılmıyorsam 85-86 senesinde *Güneş* gazetesinde anlattı. Onun dışında annem bunu duymuş. Annem de bana söyledi. Menderes Fatin Bey'i çağırtıyor. "Fatin her türlü tedbiri, tertibatı aldır, hastaneyle ilgili muamelelerimizi de yapsınlar, bizim burada kalacak zamanımız değil, bir an önce Türkiye'ye dönmemiz lazım" diyor.

Bayar'ın niyeti ne?

Bayar'ın niyeti, Adnan Bey'in İsviçre'de kalması, yeni bir başvekil bulacak. Ama bu yeni başvekil bulacak derken, aradığı bir Recep Peker diyorum, bu benim yorumum, belki de başka bir şey bulacak.

Yani yeni başvekil aradığı gerçek, Recep Peker arıyordu, sizin yorumunuz.

Çünkü Menderes'i yumuşak buldu ve arada böyle bir ihtilafın olduğu Ali Fuat Başgil'in bu ifadesiyle de gayet sabit. Şimdi, ayrıca, çok abartılmasa da Bayarcı, Menderesçi gibi, böyle bir ayrım az buçuk var Demokrat Parti'nin içerisinde. Mesela, Menderes olmadığı vakit, Bayar milletvekillerine davet veriyor köşkte. Araya bir şey girmiş. Menderes'in temel tercihi şu: CHP ile ilişkileri şöyle regüle, düzenli bir hale getireyim, kontrol altında kalsın. Yani katlanılabilir, tahammül edilebilir bir duruma bağlayalım; biz dönelim, kredi arayalım, temel atalım, Türkiye'nin işlerini görelim. Keban Barajı'nı yapmaya çalışalım, İstanbul Boğaz Köprüsü'nü yapmaya çalışalım, bunların ve daha birçok şeyin kaynaklarını arayalım. Menderes'in temel tercihi ve gündemi bu. Bayar'ın birinci gündemi ise, İsmet Paşa ve CHP'nin etkisiz hale getirilmesi. Fakat devlet 1950'den önceki Bayar'ın başvekil olduğu devlet değil ki, kim kimi susturacak, kim kimin hakkından gelecek? Kim kimin defterini dürecek? Böyle bir imkân yok, devletin böyle bir niyeti yok. Siyasi iktidarı, böyle bir hususta dinlemek gibi bir temayülü yok. Adnan Menderes bunu çok daha iyi hissetmiş durumda. Zaten kendisi de yaradılış olarak, güç ve kudret meraklısı değil. Sevilen bir insan olmak, milletini sevmek ve halkla arasında bir büyük muhabbet kurmak önemlidir. Kolay kolay kelimelerle izah edilemeyecek kadar büyük bir sevgi.

Şimdi bu açıdan baktığımızda, rahmetli Menderes'in 9 Şubat 1958'de Bursa'da yaptığı konuşma var. Diyor ki "Muhalefetin Cumhuriyet Halk Partisi'nin, zorlaya zorlaya bizi tedbir almaya mecbur etmesi demokrasiye uygun neticeler de-

ğildir. Eğer onlar zorlamasalardı, bugün beğenmedikleri birçok kanunun çıkmasına imkân yoktu." Kastettiği basın kanununda cezaların ağırlaştırılması. "Sizin üstünüze yürünürse elbet müdafaa tedbirleri alırsınız. Fakat daha şiddetli kanunların çıkması için ne derece zorlarlarsa zorlasınlar Demokrat Parti, sınırı aşmak, ölçüyü kaçırmak gafletini göstermeyecektir." Çok basiretli, çok mutedil, çok aklı başında bir açıklama. Ama bir, basına yapılan baskılarla, iki, Tedbirler Kanunu'yla bu sınırı aştılar diye düşünüyorum. Siz ne dersiniz?

Bir kere bu söz, bizi tedbir almaya zorluyorlar, tedbir almazsak, gerçek iktidar bunlar olarak gözükecek, halkın gönlüne korku salınacak ve iktidar yolunu kendilerine açacaklar. Tedbir alacak olursak da o zaman bizi demokrasiyi dışlıyor, rafa kaldırıyor, diktatörlüğe gidiyorlar diye suçlayacaklar. Yani satrançta bir beynel tabiri vardır. Öyle bir şekilde bir taş oynar ki, ya şahı verecek, ya kaleyi verecek, ya veziri verecek ya fili verecek. İş o hale getirilmiş. Rahmetli bunun farkında, bu sözlerini teyit ediyor. Öyle olmasına rağmen, buna niçin tevessül edilmiyor? Bu hususta çok fazla hatırat da çıkmadı. Ancak ben Bayar'ın itici bir faktör olma ihtimali üzerinde duruyorum. Parti milletvekili ve teşkilatlarından, bir kısmı "ileri gitmeyelim" derken bir kısmı "iyi ama o zaman millet bize iktidar muamelesi yapmıyor" diyor.

"İleri gitmeyelim, yumuşatalım" diyen Rıfkı Salim Burçak. Bahadır Dülger ise "Yeniden İstiklal Mahkemeleri kurarız ha!" diye, CHP'ye meclis kürsüsünden bağırıyor. O da "ileri gidelim" diyenlerden.

Tabii bu, Demokrat Parti iktidarının önündeki iki ihtimalden biriydi: Bunlardan radikal adım, yani rahmetli Başgil'in söylediği, Bayar'ın karşı çıktığı, Menderes'in kabullendiği süratle hükümet değişikliği yapmak... Ama esas itibarıyla cumhurbaşkanının yapması gereken bir şey bu. Çünkü o, zaten cumhurbaşkanı böyle zamanlarda böyle çözümler yapsın diye varolan bir makamdır demokrasilerde. Hani yiğit bin yaşar, fırsat bir düşer misali, parlamenter sistemlerde cumhurbaşkanlarına böyle zamanlarda önemli iş düşer, değil mi? Cumhurbaşkanına böyle bir tarihi görev düşer, bir de protokolle meşgul olur. Kendisine iş icat etmesi filan da, bana göre pek parlamenter demokrasiyle bağdaşabilen işler değil. Şimdi geliyorum ben ikinci şıkka.

Birincisi bu alternatifti, siz sıradaki diyorsunuz...
Evet, Cumhurbaşkanı'nın yeni bir "12 Temmuz" yapması...

Yani 1947'de iktidar muhalefet kavgası çok sertleşince Cumhurbaşkanı İnönü'nün 12 Temmuz günü bir beyanname yayınlayarak partilerüstü bir tavır takınıp tansiyonu düşürmesi, güvenli seçim garantisi vermesi...
Evet, Mesela Samet Bey bunu söyleyenler arasındaydı, yani Bayar "12 Temmuz"u düşünebilirdi. Çünkü simetrik örnek var. Bir tarihte size yapılmış olanı var.

Evet bir tarihte İnönü'nün size yaptığı bir tür cemileyi, yani 12 Temmuz'u şimdi siz ona yapacaksınız, öyle mi?
Evet. Şartlar ve sebepler farklı ama bunun önemi yok, burada simetri önemli...

Peki, Demokrat Parti iktidarının önündeki ikinci seçenek neydi ki maalesef yapılmadı?
İkincisi ise, 1960 Mart ayında, belki daha da nisan ayında Demokrat Parti'nin seçimleri ilan etmesi seçeneği... Bu arada bir hususu da değerlendirme içine almamız gerekiyor, o husus da şu: Giderek tırmanan olaylar var. Bu tırmanan olaylara Menderes bakıyor, acaba tırmanan olaylar kontrol edilebilir düzeyde mi, değil mi? Esasen Türkiye'de 29 Nisan'a kadar, yani 28 Nisan olayları...

28 Nisan gençlik olayları?
Evet. O vakit olaylar birdenbire kontrolden çıktı; bir ay sonra da darbe olacak! İşte 28 Nisan'a kadar, erken seçim tarihi açıklanmalıydı... Ondan bir hafta önce Menderes, Kemal Aygün, Saraçhanebaşı'nda arabanın yolda kalışı olayı var; ben de oradaydım, anlatmıştım, Menderes'in gezilerinden bahsetmiştim.

İstanbul'un imarıyla meşguldü, değil mi?
İmarıyla meşgul. Ve Taha Bey biraz toplum da kanıksamış gibi. İktidarla muhalefet çekişiyorlar, yapmasalar iyi olur ama yapıyorlar ne yapalım. Böyle bir hava hâkim. Fakat 28 Nisan'dan sonra, bu olay kontrolden çıkıyor. İşte olay, kontrolden çıktıktan sonra da mayıs ayında İzmir'deyken de, seçim tarihini ilan etmek belki gerekliydi. Efendim, Halk Partisi olay çıkartır gibi endişeler. Hamama giren terler misali, o şartlar altında değerlendirilecek. Belki seçimlerle ilgili belirli şeyler yapılabilirdi. Yeniden radyoda konuşma gibi. Bunlar mümkündü.

Tansiyon düşürecek tedbirler...

İlk söylediğimiz kadar radikal değil de, mesela seçim kanununda bazı değişikliklerle alınabilecek tedbirler. Muhalefetin istediği değişikliklerin bazılarını yaparak hiç olmazsa. Öbürlerini de iktidara gelirseniz kendiniz yaparsanız denebilir.

Aydın Bey bu sizin anlattığınız fevkalade önemli analizden şu sonuç çıkıyor: Daha çok Celal Bayar faktörü yüzünden Demokrat Parti krizi iyi yönetemedi. Radikal tedbir olarak, hükümet istifa edebilirdi, etmedi. İki, hükümet seçim tarihini açıklayıp muhalefeti memnun edecek veya yatıştıracak bazı kanun değişiklikleri yapabilirdi, yapmadı.

"12 Temmuz"u Bayar resen yapabilirdi. Veya Demokrat Parti seçim tarihini açıklar, bazı değişiklikler yapabilirdi.

Yapmadığına göre krizi iyi yönetemediler.

Kriz iyi yönetilememiştir. Zaten sonucundan belli ve fevkalade de acı, bütün Türkiye için acı sonuç verdi. Bizim başbakanın *win win* dediği değil de *lose lose* dediği, Türkiye'nin kaybettiği bir sonuca döndü. Ama ben Türkiye'deki iki şeyin ilginç bir şekilde birbirine bağlı olduğunu düşünüyorum: Birincisi o yılın nisan sonuyla birlikte olayların birdenbire patlak vermesi. Patlak verdiğinde zaten 2000-3000 kişi bile yok. Yani Lozan Meydanı'nda, Kızılay'da, Kızılay GİMA, o zamanki gökdelen Kızılay binası arasına sıkışmış gösteriler yapılıyor. İstanbul'da sadece bir gün üniversitede gösteri var. Asıl büyük üniversite İstanbul'da olduğu halde. Yani, bir de şu hususu anlatayım bu bağlamda, çünkü 27 Mayıs'tan sonra günlerce Demokratlar aralarında 27 Mayıs olmayabilir miydi diye tartıştılar, konuştular. Çok konuşulmuştur asker. Bir süre sonraydı, 70'lere doğru, bir gün Rüştü Erdelhun Paşa o zamanın genelkurmay başkanı rahmetli, muhterem eşiyle birlikte...

Yani Menderes döneminin son genelkurmay başkanı, 27 Mayıs'ta devrilen ve tutuklanan Genelkurmay Başkanı Rüştü Erdelhun Paşa.

Evet, Yassıada'ya götürüp rütbesini söktükleri paşa. Sonra 12 Eylül, cenazesinde bayağı iyi bir şekilde iade-i itibar ettiler. Gittik gördük. Rüştü Paşa'ya dedim ki "Efendim bir durumunuz, bilginiz yok muydu?" Annemi ziyarete gelmiş. Kendisinin eşi, annem, bir de ben varım tesadüfen evde. Benim olabileceğim bir saat değil normalde. Dedi ki, "Bazı duyumlar alıyorduk, ihtilal olacak diye, hatta bazı birliklerin kaydırılmasının emrini verdim. Ethem Bey gitmiş, rahmetli başvekili bulmuş, o da beni çağırdı. 'Milli müdafaa vekili geldi, ricada bulundu, paşam gel onu kırmayalım, şunu bir süre geciktirelim' dedi, biz de vazgeçtik." Bunlarla 27 Mayıs o noktadan sonra önlenemezdi. Ancak bir sebebi de şu, bir iktidar, diktatörlüğe gidecekse, o iktidarın ilk işi askeri ele geçirmek olur. Demokrat Parti'de öyle bir şey yok.

Hatta Harp Okulu öğrencileri yürüyüş yapıyor, bizim Rıfat Kadızade'nin yakın arkadaşı rahmetli milletvekili teyze çocuğu bilmem ne, Sıtkı Ulay Paşa harp okulu komutanı, tuğgeneral ihtilalci. O da mı tatile gönderildi? Bir süre sonra kader kendi egemenliğini sürüyor. Bana göre kriz teşhisi Adnan Menderes tarafından doğru konulmuş. Ama Demokrat Parti içindeki şu anda da tam ne olduğunu bilemediğimiz, belki bir Bayar-Menderes, anlaşmazlığı gibi sebeplere bağlı olarak, adeta duruma seyirci kalınmış. Ve onun için de dedim, tekrar da aynı fikirdeyim, Menderes Bayar yerine başka bir cumhurbaşkanı bulabilirdi. Çok yumuşatırdı Türkiye'yi. Veyahut çözüm Bayar'ın belki kendi dediklerini yapacak, dinleyecek bir başbakan araması, bulmasıydı. Ama orada az çok bir kilitlenme olduğunu ve bu kilitlenmenin tarihçi ve araştırmacıların önünde bir maymuncukla açılmak beklediği bana göre kesindir. Ve bir de Yassıada'da Menderes'le Bayar hiç görüşmemişler.

CHP yıkıcı muhalefet yapıyor, 57'den sonra darbe tahriklerine başlıyor. Buna karşılık, Demokrat Parti'nin yapabileceği iki politikadan bahsettiniz: radikal politika veya ılımlı politika ama ikisini de yapmıyor maalesef. Ve baskı politikalarına gidiyor. Burada karşımıza iki husus çıkıyor. Bir, Demokrat Parti'nin basınla ilişkileri, dolayısıyla entelektüellerle ilişkileri. Onu bitirdikten sonra iki numara olarak da basın politikasında Tahkikat Komisyonu'nu soracağım size. Şimdi Demokrat Parti, basın, aydınlar, merkez sağ aydınlar, bu konuda görüşlerinizi rica edeyim. Mesela 80 yaşındaki gazeteci Hüseyin Cahit'in hapse atılması ki Atatürk döneminde İstiklal Mahkemeleri'nde mahkûm edilmiş, hapse atılmıştı... Adalet Bakanı Esat Budakoğlu'nun mecliste yaptığı açıklama var. Bir soru soruyorlar. Kaç gazeteci tutuklu diye, şu anda 238 gazetecinin mahkûm olduğunu söylüyor. 1954 yılı başından 1958'e kadar toplam 238 gazetecinin mahkûm olduğunu resmen ifade ediyor Demokrat Partili bakan Esat Budakoğlu.

Menderes kendi karşısında kurulan oyunu görmüş, teşhis etmiş, tespit etmiş fakat oyun bozulamamıştı. Bu süre içerisinde sadece tabii bunu 60 yılla hesap etmiyoruz, Demokrat Parti'nin basınla, Demokrat Parti'nin entelektüellerle, Demokrat Parti'nin üniversiteyle ve çeşitli kesimlerle ilgisi üzerinde duralım. Önce basın üzerinde duralım.

Belki şunu belirtmek lazım, başlangıçta basın tamamen Demokrat Parti'yi destekliyordu.

Başlangıçta dediğiniz gibi basın tamamen Demokrat Parti'yi destekliyor. Fakat giderek basın, Demokrat Parti'ye muhalif bir tutum içerisine girer ve 70 bine bir buçuk milyon gibi bir dengesizlik meydana gelir.

Tirajı diyorsunuz? Şevket Süreyya'nın *İkinci Adam* kitabında verdiği rakamlara göre, *Son Havadis* ve *Zafer* iktidar yanlısı, 70 bin tiraj yapıyorlar, buna karşılık muhalif gazeteler bir buçuk milyona çıkıyor.

Şimdi basınla ilişkilerde Demokrat Parti, özellikle Menderes bir kere hiçbir zaman basını defterinden silmemiştir. Bunun çok iyi anlaşılması lazım. Özellikle de gazete patronlarıyla oturup görüşen, onları muhatap alan bir tavır söz konusu, çünkü o günün patronları bugünkülerden de değişiktir. Çünkü gazeteler hep kişilerin aslında...

Patronlar da gazetecidir, işadamı değildir o zaman.

İşadamı değil, gazetecidir. İşte Ali Naci'nin *Milliyet*'i gibi, Ahmet Emin'in *Vatan*'ı gibi hep böyle anılırlar. Ve bu arada mesela, sözgelimi *Milliyet* gazetesinin bugünkü hale gelişi, Ali Naci'ye rahmetli Menderes'in gösterdiği, yeni tesislerin gelmesiyle ilgili büyük kolaylık sayesindedir. Bugünkü *Milliyet*'te Adnan Menderes'in harcı var önemli ölçüde. Ben de biliyorum, eve Ali Naci arada geldi gitti. Bunların bir tanesinde özellikle, Safa Kılıçlıoğlu *Yeni Sabah* çok önemli. Hatta bazen bize yemeğe gelir Safa Kılıçlıoğlu, rahmetli gecikecekse, önemli bir misafir de varsa, anneme telefon eder veya ettirir, karşılasın, şahsen meşgul olsun, ben biraz gecikeceğim diye. Yani VİP muamelesi gibi. Daha çok gelenlerle annem meşgul olurdu da, onlarla ayrı bir köşeye oturtarak ikram filan yapılırdı, Safa Kılıçlıoğlu da öyleydi.

Ben daha çok mahkûmiyetler üzerinde durmak istiyorum. Şöyle bir parantez açayım. Menderes iktidara geldiğinde, Tek

Parti döneminden devraldığı basın kanununu liberalleştiriyor, cezaları kaldırıyor, bu konuda konuşmalar da yapıyor. Fakat sonradan basın kanununu daha sertleştiren değişiklikler yapıyor, 1955'ten 56'dan itibaren. Bu bir tür baskı politikası. Bu konuda ne dersiniz?

Adnan Menderes sürekli basınla bir yerde buluşmaya çalıştı fakat bir türlü sonuç alınamadı. Ancak o günkü basının bu kadar inatçı muhalefetinin sebebi neydi? Bunu İsmet Paşa'ya bağlılık, CHP'ye bağlılık olarak kestirip atamayız. Belki İsmet Paşa'yı sivriltenler arasında o dönemki basın olabilir. Burada Adnan Menderes'in ekonomik icraatı eleştirilmiş olabilir, bu arada işte "Hasolar, Memolar geldiler, vilayetleri bastılar, iktidara ortak oldular" gibi şeyler de söylenmiş olabilir. Ancak burada bir hususun da altını çizmek istiyorum. Menderes'in şahsen çok mütedeyyin, dine hürmetkâr bir insan oluşu, Müslümanlığa yakınlığı ve bu hususta yaptıkları, verdiği hizmetler, Türkiye'de belirli bir kesim, toplumun belli bir parçası tarafından hiç hoş karşılanmadı, bundan dolayı da Menderes büyük ölçüde üzerine husumet çekti.

Doğru. Mesela Yusuf Ziya Ortaç'ın *Akbaba* dergisinin yayınları utanç verici. *Akis*'in yayınları, Metin Toker'e şahsi hürmetimden dolayı utanç verici demesem bile, çok aşırı ölçüsüz. Kendisi de sonradan "kantarın topuzunu kaçırmıştık" diye söylemiştir.

Akis'e de ayrı yer ayırmak gerekiyor. Ve o vakit Cumhuriyet Halk Partisi'nin gençlik kolları, o günkü basının muhabirleri ve yazarları. Yani bir özdeşlik de ortaya çıkmış. İşte Altan Bey gibi, Altan Öymen, tabii hepsi o kadar insaflı olsa o ayrı mesele; Oktay Ekşi gibi. Ve maalesef ondan da *Akis* gibi bu şedit CHP muhalefetini dile getiren ve her şeyde bir yolsuzluk arayan, dedikoduya fevkalade itibar eden, bu arada olduk olmadık her şeyi yazan, işte sonuçta işi kıyma makinelerine kadar getiren bir basın var ortada. Demokrat Parti'nin o gün için, basının üzerine gitmesi, bir sonuç doğurmadı.

Aksine tahrik edici oldu, keskinleştirdi?..

Orada üzerine gitmeseydi ne olurdu? Orada bir soru işareti koyuyorum, bu noktaya dönmek istiyorum. Şimdi 50 ile 60 arasında DP-CHP arasındaki çekişme sadece siyasi çekişme değildir. Sosyal tabanı, sınıfsal tabanı, kökü, kökeni vardır ve sadece siyasi olmaktan çok, bir sosyolojik vaka olarak ele alınması gerekir.

Merkez-kenar çatışması.
Merkez-kenar çatışması, en güzel ifadesiyle. Dolayısıyla 50-60 yıl dönemini biz çatışmasız bir 10 yıl olarak düşünemeyiz. Bizi ve birçok insanı düşündürecek olan, "Acaba bu 10 yıl, mutlaka bir darbeyle mi sonuçlanırdı? Bu ayrılık bu kadar sert bir netice mi verirdi? Yoksa siyasette güdülecek bazı farklı yollar var, işte örneğin Halk Partisi'nin zaman zaman tansiyonu düşürmesi, Demokrat Parti'nin basın karşısındaki tutumu, bütün bunlar bir araya gelse, acaba Demokrat Parti-CHP ilişkileri bir başka noktaya doğru gidebilir mi? 50 ile 60 arasında başka türlü daha düşük yoğunluklu bir siyasi çatışma olabilir miydi?" Bu soru hep sorulacaktır. Bu mümkündü. Fakat bir de şu var ki Türkiye'nin önünde bir tek muhalefet örneği yok, zaten parti örneği yok. İttihat ve Terakki ile Hürriyet ve İtilaf var. Ve ben Cemal Kutay'ın yazdığı *Üç Devirde Bir Adam: Fethi Okyar*'ın hatıratını okuduğum vakit Fethi Bey'e hayran kalmıştım. Yani Hürriyet ve İtilaf Partisi'nin kâtibi umumisiyle oturup konuşacak kadar ılımlı.

> 50 ile 60 arasında DP-CHP arasındaki çekişme sadece siyasi çekişme değildir. Sosyal tabanı, sınıfsal tabanı, kökü, kökeni vardır ve sadece siyasi olmaktan çok, bir sosyolojik vaka olarak ele alınması gerekir.

Fethi Bey her devirde öyle oldu, her devirde yumuşak oldu.
İşte Şeyh Said İsyanı sırasında, Fethi Bey'le İsmet Paşa'nın briç oynarlarken telgraf aldıkları ve Fethi Bey'in meşhur telgrafı alıp cebine koyduğu, İsmet Paşa'nın ise oyunu bırakıp aniden ayağa kalktığı anekdot var. Böyle bir örnek yok. İki partinin Demokrat Parti ve CHP'nin önündeki örnek, muhalefet dediğin böyle sert bir şeydir.

İktidar dediğin muhalefeti ezer.
Burada uslanmayanın hakkı kötektir gibi bir anlayış hâkim. Basında netice alınmıyor. Ancak yine orada şu hususu ben tekrar eklemek istiyorum Menderes'in o vakit, yani kazanın harareti ne, biz bunları yapıyoruz sonuç alamıyoruz ama, olaylar ne kadar kontrol altında, ne kadar kontrol dışında, vatandaşın yakınlığı nedir, partinin seçim şansı nedir, gibi hususlara dikkati yoğunlaşmış. Muhtemeldir ki kendisi bu yapılanları, sonuçta meydana getirebilece-

ği etkiler itibarıyla çok fazla önemsememiş olabilir. Önemsemesi gerekirdi ama önemsememiş olabilir. Çünkü basının belli bir yükü olduğu belli. Zaten kendisi de basını kafasından hiçbir zaman silmemiş. Ve bu şartlar içerisinde kendi gazete çıkartmak istemiş. Olmuyor, oraya geleceğiz, Mümtaz Faik'lerle filan o işler yürümüyor. Sonuçta basınla ilişkiler iyice geriliyor ve adeta iki cepheli bir mücadele, hatta savaş: bir tarafta basın-Demokrat Parti, bir tarafta DP-CHP. Basının belli bir kesim üzerinde gücü var, olayı ha bire etkiliyor ve kaşıyor, Demokrat Parti'yle ilgili belli kesimlerde oluşmuş olumsuz duyguların, tamamen hilafı hakikat şayiaların yerleşmesinde de basın rol üstleniyor. Tabii mesele burada bu işi kim çözecek sorusuna gelir dayanır. Herkesin sorumluluğu kendine aittir, o tarihte de öbür dünyada da o hesap görülür ama, bu dünyada çözümü bulacak olan, oyunun ebesi durumundaki hükümettir, iktidardır. Ve iktidar o noktalarda daha yumuşak, daha bir ılımlı bir yol benimseyebilecekken, adeta Araf'ta kalmış, böyle bir durum içinde bulunmuştur. Bu da bir tarafta, "Bunlar üstümüze gelseler de bir şey yapamazlar. Biz üstlerine gidelim ve kahraman olalım" düşüncesinde, bir taraftan basınla güçlendirmek suretiyle. Dediğiniz gibi karşı tarafı sindirmekten çok, azdırmak...

Yani basına baskı yapmak, sindirmekten çok azdırmayla sonuçlanıyor, tahrik etkisi yapıyor. Bir süre sindirse bile, bir süre sonra keskinleştiriyor ve patlıyor...

Bu doğrudur ve yaşanmıştır.

Entelektüeller kavramı için ne dersiniz? Türkiye'de sağ genelde halktan destek aldı ama entelektüellerden yeterli desteği bulamadı, yahut kendi entelektüelleri zayıfladı.

Şimdi Demokrat Parti, arkasından Adalet Partisi –kısmen cumhurbaşkanlığı döneminde rahmetli Turgut Bey'i istisna kabul edebiliriz, o belli entelektüellerden kendi etrafında bir muhit meydana getirmeyi düşünmüştür; çok da isabet etmiştir, keşke ömrü vefa edip onu daha pekiştirseydi– ondan sonra gelen ANAP, yani Mesut Yılmaz, Doğru Yol Partisi, Demirel, Çiller ve şu anda da AK Parti'de de kendi münevverini, entelektüelini oluşturmak gibi bir eğilim görmüyorum ve bunu büyük bir yanlışlık olarak değerlendiriyorum. Demokrat Parti 10 yıl sürdü, belki 11. yıl bunu yapacaktı. Nitekim rahmetli Ali Fuat Başgil'le, ondan önce rahmetli Peyami Safa'yla, rahmetli Mümtaz Turhan'la bazı temaslar kurulmaya başlanmıştı.

Ama gecikerek.

Gecikerek. Şimdi entelektüeller deyince, iki kesim entelektüel söz konusu, biri sol entelektüeller diyelim, bunlar daha çok CHP'li, üniversitedeler. Ama ben yine rahmetlinin kendisinin ağzından işittiğim bir hususu naklediyorum. 1960 yılbaşı. Hatta Menderes yılbaşını Edirne'de geçirir, ertesi günü döner, ben yanındayım yine. O arada İstanbul Üniversitesi'ni ziyareti vardı, onlara gayet mültefit davrandığını, Sıddık Sami Onar'la falan ilişkilerinin gayet iyi olduğunu hatırlıyorum. Ben yine rahmetlinin sözlerini kendim işittim. Bunu başkası söylese isimler mi değişik acaba diye tereddüt ederim. Fakat Demokrat Parti ve Menderes'in çizdiği profil, alışkanlıkları, âdetleri, öncelikleri, genel havası, inancı, olaylara bakış açısı, millete olan nispeti, milleti hep en ön planda tutuşu itibarıyla o vakit CHP çökerdi. Daha sonra sol dediğimiz, inkılapçı, entelektüel kesimle ilişkileri ancak saygı esasına dayalı ilişkiler olabilirdi, yakın bir işbirliği zaten olmazdı. Fakat bu arada, bütün entelektüeller solcu da değildi. O vakit Türkçülüğü ağır basan milliyetçilerden, daha çok dini yönü ağır basan İslamcılara kadar, daha ortada duran Necip Fazıl'lara kadar pek çok insan da vardı. Demokrat Parti bunlarla mutlaka temas kurmalıydı. Bunları yanına almalıydı. Üniversitelerde değerlendirilmelerini sağlamalıydı. Eğer bunlar yapılmış olsaydı, Demokrat Parti kendini kalıcı kılacak –gerçi kalıcı olmakla bir sıkıntısı olmadı ama– kendini takip edecek partilere de örnek olacak bir temel atmış olurdu.

Kendini takip mi edecek, tahkim mi?

Takip edecek çünkü kendini takip edecek partilere de örnek sunacak. Bak Demokrat Parti yaptı diyecek. Çünkü Demokrat Parti'den sonra gelenler de bu hususun üzerinde çok fazla durmadılar. Demirel kısmen o bir temel eser gibi, durur gibi olduysa da, parti içi belli istekleri karşılamak amacıyla yapılmış, çok fazla köküne inen şeyler değildi. Yani Demokrat Parti, daha kestirme bir ifade kullanacak olursak, daha sonra 60'lı-70'li yılların *Tercüman*'ının mümessili, daha 60'larda yeni İstanbul'a geliyor. *Düşünen Adam*, orada mevcut olan, o insanları, o kadroları, bir şekilde bir yerlerde toparlayabilirdi. Onların desteğini sağlayabilir ve üniversite gençliğinde de, çok büyük ölçüde kendi adına bir denge kurabilirdi. Bunu adım gibi biliyorum. Çünkü bunun siyasi mücadelesini biz Adalet Partisi içerisinde de verdik. Hâlâ da fırsat oldukça söylüyorum. Bu boşluk olmamalıdır.

Yani sağ entelektüellere önem vermelidir.

Sağ entelektüellerine önem vermelidir. Dünyada her yerde entelektüel ağırlık solda gibi gözükse de, yine dünyanın her yerinde biliyoruz ki Fransa'da bile, Raymond Aron gibi çok büyük isimler baştan beri ortaya çıkmıştır. Bunlar birer direk, sütun gibi abidevi kişilerdir. Fevkalade katı, Amerika'da, yani Cumhuriyetçilerde de olsun, Demokratlarda da, ekonomik görüşlerde olsun, Goldwater'lar filan gibi son derece de sert, kendi geçmişine bağlı insanlar, entelektüel oluşumlar var. Sağ bunu meydana getirseydi, 1960'tan sonra da sağ partiler çok büyük parçalanmalara gitmezdi. Çünkü Demokrat Parti'yi merkez sağın temsilcisi olmaktan çok, büyük bir sağ koalisyon olarak niteleyebileceğimiz, ama bel kemiğini merkez sağın teşkil ettiği bir parti olarak düşünebiliriz. 65'ten sonra hatta 64'ten Süleyman Bey'le birlikte mesela Adalet Partisi'nde bu hızla eridi, biz de o vakit bir parantez açıp hemen kapayalım. Demokrat Parti hareketi filan bunu önlemeye çalıştık, en büyük yanlışlıktır. Sonra yere düşüşten sonra arayıp bulmaya gayret ettiyse de kopmuştur, yanlış olmuştur. O birlik ve bütünlük korunabilseydi Türkiye çok daha istikrarlı bir 50 yıl geçirirdi.

Şimdi 27 Mayıs'ın en büyük gerekçelerinden birisi Tahkikat Komisyonu. Hem Yassıada mahkemeleri bakımından en büyük gerekçe, hem de siyasi tarih itibarıyla. Deniyor ki sen Tahkikat Komisyonu kurarak Halk Partisi'ni kapatacaktın. Tahkikat Komisyonu mecliste kurulan Demokrat Partililerden oluşan bir komisyon. Mahkeme yetkileri, tutuklama yetkileri, sorgu hâkimliği yetkileri verdi. Bu anayasayı ihlal. Yani Tahkikat Komisyonu CHP'yi sakinleştirmek yerine büsbütün tahrik etti ve bunlar diktatörlüğe gidiyor düşüncesine teşvik etmiş oldu. Tahkikat Komisyonu için ne diyorsunuz? Önce hata mıdır değil midir onu sorayım.

Tahkikat Komisyonu'nu diğer görüştüğümüz genel tutum ve tedbirler manzumesinin dışına çekip almak, onlar doğruydu bu yanlıştı, bu yanlıştı onlar doğruydu demek hatalı bir iş olur. Doğru değildir. Tahkikat Komisyonu'na gelince: Şimdi Taha Bey Türkiye'de 1960'a giderken çok enteresan bir durum var. Bir fiil var ki, bu fiil suç olarak Ceza Kanunu'nda yer almamış ve karşısına da bir ceza konmamış. Bir fiil var ki, o fiil bazı kesimler tarafından hukuken suç olarak kabul ediliyor, fakat onun suç teşkil etmesini söz konusu edecek ceza hukukunda herhangi bir karşılık yok. Şimdi nedir birincisi? Muhalefetin iktidarı bir ihtilalle, darbeyle düşürmeye gayret etmesi, çalışması gibi bir suç kavramı, o günkü ceza hukukunda mevcut değil, böyle bir şeyi varsaymamış. Bu varsayılmadığına göre, kurulacak Tahkikat Komisyonu vasıtasıyla bunlar bunu yapıyorlardı, ispatla bak, son derece zor. Sonra zaten o mahkemeye gidecek, yani neticede çıkmaz bir sokak.

İkinci hususa gelince, Tahkikat Komisyonu'nun anayasayı ihlalle ilgili bir madde olmakla birlikte, bu İtalyan Ceza Kanunu'nda iktidarın hükümet darbesi yapması değil, iktidara karşı, o şekilde konmuştur. Orada 146/3 ekteler, ve milletvekillerini yargılanabilir hale getirmenin, makabline şamil yargılamanın sistematiği içerisinde çok büyük bir önemi var, çok büyük bir yeri var. Eğer bu eklemeyi yapmadığınız takdirde, ortalıkta anayasayı değiştirmek gibi bir suç kalmıyor, çünkü iktidar ne yapmış? Anayasayı ilan etmiş. Yani o tarihte Demokrat Parti'nin Tahkikat Komisyonu kurması nafiz değil, faydalı değil, yaraya merhem değil. Aksine yarayı azdırıp karşı tarafın eline koz verecek. Zaten Tahkikat Komisyonu'yla birlikte Türkiye'de birdenbire olaylar kontrolden çıkmıştır derken, bu biraz da Tahkikat Komisyonu'nun sonrasında İsmet Paşa "İşte şimdi istediğim hatayı yaptılar, asıl oyunuma şimdi düştüler" diye rahatlıkla düşünmüş olabileceğini tahmin ediyorum. Kendi iddialarını, hükümet diktaya gidecek iddiasını somutlaştırabilecek. Ama hukuken haklı olduğu için değil, orada hiçbir haklılık yok. Fakat akıllara, siyasete böyle bir malzeme getirilecek, hukuken tartışma konusu yapılıp yaptırılacak, hukuk fakültelerindeki kendi yandaşlarını arkasına almasını sağlayacak. Muhalefet böyle bir fırsatı yakalamış oldu. Çünkü eğer Tahkikat Komisyonu bir şekilde bir sonuca varmadan dağılmasa, Halk Partisi'yle ilgili ortaya bir şeyler koysa, hatta kapatılmak için adımlar atılmış olsaydı, o vakit bunu başka türlü tartışmak makul olurdu.

Dikta diye de şüphelenmek makul olurdu.

Dikta diye de şüphelenmek makul olurdu. Belki de Demokrat Parti husumet meydana çıkartabilecekleri için buna mecbur kaldığı gibi, Demokrat Parti'nin Cumhuriyet Halk Partisi'ni kapatmak gibi bir niyeti de yoktu. Sonuç itibarıyla ya sonuna kadar gidilecek ya da tevessül edilmeyecek bir yol olarak görüyorum. Sonucu yaklaştırmıştır, uzaklaştırmamıştır, bir yaraya merhem olmamıştır.

Tedbir değil, tahrik oldu.

Fakat Tahkikat Komisyonu kurulurken, Adnan Menderes'in

aklında, hiçbir Demokrat Partilinin aklında Cumhuriyet Halk Partisi'nin kapatmak olduğu kanaatinde değilim. Olsa olsa bazı vesikalar ele geçer de, siyaset meydanında bunları Halk Partisi de sütten çıkma ak kaşık değil diye anlatırız diye düşünmüş olabilir. Ama Tahkikat Komisyonu genel gidişi değiştirmedi. Demokrat Parti için karşıdaki oyunu bozmasını sağlayacak bir araç hizmeti görmedi, aksine yol açtı.

Vatan Cephesi konusunda ne düşünüyorsunuz? Menderes'i böyle bir teşebbüse iten siyasi sebepler nelerdir?

Hatırlanacağı gibi CMP (Osman Bölükbaşı) ve 1957 seçimlerine giderken kurulan Hürriyet Partisi kendi aralarında ileri ölçekli bir işbirliğine tevessül ettiler. Amaçları bir seçim ittifakı yapıp seçimlere birlikte girmekti. Bu girişimlerinin adını güç birliği olarak koydular. Türkiye'deki ilk cepheleşme hareketi budur. DP seçim kanununun değiştirilmesine imkân vermedi. Bu partiler de seçimlere kendi başlarına girdiler. 1954 seçimlerine göre CHP ve Millet Partisi'nin oyları artmıştı. Hürriyet Partisi ciddi bir başarı gösteremedi. Toplam oyların ancak % 3,5'ini alabildi. Bu oylar küçük bir oranda da olsa DP'ye çok zarar verdi. Zira DP bu % 3,5 oyu Hürriyet Partisi'ne kaptırmasaydı DP 1957 seçimlerinde de rahatlıkla % 50'nin üzerinde oy alacaktı.

Vatan Cephesi Türkiye'yi siyasi cephelere bölmek ve buradan siyasi bir rant elde edilmek için kurulmamıştır. DP 1957 seçimlerinden sonra önce kendisine bir çekidüzen vermek, seçimlerde ona çok zarar veren parti içi hizipleri yatıştırmak ve çeşitli vesilelerle DP'den kopanları, hatta DP'nin kendi ihraç ettiklerini geri almak için yeni bir siyasal girişim başlattı. Bunun adını Vatan Cephesi koydu. DP 1957 seçimlerinden ve özellikle 1958 stabilizasyon kararlarından sonra kendini önemli ölçüde toparladı. Durumu 1957'den daha iyi oldu.

Sebepleri ne olursa olsun, Vatan Cephesi'ni kurmak bir hata mıydı?

Ancak bu sonucun ortaya çıkmasında Vatan Cephesi'nin olumlu bir rolü olmadı. Bilakis Vatan Cephesi halk arasında mizah konusu oldu. Sağda solda Vatan Cephesi'ne katılanlar evdeki kedilerinin bile isimlerini hazırlıyorlar gibi siyasi polemikler doğdu. DP Vatan Cephesi girişiminde bulunmayabilirdi. Ancak bu girişimden hiç kimse Türkiye'yi cepheleştirmek, bölmek ve bundan siyasi bir rant elde etmek gibi bir amaç aramamalıdır. O dönemde Türkiye'de zaten iktidar ve muhalefet arasındaki gerilim bir hayli tırmanmıştı. Vatan Cephesi bu gerilimi daha da artırmış değildir.

Bu vesileyle şahsi bir hatıramı bundan sonraki tarihçilerin ve araştırmacıların dikkatlerine sunmak için burada aktarmak istiyorum. 1980 sonu 1981 başında DP'nin kurucularından daha sonra rahmetli Bölükbaşı'yla Millet Partisi kurucuları arasında yer alan Uşak Milletvekili merhum Ahmet Tahtakılıç'la karşılaştık. Kendisi bana "Size mahrem bir bilgi vereyim" dedi. Söylediği şuydu: "Menderes ve Bölükbaşı arasında her iki partiyi bir araya getirebilmek için gizli müzakereler yapılıyordu. Bu işin içinde ben de vardım. Menderes de Bölükbaşı da bu konuda samimiydiler. Buna rağmen birleşme gerçekleşmedi." Birleşme girişimlerinin akamete uğramasında Bayar'ın olumsuz rolü olmuştur. Zaten Millet Partililerin ve Bölükbaşı'nın 1948'de DP'den ayrılmasında Bayar'ın Bölükbaşı ve diğer MP'lilere karşı duyduğu olumsuz duygular vardır.

Yıllar 1960'a doğru ilerlerken Menderes cepheleşme değil kucaklaşma ve tekrar DP'nin tabanını genişletme amacındaydı. Ancak tahminim odur ki DP içindeki birtakım gelişmeler Menderes'i muhalefete karşı sert tedbirler almaya zorluyordu. Bunun önemli bir yerinde de sağ jakoben Cumhurbaşkanı Celal Bayar vardı.

Ortamı geren ve Yassıada'da dava konusu olan olaylardan Topkapı ve Kayseri olayları ve İnönü'ye yapılan yakışıksız hareketler neydi? Bunda işgüzar bürokratların rolü oldu mu?

İsmet Paşa'nın treninin Kayseri Himmetdede'de durdurulması gereksiz bir idari işlemdir. Bir fayda meydana getirmemiş, CHP'nin tutuşturduğu darbe ateşine odun taşımıştır.

Topkapı olayına gelince İsmet Paşa'nın burada DP tarafından öldürtülmek istenmesi iddiası sadece bir provokasyondur. Nitekim o günlerde CHP'nin en ileri gelen iki üç isminden birisi olan Kasım Gülek Yassıada'da bu konuda şahitlik yapmış, o gün orada cereyan eden olayların içerisinde İsmet Paşa'yı öldürtmek gibi bir niyetin emaresi dahi yoktu demiştir.

Buraya bir nokta koyarken çok özel bir anımı anlatmak istiyorum. 1994 yılı Nisan ayıydı. Annem hastanede kendini bilmez bir şekilde yatıyordu. Rahmetli Kasım Gülek'in ziyaret etmek istediğini söylediler. Eşim Ümran Hanım'la birlikte kabul ettik. Ziyaretine teşekkür ettim ama "Görüyorsunuz kendisinde değil" dedim. O da bana "İzniniz olursa başucunda bir dua etmek istiyorum" dedi. Ellerini açtı, duasını etti. "Aydın Bey, herhalde siz de benim

Topkapı davalarındaki şahitliğimi hatırlıyorsunuzdur" dedi. "Elbette, aksi mümkün mü?" dedim. "Allah babanıza gani gani rahmet eylesin. Annenize ise yine de uzun ömürler diliyorum" dedi. Gözleri yaşlıydı. "Anneniz hanımefendinin şuuru açılacak olursa lütfen benim ziyaretimi anlatın" diye rica etti. Benim de gözlerim yaşarmıştı. Kendisini asansörün başına kadar uğurladım. Ailemizin ve kendimin onun hakkındaki iyi duygularımızı eksiksizce anlattım.

Şimdi, böylece ihtilale giden yolu konuşmuş oluyoruz. Bu Tahkikat Komisyonu konusunda, hatta dediğiniz gibi Menderes'in Tahkikat Komisyonu konusunda da hiçbir şey ortaya çıkarmadan Tahkikat Komisyonu görevini tamamladı diyor. Tahkikat Komisyonu'nun raporunun müsveddesi de Yassıada'da okunuyor, orada Halk Partisi'ni kapatmak yok, seçim var. Dediğiniz gibi, Tahkikat Komisyonu ile ilgili hukuken hiçbir problem olmadığı halde siyaseten yanlıştı, özetle bu.

Burada bir hususu son bir-iki cümleyle bağlamakta fayda var. Malum eski bir sözdür: Tehdidini ikaya muktedir olmak derler. Demokrat Parti, basınla Halk Partisi'nin, "Siz ihtilal hazırlıyorsunuz" dediği vakit, bu sözün anlamı, "Bu kafayla giderseniz sizi kapatırız" demektir. Ama Demokrat Parti'nin buna tevessül etmeyeceğini karşı taraf da bilmektedir. Dolayısıyla bu biraz afaki kalmaktadır. Menderes'in de parti kapatmaktan filan, bundan hiç memnun olacağını zannetmiyorum. Fakat mekanizmaları kavrayabilmek için tekrar dönüp, Bayar ve birtakım ilişkileri, o günkü Demokrat Parti'nin, teşkilatın havası gibi unsurları da bir araya getirerek bu konudaki açıyı genişletmek lazım, yoksa bir fayda vermedikleri açık.

1950-60
Menderes hükümetleri

İsterseniz 1950-60 Menderes hükümetleri üzerine konuşalım. Rahmetli Adnan Menderes, 14 Mayıs'ta seçimleri kazandıktan sonra, 29 Mayıs'ta hükümet programını okuyor. Orada aynen şöyle söylüyor, Menderes diyor ki:

"Tarihimizde ilk defadır ki, yüksek heyetiniz milli iradenin tam ve serbest tecellisi neticesinde, millet mukadderatına hâkim olmak mevkiine gelmiş bulunuyorsunuz. Dokuzuncu millet meclisinin azaları olan sizleri Türk milletinin hakiki mümessillerini selamlamakla derin bir gurur ve iftihar duymaktayız. Şüphe yok ki 14 Mayıs bir devre son veren, yeni bir devir açan müstesna ehemmiyette tarihi bir gün olarak daima anılacaktır. 14 Mayıs seçimleriyle memlekette şimdiye kadar yapılanlarla ölçülemeyecek ehemmiyette mühim bir inkılabın en mühim merhalesi açılmıştır."

Bu rahmetlinin sözleri. Şevket Süreyya bunu, Menderes Atatürk inkılaplarına önem vermiyordu diye anlatıyor, buradan çıkan da bu.

Bir kere, bir tarafta Atatürk inkılaplarının referansı kendisi. Atatürk yaptığı için doğrudurlar, kutsidirler ve tartışılamazlar. Diğer taraftan da milli egemenlik. Milletin hâkimiyetinin kayıtsız şartsız olması. Şimdi bu ikisini telif etmek, bir araya getirmek mümkün değil. Zaten getiremedik de bunu Türkiye'de. Hâlâ demokrasi yolunda emeklenir halde olmasının sebebi budur. Bir yerde Demokrat Parti'yle, Cumhuriyet Halk Partisi'nin demokrasi anlayışı arasındaki fark da budur. Şöyle ki, Demokrat Parti, Menderes diyor ki, "Atatürk'ün devrimleri yapılmış, tutmuş; millet kabul etmiş, bitmiştir. Millet kabul ettiği için, bunları tekrar tartışmanın gereği yoktur, faydası da yoktur. Ama onlar, belli bir kişinin icraatları olduğu için değil, o icraatlar millet tarafından kabule şayan bulunduğu için önemlidirler. "Referans millet. Ve böylece bir denge kuruyor. Burada her şeyler korunuyor. Bir yerde devrimler korunuyor. Diğer taraftan da demokrasi: Yeter, söz milletindir. Millet, hâkimiyet kayıtsız şartsız milletindir sözleri de, gerçek yerini bulmuş oluyor.

Burada Menderes "14 Mayıs seçimleriyle memlekette şimdiye kadar yapılanlarla ölçülemeyecek ehemmiyette mühim bir inkılabın en mühim merhalesi açılmıştır" diyor. Demokrasiye geçişi daha önceki inkılaplardan daha mühim bir inkılabın merhalesi kabul ediyor.

O kabul edişi de çok doğru. Şimdi sonuçta inkılaplar, modernleşmenin bir parçası değiller midir? Gerçi 1920'lerde hukukun üstünlüğü, hukuk devleti ve demokrasi, bugün dünyada olduğu kadar yaygın olmadığı, bundan dolayı da orada mevcut iktidarın bir gevşeklik göstermesinin mazeretleri olabileceğini ifade edebiliriz ama demokrasiyi ıskaladığınız takdirde, modernleşme kırılma noktasıdır. Modernleşme bitiyor. İktisadi hayat da yok.

Nasıl modernleşme?

O zaman modernleşme, bir yerde Ecevit'in tabiriyle bir gardırop devrimciliğine dönüşmüş oluyor. Böylece yarım kalmış oluyor. Demokrat Parti bir bakıma, sadece Demokrat Parti de değil, Adalet Partisi de, bugün AK Parti de, rahmetli Turgut Bey de Türkiye'nin modernleşmesinin yapıtaşlarıdır. Çünkü öbürü her gün 23 Nisan, 19 Mayıs kutlayarak, bugün şu devrildi, bugün Kastamonu'da şu oldu, çünkü bunların tekrar tekrar önüne geçilmeye de bir vesileyle diyor ki, "Millet velayetini kazanmış oluyor."

Bu Menderes'in sözü mü? Muhteşem bir söz, evet. Vesayetten çıktı, velayetini aldı.

İspat-ı rüşt etti. Onun için önemlidir, bir başkasına benzemez. Ve tabii o gün için, bu söz, çok daha fazla önem taşıyor, ama ancak zaman geçtikten sonra tartışılır olmuş. O vakit de çok da karşı çıkılmamış.

Bilhassa 1957'den itibaren Halk Partisi bu sözü tenkit etmeye başlıyor. Aydın Menderes için de 14 Mayıs daha önceki inkılaplardan daha mühim midir?

Bence kesinlikle mühimdir. Çünkü öbür inkılaplar sıra dağlar gibi birbirine yaslanmıştır. II. Mahmud'dan itibaren bir devlet politikası olmuş, hatta Abdülhamid gibi, Ahmed Cevdet Paşa gibi, sağ kanat devlet adamları da kesinlikle sağ Tanzimatçılar olarak, o Tanzimat'a sahip çıkmışlardır. Türkiye'de bu yapılanlara yanlış diyenler olmuştur. Ama modernleşme ve Batılılaşma, muhafazakâr değerleri ortadan kaldıracak dereceye getirilmediği takdirde, Demokrat Parti bunları kıramamış. Nereden çıktı bu Batılılaşma, modernleşmenin ne gereği var? Bilakis, bunların hiçbirini söylememiş, ama muhafazakâr bir parti olması itibarıyla, bunun kuru kuruya bir taklitçiliğe dönüşmemesi, milletin tercihleri olduğu, milletin tercihlerine de itibar edilmesi gerektiği, esasen kendi hayatını kendisinin tanzim edeceği, burada da bir tereddüt olmaması gerektiğini ha bire vurgulamış.

Siz Menderes'in, dünya görüşünü, yelpazedeki yerini nasıl nitelersiniz? Evrensel siyaset bilimindeki kavramlarla Menderes deyince akla nasıl bir dünya görüşü gelmeli? Biraz önce Demokrat Parti muhafazakâr dediniz.

O kavramlar tabii bizde tam bir vuzuha kavuşmuş değil. Böyle koyunca da üstüne oturmuyorlar. Onun için Adnan Menderes'i bence muhafazakâr veya değil, veyahut liberal veya değil gibi bir yere oturtmakta önemli zorluklar çıkabilir. Muhafazakârız derken, bunları nispi olarak kullanıyoruz. Yani 1950 şartlarında CHP'ye göre muhafazakârız, Millet Partisi'ne göre değiliz. Şimdi burada izniniz olursa önemli bulduğum bir notum var, oraya girmek istiyorum.

Demokrat Parti iktidar olmuş, para yok, pul yok. Velev sıtma, köy yolu, köy suyu, karayolları, ihtiyaçlar namütenahi. Ve işte Thornburg Raporu var, şu var bu var, hepsinde diyor ki Adnan Menderes bunun içine Türkiye sığmaz. "Ne yapacağız?" diyor, "ne yapmak mümkünse, elimizin altında ne varsa onu kullanacağız." Şimdi izniniz olursa şu hususa dikkati çekmek istiyorum. Ekonomik gelişmişlik dediğimiz olay, Batı dünyasında spontan, kendiliğinden meydana gelmiş, ta Roma'ya kadar, feodaliteye kadar geriye gidiyor. Kentlerin oluşumu, burjuvazi, kapitalizm, fevkalade girift sosyal ve ekonomik olaylardan oluşmuş. Yoksa bunlara önceden oturup, bir karar verilmiş değil, yani bu bir süreçtir. Kendi iradesiyle, ekonomik kalkınmayı kısmen gerçekleştirmiş bir Rusya var. Rusya önemli mesafe almış, ama 1917'de henüz İngiltere, Fransa, Almanya gibi gelişmiş, tam da kapitalistleşmiş bir ülke değil. Bir diğer ülke ise, hakikaten fevkalade iyi ve enteresan: Japonya. Çok büyük bir mesafe almış, gelişmiş. Ama bunların dışında el altında, "ekonomik kalkınma için şu yapılır" denilebilecek, yeryüzünde ve Türkiye'nin kendisinin bulup 50'ye kadar uyguladığı ve başka ülkelerde uygulanmış herhangi bir uygulama, bir model yok. Herhangi bir referans yok. Amerika'da yeni yeni Development Economics (Kalkınma Ekonomisi), ekonomiye bağlı disiplin olarak kurulmaya başlanmış, o da 80'de piyasa ekonomisiyle terk edildi. O vakit çıkmış isimler var. Şimdi sayabilirim de, bazı makaleleri var filan ama, bunları alıp alıp alt alta koyup, buradan bir ekonomik kalkınma çıkmaz. Ayrıca Menderes diyor ki "Kâğıt üzerinde ekonomik ve mali dengeleri sağlamış gözükmek, o ülkenin ekonomisinin iyi gittiğinin bir göstergesi sayılmaz."

Bu İsmet Paşa'nın denk bütçe politikasına tenkit, Şevket Süreyya da *İkinci Adam*'da İsmet Paşa'nın aşını denk bütçe politikasının ekonomiyi durgunlaştırdığını yazar.

Evet. Halbuki o vakit Keynes filan çıkmış yani, denk bütçe filan da demode olmaya başlamış. Şimdi Demokrat Parti burada, kredi imkânları, Merkez Bankası kaynakları, emisyon bunları araştırıyor. İlk başta Kore konjonktürü, buğday, pamuk. 54'te büyük bir kuraklık krizi Demokrat Parti'nin sicilini, ekonomik büyümeyi pat diye düşürüyor. Buna karaborsa ekleniyor. Karaborsayla mücadele için Milli Korunma Kanunu çıkartılıyor. Nakit akışının 40-50 bin doların altına düştüğü oluyor. Ve orada da, Erbakan'ın da Allah rahmet eylesin, anlattığı bir olay var. Gümüş Motor için Menderes'e gidiyor, o da Erbakan'a diyor ki, "Bunun için uğraşıyoruz zaten. Su çıkartacak motorun tarım için ne demek olduğunu en iyi ben bilirim. O itibarla derhal, ihtiyacınız neyse temin edilsin. Ticaret Bakanı Abdullah Aker, o bu işi halledecektir." Abdullah ipe un seriyor. Erbakan bir daha buluyor tabii rahmetliyi. Diyor ki rahmetli: "Necmettin Bey lütfen siz bu sefer gidin, bunun bir üçüncüsü olmayacak." Ve Erbakan ilave ediyor, diyor ki, "O dönemde en zaruri kalp ilaçları dahi bulunmuyordu." Yani tarımıyla ticaretiyle, sanayi ile, barajları ile, yeni bir Türkiye yapmak için her kapı zorlanıyor.

Menderes niye Abdullah Aker'e talimat vermiyor da, git ona anlat diyor Erbakan'a?

Talimat veriyor da, git hallet diyor. Daha önce Menderes'in Aker'e telefon etmişliği var. İkincisinde diyor ki, bitti iş. Zaman

zaman hükümette böyle yavaşlatmalar söz konusu olmuş olabilir, belki başbakanın ısrarı olmayabilir, ne de olsa kıt kaynaklar. Ve Amerika devalüasyonu dayatıyor. 1955'te Amerika'dayken, bir haber geliyor. Eisenhower, devalüasyondan bahsedecek. Menderes de "O zaman biz dönelim, ben Amerikan başkanıyla görüşmeye geldim. Ekonomik konularla ilgili bizim danışmanımız Türkiye hükümeti" diyor. Neyse geç saat dahi konuşmayacaklar, merak etmeyin diyorlar. Şimdi Demokrat Parti, Menderes Türkiye'de bir kaynak meselesi olduğunun farkında. Bu kaynağı çözmek için, yüklendiği yer de yabancı sermaye. Demokrat Parti bu yabancı sermayeye yüklenirken, ha bire de bizim Türkiye'de muhalefet, Türkiye ekonomisi batmak üzere, battı batacak sözleriyle meşgul.

İzninizle bir not düşmek istiyorum. Menderes 1 Ağustos 1951'de Yabancı Sermayeyi Teşvik Kanunu çıkarıyor. İstediği sonucu alamadığı için, 18 Ocak 1954'te daha liberal, yeni bir Teşvik Kanunu çıkarıyor. 7 Mart 1954'te Petrol Kanunu çıkarıyor. Yabancı sermayenin petrol aramasını sağlamak için. İsmet Paşa 23 Nisan 1954'te Sivas'taki konuşmasında şunu söylüyor: "Afrika kabileleri, kendi topraklarını işleten yabancılara karşı ayaklanmışlardır. İktidar gül gibi toprağımıza, Afrika kabilelerinin kovduğu yabancı sermayeyi getirmek istiyor. İzin vermeyeceğiz." İki ayrı dünya görüşü var burada.

Evet. Tabii bir yerde, Demokrat Parti'nin karşılaştığı ikinci baskı da Devlet Planlama Teşkilatı, planlı kalkınma. Buna da Demokrat Parti'nin karşı çıkışı, "Amerika bizim bütçemize karışmaya kalkmıştır, bu iyi olmaz, bu bizim dümenimizdir. Bizde kalmalı." Hatta bir ara Koordinasyon Bakanlığı kurulmuş, rahmetli A. Sebati Ataman başına getirilmiş. Ve bu koordinasyon kurulunun, KİT ve katma bütçe idarelerinin genel müdürleri ve teknik genel müdürleri yardımcıları da koordinasyon kurulu üyeleri: bir tür kamu kesimi için planlama. Rahmetli Turgut Bey elektrik etütten teknik müdür, genel müdür yardımcısı. Demirel Devlet Su İşleri'nde. Yani o ekolün, ekonomiyle, Türk ekonomisiyle olan ilgileri, ünsiyetleri de, o koordinasyon kurulunda bulunmakla alakalı, sadece kendi şahsiyetleriyle ilgili değil. Ve buna rağmen, Demokrat Parti başladığı yatırımları da yarıda bıraktırmıyor, bitiriyor. Yollar bitiyor. Bir-iki yıl içinde sıtma önleniyor, verem kurutuluyor. İnsanlar belli bir alım gücüne kavuşuyor. Mesela afişler var: Onların pahalılık dediği, sizin mahsulünüzün fiyatı, alnınızın teridir diye. Aydın'a geliyor, o yok bu yok, diyor ki "Ben cebinizden parayı çekerim, hepsi orada olur, ama alamazsınız." Ve bütün bunlara rağmen Türkiye 1958'e kadar, bunlara güvenerek, hiçbir yatırımı yarıda bırakmayarak devam ediyor. Bugün de güncel olan bir rakam var. Bu rakam o zamanlar gayet önemliydi, onu vermek istiyorum. 1960'ların başında Rostow diye Amerikalı bir iktisatçı çıktı, *İktisadi Kalkınma'nın Merhaleleri* adlı bir kitap yazdı. Hatta o vakit bizim Odalar Birliği'nde basıldı.

Ben okudum o kitabı, evet.

Orada bir *take-off* safhası var, orada diyor ki bir ülkenin ekonomisinde, yurtiçi gayri safi tasarruflar % 15-16'yı bulursa, bu uçak piste gelir, havalanır. 1950'de % 6,5-7'de olan bu yurtiçi gayri safi hasılaya tasarruf oranı 1960'ta % 16,5'ları bulmuş.

Müthiş bir şey.

Bu çok müthiş bir şey. Bir yerde de kaynak meselesini, zorlayarak, teslim olmayarak hallediyor. "Teslim olmayacağız, ne yapacağız, edeceğiz, biz bu işi bir yerden girip, bir yerden çözeceğiz" diyor. Tabii bu arada Hariciye Vekili Fatin Bey, birtakım kuruluşları iyi etkiledi. Rahmetli Hasan Işık'ı maliyeden dışişlerine alışı var. Orada gayet kuvvetli, hep birlikte Menderes'le çalışan bir ekibi var. Erhard Türkiye'ye getirildi.

Alman Maliye Bakanı, sonra Başbakan Ludwig Erhard.

Rahmetli Menderes onu 59'da Bursa'ya, İzmir'e götürüyor. "Sen başkalarının lafını dinleme, millet ne kadar tutuyor bizi gör" diye. Bir gösteriye dönüşüyor. Fakat Almanya bu işin içinde yok, Amerika da fazla bir heveskârlık içerisinde değil. Ve 58'de devalüasyon yapılıyor. Ben 1957'de İstanbul'daydım, İstanbul yapılıp yıkılıyor. Ve İstanbul'da, bu şartlarda Demokrat Parti seçimi yüzde yüz kaybeder.

İstanbul imarı dediğimiz, o değişik caddeler açılıyor, binalar yıkılıyor.

Ama yıkım başlamış, yapım yok henüz o sırada, öyle bir dönem. 27 Ekim 1957'de seçim. 20 Ekim'de önce Bayar geldi, Taksim'de konuştu. O gitti, İnönü geldi, daha bile kalabalık oldu. Rahmetli Menderes ise 24 Ekim Perşembe günü Fatih Camii önüne geldi, orada konuştu. Işıklar söndü, meşaleler yandı, "Paşa paşa, sen imardan ne anlarsın" şeklinde başlayan, gayet coşkulu ve istikameti değiştirecek bir miting. Demokrat Parti İstanbul'da % 52 gibi gayet yüksek bir oy aldı.

Henüz imarın yıkım safhasında olduğu halde.
Ve 6-7 Eylül'e rağmen, azınlıkların yine Demokrat Parti'ye oy verdikleri şartlar altında. 57'de Demokrat Parti çok büyük ölçüde, İstanbul'da başarılı bir seçim idrak ediyor ve o sırada rahmetlinin söylediği benim de işittiğim bir sözdür: "Zamanında gördük, seçimi erkene aldık."

Yani...
Yani bıraksak, zamanında yapsaydık, kaybedebilirdik.

"Seçimleri normal zamanı olan 58'de yapsaydık kaybedebilirdik, öne aldık, kazandık" diyor.
57 Ekim'e aldık ve öne geçtik, nabzı iyi tuttuk gibi. Şimdi ben bu noktaya tekrar döneceğim. Çünkü sözün devamı var. 58'le 57 seçimlerinde karaborsa, esnaf iki arada bir derede, diğer tarafta başka türlü sıkıntılar, kuraklık yılları. Demokrat Parti'nin 57 seçimleri, girdiği en sıkıntılı seçim.

Hatta Samet Ağaoğlu, Adnan Menderes'in sabaha kadar seçim sonuçlarını izleyip, "Allah bir daha bize böyle bir gece yaşatmasın" dediğini söyler.
Evet, çok haklısınız.

Menderes'le ilgili bir söz daha söylenir. Ben bunu herhangi bir kaynakta okumadım. "Ben kendime sabık başvekil dedirtmem." Bu çok netameli bir söz.
Şimdi böyle sözler var. İşte "Yedek subaylarla idare eder."

Onun tamamen yalan olduğu anlaşıldı.
"Ben kendime sabık başbakan dedirtmem" sözünün de ben yalan olduğu kanaatindeyim. Kaynak çıkmadığı müddetçe, burada söyledi denmediği müddetçe, diğerleri gibi yanlış kabul etmek lazım. 58'den sonra Türkiye belli bir istikrar kazanmıştır.

58'deki istikrar politikası başarılı oluyor...
Başarılı olmuştu, yatışmıştı. 59 Kıbrıs girmişti. Ben ufak bir noktaya temas etmek için lafı buraya getirdim. 1960 Mart ayı, kendisi de İstanbul'da ayağını burkmuş, çok da neşeli. İstanbul'da Şo-

förler Derneği'ne ziyaretlerde bulunmuş, gayet iyi geçmiş. Yatıyor, benim de tatil. "Kalacak mısın, gidecek misin?" dedi. "Emrederseniz gideyim" dedim. "İyi, git bakalım" dedi. Ondan sonra.

Nerede, Park Otel'de mi görüştünüz?

Bize 10 günlük bir Paskalya tatili vermişler. Ve o sırada bakanları, partilileri Türkiye'nin çeşitli yerlerine gönderdi, "Gidin bir nabza bakın, yurdu dolaşın. Havası varsa seçimlere gidelim." Dönüp gelenler, "Efendim, seçimlerden yana bir tereddüt yok, biz 57'den iyiyiz bir kere. Ama her yerde Cumhuriyet Halk Partisi'nin Antep olayları gibi olaylar çıkartacağı, böyle bir endişe var" derler. Şimdi işte orada bir tereddüt anı yaşanmış. Belki Menderes, o mart ayında, "Halk Partisi bunu yapacaksa nasıl olsa yapacak, biz seçimi ilan edelim, geçelim gidelim" dese, belki birçok şey Türkiye'de değişecek...

İhtilal olmayacak...

Belki o bir tereddüt anı. Çünkü demek ki o nabzı yakalamış. 6 ay önce seçimi aldırdığı vakit, 57'de o nabzı yakalayan politikacı, 1960'ta da o nabzı yakalamıştır. 23 Nisan Pazar günü sabah, eski Büyükşehir Belediyesi Saraçhanebaşı'nda, oralarda bir yerde, 0072 plakalı Cadillac araba çamura battı filan. Ben varım arabada, Kemal Aygün var, rahmetli babam var.

Kemal Aygün, İstanbul Belediye başkanı.

Belediye başkanı, Demokrat Parti il başkanı. O vakit üstlenmiş ikisini de. Bir anda tanıdılar, bir 50-60 kişi toplandı belki. Bir sürü insan, "Yaşa baba!" falan tezahüratta bulunuyor. "Rahatsız olmayın lütfen, çıkardılar bakın" diyor herkese. Ben de arkaya döndüm, babama bakıyorum. O da Kemal Aygün'e döndü dedi ki, "Kemal Bey görüyorsunuz işte, bu millet bizi istiyor, seviyor. Milletin bizimle meselesi yok. Neden bizi rahat bırakmazlar ki acaba?" Hiç unutmuyorum.

Gözleri nemli...

Böyle spontane bir kalabalık, orada o tarihte, İstanbul'da tabii fevkalade ve hele o günlerde hakikaten bir politikacının ölçü alacağı bir şey. Başarılı bir Adana gezisi, 5 Ocak Kurtuluş, arkasından 11 Şubat bir Maraş-Antep'i içine alan gayet olumlu bir gezi. 1960'ta Demokrat Parti iktidara gelmese, 30-40 milletvekiliyle seçim kaybederdi en fazla, hiçbir şey olmazdı.

Şimdi 1960'a gelmeden önce, 60'a getiren süreci görmemiz açısından, bazı önemli olaylar var. Bunlardan birisi 6-7 Eylül olayları. Ne dersiniz bu konuda? Yaygın bir iddia, bunu Demokrat Parti iktidarının Atatürk'ün evi bombalandı diye MİT'e provoke ettirdiği. 6-7 Eylül için ne diyorsunuz? Yassıada'da yargılandı biliyorsunuz.

Şimdi 6-7 Eylül için bir komplo teorisi üretilebilir. Yani Türkiye'yi azınlıklardan temizlemek bir örtülü devlet politikası olur. Mübadele'nin bunun bir parçası olduğu, 6 Eylül'ün de devamı olduğu, bu işe MİT'in girdiği, kimisine göre, Demokrat Parti'nin MİT'e bunu belki sipariş ettiği gibi komplo teorilerinin hiçbirisi doğru değil. Bir milletin geçmişiyle hesaplaşmasını ben makul bulurum. Ama bu da bir mazoşizm krizine, kendi kendini kötülemeye, "her şeyi yapmışız, ya biz neymişiz, ne kadar kötüymüşüz"e dönüşürse bu sağlıksız bir noktaya götürür insanları. 6-7 Eylül'den evvel trenden geri dönüyorlar. Şahsen Menderes'in hatta Bayar'ın önüne geçerek insanları durdurmaya çalıştıkları var. Ve Park Otel'in bir garsonu vardı. Zaten Park Otel'in o günkü işletmecileri Ermeniydiler. Garson çocuk da Türk isimli bir Ermeniydi, Dursun diye. Oğlunun adı Orhan. Babasından şunu dinlemiş: "Ben 6 Eylül günü kalktım sinemaya gittim. Önceden otelde başvekilin odasındaydım. Mitingi tertip edecekler gelmişler, elini öpüyorlar, rica ediyorlar. O sıkı sıkıya onlardan söz alıyor. Onlar yemin billah, yemin ediyorlar: 'Hayır en ufak bir şey olmayacaktır.' Neden sonra Başvekil Menderes bunlara izin verdi. Bunu ben gözümle gördüm, kulağımla duydum: Bunun için de kendim, rahat rahat 6 Eylül günü sinemaya gittim, çıktım ki bu olaylar başlamış, cereyan etmiş." Tabii Türkiye için gayet çirkin, son derece de üzücü, küçük düşürücü bir olaydır. Bu illa bir istihbarat işi olacaksa, bir başka ülke istihbaratının da bu işin içinde yeri olabilir, parmağı olabilir.

Şöyle olamaz mı? Biraz dışa karşı, böyle Yunanistan'ı protesto edecek bir gösteri düzenlenmek istenmiş de, kontrolden çıkmış olabilir. Maksadı aşmış olamaz mı?

Zaten olay bu. Mesela 58 senesinde, çok az bir zaman sonra, Beyazıt Meydanı'nda TMTF (Türkiye Milli Talebe Federasyonu) başkanlığında 200 bin kişilik muazzam bir miting, "ya taksim, ya ölüm" mitingi yapıldı. Yapılmadı değil ki. Kamuoyu da kullandı Demokrat Parti'yi bu meselede. O arada da Londra'daki görüşmeler itibarıyla Türkiye bir zorda veya darda da değil. O itibarla bunu Türkiye'nin, bir iktidarın yapması, düşünmesi makul değil. Demokrat Parti çok şeyden dolayı tenkit edilebilir ama onu irrasyonel bir siyasi heyet olarak görmek, makul olmayan, rasyonelitesi olmayan bir parti olarak görmek yanlıştır. Seçtiğimiz başlangıç noktaları tartışılabilir ama kendi içinde tutarlı bir siyasi birliktir. Böyle olması mümkün değil. Askerin arada belli bir süre gecikmesi olayı var. Tabii araştırılmalı ama bu hemen götürülüp de, birinin üzerine yapıştırılırsa o zaman politize oluyor. Ve bizi hakikatlerden de uzağa alıp götürüyor sonuçta. Makul olmaktan da çıkıyor.

İstanbul'un imarı konusunu az önce konuştuk. Adnan Menderes'in İstanbul'u çok önemsediğini, imarıyla yakından ilgilendiğini biliyoruz. Bu konuda sizin eklemek istediğiniz şeyler var mı?

Adnan Menderes'in İstanbul'u ne kadar sevdiğinin en yakın şahitlerindenim. Bazen Park Otel'de hiç kimse olmaz, babamla odasında baş başa akşam yemekleri yerdik. Onun buğulu gözlerle İstanbul'u nasıl seyrettiğini eksilmez bir hasretle hatırlıyorum. Bir gün bana ''Bak Aydın, gördün mü ne kadar güzel olmuş" demişti. Kastettiği Haydarpaşa mendireğinin floresan lambalarıyla aydınlatılmasıydı. O vakit cıvalı ampuller ve beton direkler yeni çıkmıştı. Menderes güzelliğin ve ışığın insanıydı. Kendi başında durarak İstanbul ve Ankara'nın muhtelif yerlerine yol aydınlatması için bu ampulleri taktırdığını hatırlıyorum. Ben de kendisine cevaben "Evet babacığım gördüm. Işıklandırılmış çok güzel olmuş" dedim. "Yok Aydın" dedi "ilk ışıklandırdıkları şekil güzel değildi. Direklerin sıra ve istikametlerini değiştirttim. Şimdiki haliyle İstanbul'un gerdanını elmas bir gerdanlık gibi süslüyor."

Adnan Menderes hep nurlu ufuklardan bahsetti. Nura koştu. Nur içinde yatsın. Onun nurlu ufuklardan bahsetmesi, nur kelimesini kullanması Müslüman bir Türkiye için göndermeydi. Bir yerde maddi ışık, onun yanında manevi aydınlık.

Adnan Menderes'in İstanbul sevgisi Yahya Kemal'inkine benzer. Şehrin tabii güzellikleriyle sınırlı değildir. Onun ötesinde İstanbul kendisi için milletimizin meydana getirdiği en büyük medeniyetin başkentiydi.

Menderes'e göre İslam dünyasının üç büyük şehri vardı. Birincisi Mekke-i Mükerreme. İkincisi Medine-i Münevvere. Üçüncüsü ise İstanbul'du. Amacı, İstanbul'u İslam dünyasının eskisi gibi bir merkezi yapmak ve Eyüp Sultan'ı da bu manevi merkezin odak noktası yapmaktı. Bu düşüncesini ve projesini sabah Eyüp Sultan hazretlerinin türbesini ziyaret ettiği ve dua ettiği vakitler orada bulunan görevliler ve insanlarla paylaşmıştır.

Son yıllarda kendisinden en fazla işittiğim İstanbul'la ilgili sözlerden birisi şuydu: "Hayret ediyorum, ne yapmışlar etmişler çeşitli binalarla, duvarlarla İstanbul'un İslami cephesini örtmüşler. Adeta bir Müslüman şehri olmaktan gizlemişler" diyordu.

Rahmetli Erbakan bana bir gün Adnan Menderes'in kendisine "Necmettin Bey bu Vatan ve Millet caddelerini boşuna açmıyoruz. Eski ve İstanbul'un Osmanlı devletinin payitahtı olduğunu ortaya çıkartmak istiyoruz. Amacımız terk edilmiş fakir ve ücra İstanbul'u bir kere daha Pera'ya karşı parlatmaktır" dedi.

Adnan Menderes'in bir icraatı da Ortaköy'den Sarıyer'e kadar Boğaz'ın Rumeli yakasını yalılardan kurtarmaktı. Deniz bütün İstanbulluların olmalıydı. Birçok istimlak yapıldı. Bugünkü Bebek koyunun güzelliği bu icraatın sonucudur. Ancak Menderes iktidardan düşürüldü ve istimlakları 1960 yılına kalmış olan yalılar yerinde kaldılar.

1950-1960
Demokrat Parti'nin dış politikası

Evet Aydın Bey, şimdi 1950-1960 arası, Adnan Menderes'in dış politikasını konuşalım mı?

Demokrat Parti'nin çok faal ve başarılı olduğu bir alandır dış politika. Ve tabii Türkiye'de farklı düşünceler ve ideolojiler var olduğu için verdiği kararlar eleştirilmiştir de. Ancak bu eleştirilerin sahipleri, zaman içinde iktidar olma fırsatını bulmuşlar, sadece Demokrat Parti'nin dış politikasını uygulamakla yetinmişlerdir. Yani sadece eleştirmişler, ama iktidar oldukları dönemde uygulamışlardır. Demokrat Parti'nin dış politikasında aldığı kararlar, dünya bir hayli değişmiş olmasına rağmen, o günden bugüne kadar, geçerliliğini korumuş, temel tercihleri, parametreleri itibarıyla Türkiye Cumhuriyeti devletinin değişmez dış politikası haline gelmiştir. Halbuki 1950 öncesine, savaşın bitimine dönecek olursak, Türkiye açısından ortada hiç de iç açıcı bir tablo yoktur. Savaş bitmiş, dünya bölünmüştür. Türkiye herhangi bir tarafta değildir. Son anda Almanya'ya karşı harp ilan etmesine rağmen, Batı dünyasında kabul görmüş değildir.

Bu henüz kabul görmemek değil mi? İnönü'nün tercihi de kesin Batı'ydı. Biliyorsunuz İkinci Dünya Savaşı'ndan önce İngiltere ve Fransa ittifak anlaşması yaptı. O yüzden birçok Kemalist İnönü'yü Türkiye'yi emperyalizme teslim eden ilk adam diye eleştirir.

İlk adam olarak eleştirirler, çok haklısınız. Ona hemen değineyim. Aslında Türkiye İkinci Dünya Savaşı'nın bitimiyle birlikte, Batı dünyasında yer almak istiyordu ve bu bürokrasisiyle, o günkü iktidarıyla, muhalefetiyle bütün Türk kamuoyunun ortak arzusu, ortak tercihiydi. Fakat bu hususta hiçbir ışık ve ümit gözükmüyordu. Böylece ortada kalmak ve çaresizlik duygusu adeta Türkiye'yi kaplamıştı. 1949'da NATO kurulmuştu. Türkiye çok arzulu olmasına rağmen NATO'ya girememişti. Türkiye sadece Batı'ya yük olur diye görülüyordu. Amerikalı askerlerin vermiş olduğu raporlar vardı. 1950'de CHP iktidardayken Necmettin Sadak başkanlığında, dışişleri bakanlığının emrinde, büyük bir heyet Amerika'ya gitmiş, 15 gün kadar kalmış, fakat doğru düzgün bir temas kuramamıştı. Bu sırada Demokrat Parti iktidara geldi ve Kore Savaşı patlak verdi. Demokrat Parti'nin çok ani ve hiç tereddüt etmeden verdiği bir kararla, Kore'ye Türkiye'nin asker göndermesi, birdenbire, bütün Batı dünyasının Türkiye'ye bakış açısını değiştirdi. Bir kere oradaki Türk askerlerinin kahramanlığı, disiplini, Türk ordusuyla ilgili olumsuz düşünceleri değiştirdi. Belki teçhizat vs yönünden zayıf olabilirlerdi ama savaş kabiliyetini kaybetmemiş, kahramanlığını kaybetmemiş, askerliğini kaybetmemiş gayet kalabalık bir Türk tugayının mevcut olduğunu orada gördüler.

Kore'ye asker göndermek konusunda İnönü'nün tavrını nasıl değerlendirirsiniz? Çok sert muhalefet etmiyor.

Hayır orada çok sert muhalefet etmemiştir. O sırada değil ama ileride Halk Partisi Kore'yi eleştirmeye başlamıştır.

Şöyle bir izlenim var bende, bu doğru mu? İnönü'nün yıkıcı muhalefeti daha çok iç politika konusunda. Ama dış politika konularında İnönü daha mutedil muhalefet etmiş, hatta zaman zaman hükümeti desteklemiştir. Dış politikada daha sorumlu bir davranışı var, yıkıcı tavır iç politikada diye düşünüyorum. Doğru mu, yanlış mı?

Bu tespitleriniz çok doğru. Zaten dışişleri bütçeleri ittifakla geçer. O zaman böyle bir gelenek de var. İsmet Paşa'nın bu tavrına rağmen giderek, Türkiye'deki yeni yeni Marksizm ve solla tanışıp bu siyasi ve sosyal düşünceyi seçenlerin CHP'ye sızması 50'lerin ortasından itibaren.

Doğan Avcıoğlu falan girmeye başlıyorlar.

Evet. Onların girişiyle birlikte CHP dış politikada da muhalefetini sertleştirdi ve bir noktada CHP de, İsmet Paşa da giderek, o sizin bahsettiğiniz temkinli tavrını tamamen terk etmemekle birlikte, bunların önüne geçip, dur demek lüzumunu da hissetmedi. O vakit, Tahsin Yazıcı, Demokrat Parti'den milletvekili de oldu.

Türk tugay komutanı.

O Demokrat Parti'den girmişti, milli kahraman gibiydi Türkiye'de. CHP de hiç unutmam, yine tugayda görev almış ileri rütbeli subaylardan Albay Celalettin Dora'yı ona rakip gibi çıkarmıştı. Fakat benim kuşak gayet iyi hatırlar. Her yerde Kore gazileri kutlanırlar, tebrik edilirler, resimleri asılırdı. Kore'de, cereyan eden savaş ve Türkiye'yle ilgili değerlendirmeler, o günkü Türk kamuoyunda büyük bir tasvip gördü, hatta milli gurura da vesile oldu.

Bağdat Paktı için ne dersiniz?

Şimdi ona geliyorum. 1952'de NATO'ya girildi. Bağdat Paktı'nı Amerika'nın, İngiltere'nin menfaatlerinin Ortadoğu'da bekçiliğini üstlenmek şeklinde yorumlamışlardır. Bir, bu çok yanlıştır. İkincisi, Türkiye'de Nasır'la ilgili yapılmış övücü değerlendirme çok yanlıştır. Bu iki yanlış Türkiye'de önemli ölçüde hem solu, hem de darbeciliği beslemiş, bir tür Baasçılık tohumlarını atmıştır.

Bunun da baş ideoloğu Doğan Avcıoğlu oldu. Açıkça Nasır rejimini öven, Türkiye'de "sandıksal demokrasi değil, Nasır tipi ilerici bir rejim" kurulmasını savunan biridir.

Son derece haklısınız. Şimdi Bağdat Paktı'yla ilgili olarak Sebati Ataman'ın gerek *Milliyetçi Türkiye* adlı Kervan'dan çıkan kitabında gerekse, Millet Meclisi'nde bütçe eleştirisinde –1976 veya 77– hükümet adına konuşurken, açıkladığı bir olay var.

Buradan Sebati Ataman'a bir parantez açalım. Demokrat Partili Menderes kabinesinin önemli bakanlarından biriydi. Sonra Adalet Partisi'nden bakan oldu. Bahsettiğiniz konuşmayı Adalet Partisi bakanı olarak yapıyor.

Adalet Partisi'nden peş peşe senatör ve milletvekili seçildi. Önemli şahsiyettir, düşünen, ciddi bakanlardan birisidir. Anlattığı olay çok ilginçtir. O anlatır: Başbakan Menderes başkanlığında bir heyet 1955'te Bağdat'a gider. Başbakan Adnan Menderes'in yanındaki heyette genç milletvekili de vardır. O genç milletvekili dediği kendisidir. Bu heyet, İmam-ı Âzam Ebu Hanife'nin türbesini ziyaret eder. Burada normal bir Fatiha okuma süresinin bir hayli fevkinde denebilecek bir zaman için, merhum Adnan Menderes türbede kalır. Akşamla yatsı arası bir vakittir. Yüzü pırıl pırıldır. Gayet aydınlıktır, adeta bir nur inmiş gibi. Sebati Bey, yani o genç milletvekili çıkınca der ki "Efendim, siz normalin dışında bir süre bu türbede kaldınız, uzun da bir düşünceye daldınız, sebebini sorsam haddimi aşmış olabilir miyim?" "Hayır, sadece şunu düşündüm" der Menderes, "burada yatan bu mübarek zatın manevi egemenliği ile Türklerin siyasi egemenliği aşağı yukarı aynı coğrafya üzerinde birebir çakışmış gibidir. Hatta Hanefiliğe Türk mezhebi denilmiştir. Elbette bir daha yeniden Osmanlı devleti kurulmaz ama günümüzün imkânı ve şartları içinde, o coğrafyada bulunan ülkeler niçin tekrar bir araya gelmenin çarelerini aramasın, bir yolunu bulamasın?" Sebati Bey de sorar, "Efendim bu gerçekleşir mi?" Menderes o genç milletvekilinin kolunu tutarak gayet olumlu bir hava içerisinde, ümitli bir hava içerisinde "Sebati Bey, bunu biz görmesek de çocuklarımız görecektir" der. Buradan varmak istediğim husus şu: Demokrat Parti demiş ki, madem siz, Rusya'nın Ortadoğu'ya inmesini istemiyorsunuz, hani insan ikrarıyla maluldur, gelin burada böyle bir pakt kurulsun... Veyahut bunu Amerika'yla, İngiltere başta telkin etmiş olsun... Menderes, Bağdat Paktı'nı Türkiye'nin yeniden dünyaya açılışı için bir vesile olarak görmüş, bunu geliştirmek istemiş. Ancak buna önce Suriye ve Mısır, daha doğrusu Nasır karşı çıkmış, Suriye'yi yanına çekmiş. Arkasından 1958 Temmuzu'nda Irak'ta darbe olunca bu Bağdat Paktı CENTO şeklinde bir ittifaka, Türkiye-İran-Pakistan arasında bölgesel bir işbirliğine dönüşmüştür. Bu yolu Menderes açmıştır.

Adnan Menderes'in Bağdat'ta İmam-ı Azam'ın türbesini ziyareti

1955 yılında Türk Devleti'nin hükümet başkanı rahmetli Adnan Menderes, bir heyetle birlikte Bağdat'a gitmişti. Hanefi mezhebinin büyük kurucusu İmam-ı Azam'ın türbesini de ziyaret ettiler. Bir cami içinde bulunan altın yaldızlı gümüş parmaklıklarla çevrili kabrin başında saygı ile durup Fatiha okudular. Menderes, derin bir düşünceye dalarak uzun süre mezarın başından ayrılmadı. Nihayet dışarı çıkıldığı zaman, heyettekilerden birisi merhumun yanına yaklaştı. "Beyefendi" dedi. "Mezarın başında adeta murakabeye vardınız. Merak ettim, acaba o sırada neler düşündünüz?" Menderes soru sahibini kolundan tutarak bir kenara çekti, aşağı yukarı aynen şu sözleri söyledi: "Osmanlı İmparatorluğu'nu düşündüm. Burada yatan zat, İslam âleminin büyük bir kısmında hâlâ hükmünü sürdüren manevi bir nizam kurmuştu. Osmanlı Türkleri de hemen hemen aynı topraklar üzerinde yüzlerce yıl devam eden siyasi bir nizam kurdular.

Bu nizam yıkıldı yıkılalı dünyanın bir parçası hâlâ huzur ve sükûna hasrettir. Şimdi, başka temeller üzerinde de olsa, böyle bir nizamın yeniden kurulması bir zarurettir. Bunu da ancak biz Türkler yapabiliriz. Bu bizim vazifemizdir. Milletimizin tarihi hasletleri bizim bu ulvi maksadı tahakkuk ettirebileceğimizin teminatıdır. İmam-ı Azamın mezarı başında işte bunları düşündüm."

Bunları söylerken gözleri ışıl ışıldı, yüzü ay gibiydi. Karşısındakinin gözlerinin yaşlarla dolduğunu gördü: "Ne o?" dedi, "Ağlıyor musun? Merak etme, bunu biz yapamasak bile günün birinde çocuklarımız muhakkak yapacaktır. Hadi gidelim."

Bir millet, insanın yüzünü ay gibi güzelleştiren, gönlünü ışıklarla dolduran böyle bir görev inancı olmaksızın var olamaz, olsa da varlığını sürdüremez.

Kaynak: Sebati Ataman, *Milliyetçilik ve Türkiye*, Kervan Yayınları, 1977, s. 36-37.

Menderes'in bu vizyonuyla Ahmet Davutoğlu'nun bugünkü vizyonu arasında bir benzerlik gözüküyor, değil mi?

Çok büyük benzerlik var. Yani, Türkiye'de Osmanlılık, Neo-Osmanlı denilen politikalar, bu isme takılmadan zamanımızın dinamikleri açısından bakmak lazım. Türkiye niye küresel bir vizyona sahip olmasın? Tarihe ilgi artıyor. Siz de yazdınız, Şükrü Hanioğlu'nun yeni kitabı...

Evet, *Milliyet*'in kitap ekinde yazmıştım, Hanioğlu'nun *Atatürk'ün Entelektüel Biyografisi*, İngilizce yayınlandı, ondan bahsediyorsunuz.

Evet. O Princeton'dan yayınlandı. Sipariş verdim, getirtiyorum. Orada da olacak, Atatürk de Osmanlı modernleşmesindeki pozitivist akımların bir devamı bir bakıma... Tarihte kesin kopuşlar olmuyor. Hele de dış politikada, coğrafyanız aynı... Ortadoğu'daki yönetimlerin aksine, Ortadoğu halklarında da Osmanlılara karşı, Türklere karşı her türlü menfi propagandaya rağmen, müspet bir hava olduğunu da görüyoruz. İşte Tayyip Bey'in küçük bir jesti bile, birdenbire büyük bir katsayıyla artabiliyor.

Merhum Menderes'in bugünkü AB'nin ilk yapısı olan Ortak Pazar'a müracaatına ne dersiniz?

Şimdi, tabii bu çok yönlü bir dış politikadır. Hatta globalleşme diyoruz. Türkiye'nin globalleşme için ilk adımı 10 bin kilometre ötedeki Kore'ye gitmektir.

İlk defa Misak-ı Milli'nin dışına çıkıyor.

Madem orası hür dünyanın sınırıdır, öyleyse orası bizim de sınırımızdır anlamında. Demokrat Parti'nin Ortak Pazar'a müracaatının birinci sebebi Yunanistan. Türkiye'nin Avrupa'da yaşanan böyle gelişmelerin dışında kalması düşünülemez. Belki bizim sağ düşüncenin de modernleşmeye ve Batılılaşmaya karşı abarttığı reaksiyonel bir tutum var. Bizim gibi muhafazakâr meşrep kişilerin buradaki abartıları hoş karşılamayacağı, ayrıca buradaki radikal adımlardan memnun kalmadığı, geçmiş kültürümüzle iplerin tamamen kopartılmamasının iktiza ettiği gibi rezervleri, görüşleri bulunabilir.

Türkiye'nin Batı'ya dönük olan yüzünü bizim, Fatih dönemine kadar geriye götürüp, bir taraftan İslam'ın temsilcisi, kılıcı gibi bir rol üstlenmekle birlikte Türkiye, Venediklilerle, Cenevizlilerle, İtalyanlarla başlayıp, sonra Habsburglarla ve Avrupa siyasetinin içine girerek, kurumlarını tanıyarak, öğrenerek, belki de ilk benzerlikler kurmaya başladığını ifade etmemiz gerekir.

Yani muhafazakârlar da Türkiye'nin Batı'ya dönük yüzüne önem vermeli, değil mi?

Önem vermesi lazım. Çünkü bu bizim sadece mağlubiyetlere karşı bir tepkimiz olarak ortaya çıkmış değildir. Bunun çok daha önemli kökleri olduğunu şimdi Halil İnalcık'ın falan da yazılarıyla ve benzer incelemelerle görüyoruz. Binaenaleyh Demokrat Parti zaten Batı dünyasında NATO'ya girmiş, NATO'da yer almış. Her şeye rağmen, iç karışıklıklara, beklediği kredileri alamamış olmasına rağmen, Demokrat Parti döneminde Türkiye, Batı'da gayet itibarlı bir ülke. Bu itibarlı oluşu dolayısıyla da büyük bir fırsat.

Kıbrıs için ne dersiniz? Menderes'in Kıbrıs politikası, Kıbrıs Cumhuriyeti'ni kurması?

İzniniz olursa, o zaman Türkiye'nin en önemli, hem Kıbrıs, hem NATO'yu içerecek sesi Bayar'dan direkt dinlediğim olayı, bir anekdotu nakletmek istiyorum.

Bayar NATO'yu bir gün şöyle yorumlamıştı. Demişti ki "İlk defa biz NATO'da yüzyıllardır, masanın bir tarafında oturan, diğer tarafında da bizim mağlup olarak oturduğumuz ülkelerle, yuvarlak masa etrafında, eşit şartlarda yer aldık. Biz sadece Rusya'dan zarar görmedik, Batı'yla olan ilişkilerimizde de zarar gördük. Böylece biz NATO'ya girerek hem Rusya'ya karşı büyük bir kalkan elde etmiş olduk, hem de Batı'yla eşit haklara sahip bir ülke haline geldik." Tabii ki Ortak Pazar bunun bir uzantısı olmalıydı. Kıbrıs konusuna geliyorum. Kıbrıs Demokrat Parti'nin çok sıkı takip ettiği, önemli bir devlet meselesi haline getirdiği, bir olay olarak ortaya çıktı. Burada Fuat Köprülü'nün işte bizim Kıbrıs meselemiz yoktur, "Kıbrıs bizim için bir hatıra-i tarihiyeden ibarettir" sözü, biraz Fuat Köprülü'ye bağlı, ani bir tavır alıp İngilizlerle karşı karşıya gelmemek için bu sözü sarf etmiştir. Çünkü özellikle rahmetli Fatin Bey'in döneminde Türkiye demiştir ki: "Biz Kıbrıs'ı İngiltere'ye verdik. Eğer İngiltere Kıbrıs'tan vazgeçecekse, bize iade etmesi lazım. Orada Yunanlıların, Rumların, herhangi bir hukuku, tarihsel hiçbir bağı söz konusu değildir."

Ve 1958'di, 59'a girilmemişti. Bir gün yürüyorduk, böyle bir kişi daha vardı onu hatırlayamıyorum, rahmetli babam, o kişiye döndü, sonbahar günü, Yıldız Parkı'nda, dedi ki, "Allah'ın izniyle Kıbrıs meselesini bu yakında çözeceğiz." Macmillan İngiltere başbakanı olarak Türkiye'ye temmuzda gelmişti. Ve rahmetli Fatin Bey'in Birleşmiş Milletler, 58 sonbahardaki o geleneksel toplantısında fevkalade başarılı bir konuşması vardır ve Yunanistan'ın Kıbrıs'la ilgili teklifi de reddedilir. O vakit ki Yunan Dışişleri Bakanı Averof fevkalade üzüntülüdür. Bir de bakar, arkasından Fatin Bey ve Türk heyeti geliyor. Averof yanındakilere der ki, "Gelin bir an evvel çıkalım şimdi bizimle bunlar dalga geçecek, ya bir iğneli söz edecekler" filan. Fatin Bey gayet sevecen bir şekilde "Bir dakika Mister Averof, bir dakika" diyerek yetişir, onu yakalar, "Asıl iş bundan sonra başlıyor. Bunu el ele kol kola verip, iki dost ülke olarak çözmemiz lazım, bunun fırsatı doğmuştur. Bu işin galibi mağlubu yoktur" der ve müzakereler başlar. Şimdi hemen 1974'te Birinci Kıbrıs Harekâtı'ndan sonraydı, Bayar'a uğramıştık İstanbul'da, şöyle bir olay nakletti.

Birinci Kıbrıs Harekâtı 1974, Ecevit zamanında.

Bayar memnundu. Bunu tabii tasvip ediyordu ve şöyle bir olay anlattı. 1959'da, Karamanlis Averof'la beraber Türkiye'ye gelir. Ve Çankaya Köşkü'ne kabul edilirler. Fatin Bey var, Menderes var, Bayar var, Karamanlis var, Averof var. Ve Karamanlis der ki, "Biz Yunanlılar yüzyıldan fazladır, arkamızda hep Batı'yı gördük, fakat 58'de bir baktık ki, arkamız boşalmış. Önümüze baktık Türkiye. Türkiye için Selanik 48 saatlik bir mesafe bile değil. Yunanistan için Kıbrıs'la da bir anlaşma yapmak, az çok bir zaruret halinde." Ve Averof fevkalade üzgündür. Bayar, "Ben ayağa kalktım. Ve Venizelos Atatürk dönemindeki Türk-Yunan işbirliğini, böyle bir geleneği anlattım ve 'bu düşüncenize kesinlikle katılmıyorum, biz ezeli, ebedi dostuz. Ve bunun bir nişanesi olmak üzere de lütfen şu kolumdaki saati kabul edin' deyip Averof'a verdim" diye anlatmıştı. Benim Bayar'dan dinlediğim bir olaydır. Ve önce Yunanistan Türkiye'ye gelmiştir, 60'ta 27 Mayıs olmasaydı, Menderes, Yunanistan'a gidecekti. Hatta Londra uçak kazasından babam dönmüş, bir-iki gün evde istirahat ederken, Fatin Bey'le konuşuyor, ben de tesadüfen yanlarındayım. "Fatin, birçok hususu Karamanlis'le şahsi dostluk sayesinde aştık, sen de biliyorsun. Bazı hususlarda çok yüklenmeyelim, kendi kamuoyunda da zayıf duruma düşürmeyelim, bu zatın Yunanistan'da bulunmasının bizim için stratejik bir önemi vardır" diye bir tavır takınır. Tabii Lozan'da kayıtsız şartsız verdiği bir adada, yeniden söz sahibi olması ve o gün Zürih'te bulunanların ittifakla hepsinin anlattıkları, birincisi Türk askerinin hem de 600'er kişilik bir alayın oraya gideceği, ikincisi tek taraflı garantörlük. Bunları işittiğimiz vakit, biz kucaklaştık, anlaştık.

Ayrıca bununla ilgili bir başka anekdot: 55'lerde Çankaya Köşkü'nde Kıbrıs'la ilgili bir toplantı yapılır. Durumu Menderes izah eder, Hamdullah Suphi Bey rahmetli der ki "Adnan Bey, Adnan Bey, nereden hilal çıkmış salip girmişse, oraya hilal geri dönmemiştir, üzme kendini." Onun üzerine rahmetlinin bir cevabı vardır. "Hayır Hamdullah Suphi Bey, bu sefer tersi olacak, bu sefer hilal Kıbrıs'a geri dönecek." Bu tabii ki Demokrat Parti adına büyük bir başarıdır, dokuz yıllık dış politikanın testidir. O politika başarısız olsa, Kıbrıs'ı sonuçlandıramazdık. Türkiye'nin itibarıyla ilgili son bir hususu ifade edeyim. Malum Türkiye'nin özellikle solcular tarafından en fazla eleştirilmiş icraatlarından birisi Bandung Konferansı'dır. Orada Fatin Bey'in konuşmasıdır.

Bandung Konferansı'nı okuyucular için hatırlatalım. Tarafsızlar veya Bağlantısızlar Konferansı, 1955. Nasır'ın, Tito'nun, Nehru'nun önderlik ettiği bir konferans.

İlginçtir ki orda Fatin Bey Nehru'ya çok sert bir şekilde yüklenir ve Fatin Bey'in elini de ilk defa Çu En Lai, Mao'un dışişleri bakanı sıkar, tebrik eder. Bu da böyle kitaplar arasında bir anekdot. Gerçi bunu Fatin Bey'in arkadaşı Mahmut Dikerdem anlattı kitaplarında. Sonra İnsan Hakları Davasında 12 Mart'ta yargılanmıştı. Ve Demokrat Parti iktidarının Türkiye'de ağırladığı son misafir Nehru'dur. Yani Hindistan bile bir yerden Türkiye'nin dostluğu için, başbakanını, böyle bir geçmişe rağmen Türkiye'ye göndermiştir. Yine 58'de Menderes'in fevkalade başarılı bir Japonya ve Kore seyahati vardır. Dünyanın her yeriyle meşgul olmuştur. Ve en son bir de Rusya gezisi.

Onu biraz açın bize, evet. 27 Mayıs onu engellemek için yapıldı denir.

Evet, ben de onun için temas ettim. Ben hiçbir zaman 27 Mayıs'ın sebepleri arasında Menderes'in Rusya'ya gitme kararı olduğuna inanmadım.

Ben de inanmıyorum.

Bir kere zaman kısa, ikincisi ne olacak? Yön değiştirmiyor, yer değiştirmiyor. Amerika bundan bir kızgınlık duymuş olabilir, o da şöyle, daha detant yok, Türkiye ilk defa Rusya'ya giden NATO ülkesi olacak ve buna Amerika'ya, hiçbir ülkeye danışmadan, haber vermeden, adeta tek başına bir ülke gibi, karar vermiş oluyor. Yani böyle bir başına buyrukluk gibi yorumlayıp bundan dolayı Amerika'nın rahatsızlık duyması mümkündür ama Türkiye yön değiştirmeyecek, taraf değiştirmeyecek. Sonuçta Türkiye bir şeyin içinde olmayacağına göre, Amerika'nın bunu görünce hemen düğmeye basıp böyle bir işin işletildiği kanaatinde olmadım. O zamanlar daha böyle örtülü operasyonların başladığı bir dönem değildir.

Örtülü operasyonlar derken, Amerika'nın gizli darbeleri değil anlamında mı?

Yani işte Latin Amerika, şu bu, o vakit *covert operations* vakti değildir, çok erken bir tarihtir. 12 Mart, 12 Eylül filan diğerleriyle ilgili tartışılır, ama ben 27 Mayıs'ın bir dış etkiden çok, tamamen Türkiye'nin iç siyasi dinamiklerinin bir ürünü olduğunu düşünüyorum. Fakat Avrupa basın ve televizyonunun Türkiye'deki muhalefetle çok ilginç bir şekilde ağız birliği, bir propaganda birliği yaptığını da dikkate almakta fayda var. Karşılıklı bir etkileşim var. Bu gözüküyor. Olumlu değil, olumsuz bir hava hâkim.

Son iki cümle söylemek istiyorum. Malum Rusya, Süleyman Demirel 65'te iktidar olduktan sonra Aliağa Rafinerisi, İskenderun Demir Çelik gibi, Türkiye için o gün fevkalade önemli yatırımların finansörlüğünü, teknik yardımını vesairesini üstlendi. Yani eninde sonunda Rusya Türkiye'ye ekonomik yardımda bulunmuştur. Türkiye bunu almıştır. Bundan dolayı da kıyamet kopmamıştır. Amerika'nın da bir tepkisi olmamıştır. 12 Eylül'ün filan da bununla hiçbir ilişkisi yoktur. Bunu da kaydedelim.

Nasır meselesine gelince, Nasır, esas itibarıyla o vakit, Ortadoğu'nun tarihi içerisinde bir Amerika-İngiliz çekişmesi. İngilizler dünyanın en büyük gücü olmayı, süper devlet olmayı İkinci Dünya Savaşı'nda mecburen Amerika'ya devretseler de, kendi klasik egemenlik alanlarını çeşitli vesilelerle muhafaza etmeye çalıştılar. Ortadoğu da bunlardan birisidir. Nasır burada İngiliz ve Fransızları, Süveyş'ten ve Mısır'dan tasfiye etmiştir. Ve 67'de de çok yanlış bir askeri bir kararla, bugün işte hâlâ tartışılan, acısı çekilen, İsrail'in iki üç kat topraklarını büyüttüğü, Filistin, Gazze hadiselerinin, acılarının yaşandığı tablolara da sebebiyet vermiştir. Ancak rahmetli Menderes, Mısır'ın adeta Türkiye'ye karşı –en azından Bağdat Paktı bağlamında–, Amerika tarafından tercih edildiğini hissetmiş ve Türkiye'nin Mısır'la ilişkilerini geliştirmek için gayret etmiş. Hatta İstanbul'da 58'de veya 59'da, Türkiye-Mısır milli maçında hem sahaya inip Mısırlı futbolcuların ellerini sıkmış, hem de soyunma odalarına kadar giderek de tebrik etmiştir. Bu da dikkatlerden kaçmış bir şey olabilir.

Ve sizin de yakından tanıdığınızı tahmin ettiğim rahmetli Hami Bey'den, Hami Tezkan'dan dinlediğim bir anekdot var: Bir gün Menderes'in sesi, aşağılardan duyuluyor yüksek bir sesle. İstanbul *Havadis* gazetesine geliyor. "Yahu ben ne yapıyorum, gidiyorum, futbolcuların elini sıkıyorum, bir şey kurmaya çalışıyorum. Siz burada Araplar şöyle böyle diye manşet atıyorsunuz. Hiç mi idrak yok, hiç mi takip etmiyorsunuz?" diyor. Dış politika açısından gerçekten parlak, başarılı, Türkiye'nin itibarlı olduğu bir on yıldır bu.

Ve 27 Mayıs olmasa Türkiye zaten Yunanistan'la birlikte Ortak Pazar'a ilk giren ülkelerden olurdu ve bu sonradan, Avrupa Birliği'ne girmek, üyelik filan gibi bir şey değil de, gayet muhkem, adeta bir kurucu üye statüsü kazandıracak, yani, eşit söz sahibi yapacak bir yere getirebilirdi. Ve tabii o günün şartlarında da Türkiye'nin, Avrupa'nın ekonomik şatlarının farklı olduğu bir dönem, Almanya'ya işçiler gidiyor geliyor. Çok büyük bir istifadesi olurdu.

O arada Avrupa dünyasıyla ilgili, 1959 senesinde, İngiltere'deki uçak kazasından sonra Menderes'in bir İspanya ziyareti olur. O İspanya ziyaretiyle ilgili, otomobilde giderken İstanbul'dan, kendisinin ağzından dinlediğim şeyler var; yine birisi vardı yanında, ona anlatıyordu. İki gözlemini ve aynı zamanda özlemini ve nelere dikkat ettiğini gösteriyor. Bunlardan bir tanesi İspanya'da, orada o dağ eteklerinde, ovalardan toprak taşıyıp narenciye yetiştiriyorlar demişti. Bu onu çok etkilemiş. 70'li yıllarda Erdemli'ye, orada Limonlu vardır, oraya gittim. Lemas, Limonlu'da seki dediğimiz bizim böyle yüksekçe yerlerde, taşlar temizleniyor, kırılıyor. Ve aşağılardan toprak çekilip, limon ağaçları yetiştiriliyordu. Tabii aradaki yıl farkı bir on küsur seneydi, orada gördüğü, özendiği bir şey de Türkiye'de gerçekleşmiş demek ki çok geçmeden. İkincisi ise o vakit Fiat İspanya'da, Seat adı altında –şimdi zannedersem Volkswagen satın aldı– bir otomobil yapmıştı, o gündeme geldi. Çok geçmedi 67-68 yılında da Fiat bizde de Murat olarak otomobil yaptı. Bunları, Türkiye'nin ekonomik vizyonunda Avrupa'nın tuttuğu yeri göstermesi itibarıyla birer anekdot olarak da ilave etmek istedim.

1950'li yılların çok partili siyasi ortamı

Şimdi size İsmet Paşa'nın tavrını soracağım. 1946-50 arasında Milli Şef'in Türkiye'nin demokrasiye geçişindeki tavrı, ki ben çok pozitif görüyorum, siz nasıl değerlendiriyorsunuz? Demokrasi karşıtı olan Recep Peker'i tasfiye ediyor. 12 Temmuz Beyannamesi'ni yayınlıyor, muhalefete teminat veriyor. İsmet Paşa'nın 1946-50 arasındaki tavrını siz nasıl değerlendiriyorsunuz?

Şimdi ben sizin o dönemle ilgili değerlendirmenize katılıyorum. Öne çıkamamıştır İsmet Paşa. Ancak burada iki hususu birlikte düşünmek lazım. Bu iki husus derken olumlu kanaatin, olumluluğunu eksiltmek için değil de, o günün etkili düşünceleri, kanaatleri olup biten değildir anlamında. Tabii bu sine-i millete döneriz sözü, "Biz o oyunun oyuncusu olmayız, ya adam gibi seçim yaparsanız ya da derdinizi millete anlatırsınız. Çeker gidersiniz" demek.

Demokrat Parti'nin sloganı, "Dürüst seçim olmazsa sine-i millete döneriz."

Evet. O söz, Halk Partililer tarafından algılanamamıştır. Zaten partilerin eğrisi aşağı doğru indikçe, biz güçlüyüz, biz yaparız duygusu gelişiyor. Her dönem olduğu gibi. Ve bu olmuştur. Ama İsmet Paşa olayları gerek Türkiye, gerek dünya şartlarında değerlendirmiştir. Mesela bir de bizde şu çok söylenegelmiştir Taha Bey: İşte dışarısı dayattı da Türkiye'de demokrasi oldu. Yani Halk Partisi'nin devam edecek gücü, takati de kalmamış. 10 kişi İkinci sigarası alıyor, paylaşıp içiyorlar. Ben insanların sigarayı, jiletle kesip –söğüt ağacından yapılır– takım denilen ağızlıklarla içtiklerini bilirim.

Ben de bilirim, yoksulluk korkunçtu...

Evet, zaten aynı nesiliz. Hatta baston şeklinde, ucu çivili, onların izmaritleri toplayıp kurutup, hele o ince yapraklı Amerikan gazeteleri olursa ona sarıp, sigara içildiğini hatırlarım. Ülkede 900 bin veremli var, sıtma her yerde kol geziyor. Yani o gün Türkiye'nin durumu bu, bir de buna mukabil, maddi manevi halkı yok saymış, manevi varlığını yok saymış. Gittiğin vakit, büyüklere hürmetle vazifeli kılmışsın bütün milleti, millet itaat edecek. Bu zaten gelmiş bir yerde tıkanmış, hatta İsmet Paşa bunu bitmesi gereken bir dönem –devir demiyorum– diye düşünmüş olabilir. Birincisi bu.

Annem şu yorumu yapardı, derdi ki, Cumhuriyet Halk Partisi'yle İsmet Paşa, iktidarı Demokrat Parti'ye teslim ederken aralarında demişler ki, "Varsın gelsinler. Bir-iki sene de biz dinlenelim, bunlar bu işi beceremezler, neticede bırakır giderler. Biz de rahat rahat geliriz." "Oğlum" derdi "bunların içini babanız dolduracak." Öyle bir dinamizm, öyle bir çalışma, öyle bir sevgi, öyle bir hayranlık, öyle bir halkla iç içe geçmişlik ki efendim. Öyle bir tablo karşılarına çıktı ki, Menderes olmasa hesapları bile tutacak büyük ölçüde. O 50-60 arasında, orada da bir sözümüz var. Tez, iddia, motor, beyin: Rahmetli Menderes.

Öyledir.

Bayar önemli, çok önemli ama son zamanında değil.

Bayar'ın son zamanlardaki dönemine pozitif bakmıyorsunuz. Ben de bakmıyorum, evet.

Eleştirdim nihayetinde, 20 sene önce, 25 sene önce eleştirdim. Yani açıkça, alenen. Onun için hiçbir şey yok. Menderes, Bayar ve diğer parti ileri gelenleri ahde vefa içerisinde davrandı. Halbuki başka türlü davranabilirdi. Özellikle Bayar'a karşı. Bunları yapabilirdi Demokrat Parti.

Bunu biraz açabilir misiniz? Ben tam anlamadım, ahde vefa koyamadı derken...

Yani 57'den sonra cumhurbaşkanını değiştirebilirdi.

Yani Menderes Bayar'ı değiştirebilir miydi?

O gücü vardı. Değiştirmeliydi de, bana sorsanız. Çünkü sürekli, negatif enerji toplar hale gelmiş. Bundan dolayı bir kabahati var mıdır, yok mudur? Aslında fevkalade cesur, birtakım özellikleriyle, özenilecek bir adam. Devlet adamı filan ama millet öyle bir bağlanmış ki. Refik Koraltan 54'te de bırakayım demiş, onun bırakmayışı da Menderes sayesindedir.

Vefa duygusu...

Evet. Çünkü şöyle bir şey var, Ahmet Hamdi Bey'e [Sancar] anlattı. "Bir akşam geldik" diyor, "Fuat Köprülü istifa etmiş, çok neşesiz."

1954-55 olması lazım...

1955. "Adnan Bey çok üzüntülü. Arkadaşlar işaret ediyorlar, bazıları söz açarak oradan 'Yumuşar' diyorlar. Yok içimden dedim ki, en son söyleneni söyleyeyim ben." Demiş ki Hamdi Bey, "Beyefendi gittiyse gitti ne yapalım?" "Doğru da" demiş Menderes, "masanın bir ayağı kırıldı." Hamdi Bey "Olsun" demiş, "bir ayağı kırılınca masa, masa olmaktan çıkmaz." "Doğru ama o masaya dayanmaya gelmez." Yani işte böyle insanlarla beraberdik. Eksik kaldılarsa da, tutmak gerekirdi. Üç sene Bayar, Fuat Bey için rahmetli Fatin Bey'in dışişleri bakanlığını geciktirmişti. Sırf Fuat Köprülü kırılmasın diye. O işin arkasında da Coşkun Kırca vs gibiler. Fatin Bey, o da başlı başına apayrı bir derya.

Evet rahmetli Fatin Bey bir derya, bir değer, bir karakter, başarılı bir diplomat...

Evet. Mesela rahmetli Fatin Bey'i 1950 senesinden önce, aklına koymuş. Çünkü Fatin Bey de annemin teyzezadesinin kocası. Yani Nazım, Adnan, Fatin üçlüsü. O vakitten evvel 50'de, Paris'te NATO Büyükelçiliği'nde, 54'te "Ben milletvekilliği yapmayayım" diyor. Demokrat Parti grubu düşürdü 55'te Fatin Bey'i ve buna rağmen alıp Menderes kolundan zorla getirdi, bakan yaptı. Çok da önemli işlere vesile olmuş bir kişi, Allah razı olsun. Şöyle söyleyelim Taha Bey: Hani niye Menderes dedik ya? 27 Mayıs 1960 oldu, 1961 idamları oldu. Varsayalım ki tutuklamadılar, hepsini serbest bıraktılar, siyaset yapmaktan. Hatta Fatin Bey hastalıktan, Menderes de bir kazada hayatlarını kaybetti. Demokrat Parti bir genel başkan çıkaramazdı.

Sıtkı Yırcalı'da falan o karizma yoktu.

Yok. O karizma yok, o dinamizm yok, o enerji yok. Çünkü Menderes'in kafasına koyduğu temel bir şey var. Diyor ki, Türkiye bu ölçülere sığmaz. Amerika bir baraj yapın diyor. Devletin bütçesi şu kadar, Merkez Bankası'nda altınlar bu kadar. Menderes diyor ki ya, bak millet bunlara sığmaz. Ne yapacaksın? E bir yerden başlayacaksın. Efendim, teknikler var işte, bütçe dengesiydi şuydu buydu. Rahmetli Menderes çıkıp diyor ki "Bizim gibi bütçelerde, kâğıt üzerinde birtakım ekonomik ve mali dengelerin tutmuş olması, o ülkedeki ekonomik gidişin iyi olduğunu göstermez. Beni aç bırakırsınız, ama ithalatını ve ihracatını da öyle bir hale getirirsiniz, bedelini de böyle ödersiniz" gibi konuşmaları var. Böyle sabit aldığı noktalar var, savaşa girmiş bir kişi gibi. Vizyonu çok geniş. İlişkileri aynı şekilde, çok ölçülü, çok geniş. O itibarla başka biri zor.

Menderes'ten başka birinin liderliği zor diyorsunuz?

Çok zor. Son bir şey daha söyleyeyim. Tek cümle. O kadar dönem, ben, bana Adnan Menderes'i kim en iyi şekilde anlatır diye gezdim dolaştım. İşte annem falan onların dışında. Maalesef hepsi âmâların fili tarifi gibi, bir yönünü alarak anlatıyor. Çok az insan da onu bütün yönleriyle, bütün kimyasıyla, yapmak istedikleriyle, inanç dünyasıyla tam olarak değerlendirmiştir. Ancak buna mukabil, milletin içine girince "Allah Allah ya, bu benim babam mı, yoksa bu adamın babası mı? Nasıl bu kadar iyi tanınabilir?" diye, beni ve benim gibi birçok insanı hayrette bırakan bir şeyler de yaşadık.

Şimdi bir de şunu sorayım. Millet Partisi kuruluyor. Millet Partisi daha muhafazakâr. Halk Partisi'ne daha şiddetle karşı. Bir de Mareşal Fevzi Çakmak gibi büyük bir ismin, figürün varlığı söz konusu. Niye halk, daha ılımlı davranan hatta muvazaa diye suçlanan Demokrat Parti'yi tuttu da, daha sert, daha öfkeli, daha dindar Millet Partisi'ni tutmadı?

Taha Bey, bu muhafazakârlığın da, dindarlığın da bir sosyal optimalitesi var. Şimdi Refah Partisi, işi çok azıya almıştı. Millet o kadar Müslümanlığı kaldırmadı, zor yani, o kadar bizim millete. Ondan sonra, Doğru Yol Partisi ile Anavatan Partisi de dindar, mütedeyyin, muhafazakâr söylemine, kör elim, kör gözüne misali giriştiler. İş tutamayacaklar ve artı başarısızlıklar girince, halk ihtiyatlı bir şekilde AK Parti'ye kaydı. Karadeniz'lerin indirdi, bindirdi diye bir Temel hikâyeleri vardır, baktı AK Parti bindirecek cinsten değil. Yani yapacağımız kadarını yaptık, yapmayan da yapmasın. Sadece Türkiye'de laiklikle ilgili endişeleri ortadan kaldırmakla da kalmadı. Sonuçta Müslümanlığın ölçüsü var. Sonra bizim ülkemizin Müslümanlığı içerisinde, Selefiliğinden sufiliğine kadar, hepsi girmiş. Efendim Sivasizadeler, Kadızadeler çatışmalarını yaşamış, neler görmüş Türkiye. Böyle bir tipi tutup çıkartamazsınız: Yani işte bak bu Müslümandır, bu muhafazakârdır. Genel olarak, maalesef birtakım araştırmalarda da, bizim, halkla kopukluktan dolayı, sosyal bilimlerle uğraşanlarda da, zaman zaman kopukluklar oluyor, Türkiye'de öyle muhafazakârlık deyince, hemen yani fesi giyecek filan falan. Millet Partisi de tutmadı. Bir de tabii sonuçta, kalkınma vs Gerçi Demokrat Parti'nin bunları yapıp yapmayacağı belli değil ama hele hele 50'lerde profili alacak olursak, camiye gider, içki içer, şu bu falan filan, şimdiki sosyal araştırmalar gibi. Bugüne göre de daha muhafazakâr da çıkmaz Türkiye. Demokrat Parti de öyleydi.

Demokrat Parti'de, Millet Partisi'nde de olabilecek muhafazakârlar da vardı, Cumhuriyet Halk Partisi'nde olabilecek, inkılaba sadık adamlar da vardı.

Demokrat Parti evet, daha muhafazakâr değildi.

Daha muhafazakâr değildi. Yani kompozisyonu itibarıyla. İçindekiler arasında öyle tipler de olmakla birlikte, fakat tamamen beyefendi olabilecek tiplerle, CHP'de olabilecek tiplerin de bulunduğu bir parti.

Bu sözünüz çok önemli. Demokrat Parti'de, Millet Partisi'nde de olabilecek muhafazakârlar da vardı, Cumhuriyet Halk Partisi'nde olabilecek, inkılaba sadık adamlar da vardı.

Aynen öyle bir kadroydu. Menderes de bunları yönetmekle, bir arada tutmakla mükellefti. Ve tabii sadece bunları değil, bunların toplumdaki uzantılarını da hesaba katıp buna göre bir düzen tutturmak mecburiyetindeydi. Ama kendisinin özellikle, dini duygularıyla ilgili kısmının bir anlamı yoktu. O kendisine özgü bir haldir, O Adnan Bey'dir. Demokrat Parti'de bizim dindarlar da var, onları da tutar. Onun için biraz da böyle bir denklemin parçası değil. O kendi inanmışlığı çünkü, ezan vs gibi sorular var. Sabaha karşı Eyüp'e gitmenin siyasi ne tarafı olacak?

Sabaha karşı hiç kimse görmeden, Eyüp'e gitmenin ibadet etmenin siyasi bir tarafı olamaz. Ancak içinden gelen, deruni bir dindarlık.

O tamamen deruni bir şey ve öyleydi de zaten. Biraz yakınında bulunup, görmemek, hissetmemek, o kokuyu, o nefesi almamak... Zaten kendisinin o hususta söylemiş oldukları, bugün de geçerlidir. Türkiye'de laiklik kalkacak, iyi kaldıralım. Ne gelecek? Şeriat. Nedir kardeşim bu şeriat, niye gelecek? Falan kanunu indirelim, ama tekrar şeye sokalım. Türkiye'ye şeriat gelecek dediğiniz vakit, 2011 yılında böyle bir şey yok. 1950 yılında da böyle bir şey yok. Bir bakıma bir noktadan sonra, Türkiye'de dindarlığın, malihülyaya yani rahatsız bir hülyaya dönüştüğü olmuştur. Başta solda da, başka yerlerde de olduğu gibi. Bunun hemen bir eylemle gerçekleşebileceği gibi bir düşünce oluşmuş. Ve bir de tabii Millet Partisi'ndeki eksikliği şöyle ifade etmekte de fayda var: Türkiye'de bu mutaassıp kesimin, aşırı muhafazakâr kesimin halka bakış açısının, halka yakınlığının aslında CHP'den hiçbir farkı yoktur. Yani mesela rahmetli Mehmet Akif'in bile. Halkın diğer tarafına dönük. Yani, işte camilerde filan "Niye şöyle Müslümanlık yapmıyorsunuz, böyle yapmıyorsunuz?" türünden, kucaklama içermeyen bir tavır. Mesela o açıdan baktığınız vakit, belki Türkiye'de muhafazakârlığın da, liberalliğin de, hürriyetçiliğin de tam kesişme noktası bana göre Yahya Kemal.

Evet, aynı kanaatteyim.

Çünkü millet bir özne kafasında. Yani, o şiirdeki, "Gördüm ön safta oturmuş nefer esvaplı biri." "Vatanın yaşayan vârisi" mi diyordu?

Yahya Kemal'in "Süleymaniye'de Bayram Sabahı" adlı şiirini söylüyorsunuz.

Yani onun gözünde millet, kendi tarihinin hem öznesi, hem nesnesi millet, yani o Üsküdar'da dost ışıkları falan.

Yahya Kemal "Üsküdar'ın Dost Işıkları" şiirinde, sahur için ışıklarını yakan insanlardan duygulanarak "Dünyada ve ahirette vatandaşlarım" benim diyor.

Evet, onlarla beraber filan da olmamış. Yani bir kadeh rakı içmemiş, fakat o bir şelale. Onun için Millet Partisi'nde de böyle militan bir hava vardı. Yani biz biliriz havası. Burada o zaman bir, Millet Partisi deyince, CHP'nin negatifi gibi çıkıyordu.

SÜLEYMANİYE'DE BAYRAM SABAHI

Artarak gönlümün aydınlığı her sâniyede,
Bir mehâbetli sabâh oldu Süleymâniye'de.
Kendi gök kubbemiz altında bu bayram saati,
Dokuz asrında bütün halkı, bütün memleketi
Yer yer aksettiriyor mâvileşen manzaradan,
Kalkıyor tozlu zaman perdesi her an aradan.
Gecenin bitmeğe yüz tuttuğu andan beridir,
Duyulan gökte kanat, yerde ayak sesleridir.
Bir geliş var!.. Ne mübârek, ne garip âlem bu!..
Hava boydan boya binlerce hayâletle dolu...
Her ufuktan bu geliş eski seferlerdendir;
O seferlerle açılmış nice yerlerdendir.
Bu sükûnette karıştıkça karanlıkla ışık,
Yürüyor, durmadan, insan ve hayalet karışık:
Kimi gökten, kimi yerden üşüşüp her kapıya.

Giriyor, birbiri ardınca, ilâhî yapıya.
Tanrı'nın mabedi her bir tarafından doluyor,
Bu saatlerde Süleymâniye târih oluyor.

Ordu milletlerin en çok döğüşen, en sarpı
Adamış sevdiği Allâh'ına bir böyle yapı.
En güzel mâbedi olsun diye en son dînin
Budur öz şekli hayal ettiği mîmârînin.
Görebilsin diye sonsuzluğu her yerden iyi,
Seçmiş İstanbul'un ufkunda bu kudsî tepeyi:
Taşımış harcını gazîleri, serdârıyle,
Taşı yenmiş nice bin işçisi, mîmârıyle.
Hür ve engin vatanın hem gece, hem gündüzüne,
Uhrevî bir kapı açmış buradan gökyüzüne,
Taa ki geçsin ezeli rahmete ruh orduları...

Bir neferdir, bu zafer mabedinin mîmârı.

Ulu mâbed! Seni ancak bu sabâh anlıyorum;
Ben de bir vârisin olmakla bugün mağrûrum;
Bir zaman hendeseden âbide zannettimdi;
Kubben altında bu cumhûra bakarken şimdi,
Senelerden beri rüyada görüp özlediğim
Cedlerin mağfiret iklîmine girmiş gibiyim.
Dili bir, gönlü bir, îmânı bir insan yığını
Görüyor varlığının bir yere toplandığını;
Büyük Allâh'ı anarken bir ağızdan herkes
Nice bin dalgalı Tekbîr oluyor tek bir ses;
Yükselen bir nakarâtın büyüyen velvelesi,
Nice tuğlarla karışmış nice bin at yelesi!

Gördüm ön safta oturmuş nefer esvaplı biri
Dinliyor vecd ile tekrâr alınan Tekbîr'i;
Ne kadar sâf idi sîmâsı bu mü'min neferin!
Kimdi? Banisi mi, mîmârı mı ulvî eserin?
Tâ Malazgird ovasından yürüyen Türkoğlu
Bu nefer miydi? Derin gözleri yaşlarla dolu,
Yüzü dünyâda yiğit yüzlerinin en güzeli,
Çok büyük bir işi görmekle yorulmuş belli;
Hem büyük yurdu kuran hem koruyan kudretimiz.
Her zaman varlığımız, hem kanımız hem etimiz;
Vatanın hem yaşayan vârisi hem sâhibi o,
Görünür halka bu günlerde tesellî gibi o,
Hem bu toprakta bugün, bizde kalan her yerde,
Hem de çoktan beri kaybettiğimiz yerlerde.

Karşı dağlarda tutuşmuş gibi gül bahçeleri,
Koyu bir kırmızılık gökten ayırmakta yeri.
Gökte top sesleri var, belli, derinden derine;
Belki yüzlerce şehir sesleniyor birbirine.
Çok yakından mı bu sesler, çok uzaklardan mı?
Üsküdar'dan mı? Hisar'dan mı? Kavaklar'dan mı?
Bursa'dan, Konya'dan, İzmir'den, uzaktan uzağa,
Çarpıyor birbiri ardınca o dağdan bu dağa;
Şimdi her merhaleden, tâ Beyazıd'dan, Van'dan,
Aynı top sesleri birbir geliyor her yandan.

Ne kadar duygulu, engin ve mübarek bu seher!
Kadın erkek ve çocuk, gönlü dolanlar, yer yer,
Dinliyor hepsi büyük hatıralar rüzgârını,
Çaldıran topları ardınca Mohaç toplarını.

Gökte top sesleri, bir bir, nerelerden geliyor?
Mutlaka her biri bir başka zaferden geliyor:
Kosova'dan, Niğbolu'dan, Varna'dan, İstanbul'dan..
Anıyor her biri bir vak'ayı heybetle bu an;
Belgrad'dan mı? Budin, Eğri ve Uyvar'dan mı?
Son hudutlarda yücelmiş sıra dağlardan mı?

Deniz ufkunda bu top sesleri nerden geliyor?
Barbaros, belki, donanmayla seferden geliyor!..
Adalar'dan mı? Tunus'dan mı, Cezâyir'den mi?
Hür ufuklarda donanmış iki yüz pâre gemi
Yeni doğmus aya baktıkları yerden geliyor;
O mübârek gemiler hangi seherden geliyor?

Ulu mâbedde karıştım vatanın birliğine.
Çok şükür Tanrı'ya, gördüm, bu saatlerde yine
Yaşayanlarla berâber bulunan ervâhı.

Doludur gönlüm ışıklarla bu bayram sabahı.

Yahya Kemal, *Kendi Gök Kubbemiz*, YKY, İstanbul, Mayıs 2003 baskısının imlası esas alınmıştır. Aydın Menderes'in özellikle vurgulamak istediği mısralar kalın harflerle yazılmıştır.

Simetrik benzeri.

Negatif film. Yani şöyle diyelim. Temellerde birbirlerine aykırı ama yöntemlerde aynılar. Mesela demokrasiye filan, ayrıca bir ilacı da yoktu bu kesimlerin çok fazla. Ayrıca Milliyetçiler Derneği'nin kapatılması mevzusu var.

Türkiye'nin demokrasiye geçiş döneminde üç ana akım var, Cumhuriyet Halk Partisi, Demokrat Parti, Millet Partisi. Bunların dünya görüşü ve ortalama vatandaşı açısından bir tablo çizer misiniz? Cumhuriyet Halk Partisi'nden başlayalım. On-

dan sonra Demokrat Partilinin dünya görüşü ve ortalama Demokrat Partilinin tipi, ondan sonra Millet Partisi'ni soracağım. Evet Demokrat Parti'den başlayalım.

Şöyle bir giriş yapmam lazım. Mahallenin imamıyla mahallenin meyhanecisi kol kola girdiler, "Ey Demokrat Partililer iktidar oldunuz, hadi bakalım ezan Arapça okunsun" dediler. "Şu Kuran kurslarını bir açın, şu İmam Hatipleri bir açın" dediler. Ve sonuç itibarıyla, Demokrat Parti'nin içinde, her kesimden gelen insanlar vardı. Bir gün biz hanımla oturuyoruz, Selçuk'ta. Meryem Ana'da, kardinal kalktı geldi. "Rahmetliyi anarız biz, dua ederiz" dedi. Demokrat Parti'den dünyaya olumlu bakar insan. Yani yarın bugünden iyi olacaktır.

"Nurlu ufuklar", bu Menderes'in sık kullandığı bir söz, kalkınmış Türkiye heyecanı...

Evet. Nurlu ufuklar. Pırıl pırıl olacak. Ve yol gelecek. Baraj yapılacak. Konuşmaları var, Adana konuşması var. Biz gitsek de artık bu hizmetlerin arkası kesilmeyecektir. Biz şeyi ispat ettik dünyaya, yani her şeyi yapabileceğimizi, fabrika kurabileceğimizi. Yani o zaman Menderes'in kafasındaki olumlu bir fikri sabit şeklinde, 1699'u aşma fikrinin Türkiye'de belli bir yaygınlığı da olabilirdi. Yani Kızıl Elma bu. Bunu bir aşmak. Ne yapıp yapıp bunu aşmak.

Bu bakımdan Turgut Özal'la bir benzerlik var değil mi?

Var tabii, çok büyük. Zaten rahmetli Turgut Bey'le, cumhurbaşkanlığı döneminde, son zamanlarında konuşmalarımız var. Fakat rahmetliye hiç benzemeyen hatta zıddı diyebileceğimiz kişi de Süleyman Demirel'dir. Hiçbir şey almamış. Bu millet akıllı bir millettir Taha Bey. Kim ne derse desin, çoğu zaman, milleti de eleştirdiğimiz olur. Sonra dönüp gelmiş, milletin yaptığı doğrudur demiş. Kendi payına. Halkın o üç kişiyi koyup, Demirel'i koymayışı, o seleksiyon, o muazzam bir şey.

Üç kişi dediğiniz kim?

Adnan Menderes, Turgut Özal, Recep Tayyip Erdoğan. Halbuki orada hizmeti filan da var. Şimdi Demirel'in de hiç hizmeti olmadı desek veya çıkıp akılsızca Demirel'i korkaktı, şuydu, buydu gibi eleştirsek buradan, tabii yakışıksız olur, anlamsız olur. Fakat görmüyor, o ışığı almadı, o kimyayı almadı. Köylünün diliyle konuşmak, köylü şivesiyle konuşmak değil; ona kıymet vermek, hüküm vermek önemli. Trabzon'da bir heyet geliyor, oradaki anlatıyor bu hikâyeyi. "Menderes bakanlar kurulu odasına aldırdı bizi" diyor, "kalabalık. İçeri girdi hepimizin elini sıktı. İçinizden hanginiz konuşacak demedi." Ve ağlıyor bunu adam anlatırken. "'Hadi bakalım içinizde en kabadayı kim, isteğinizi kim ifade edecek?' dedi" diyor. Yani hepinizin söz hakkı var ama işte birinizin de konuşması lazım gibi, bu tür inceliklere fevkalade riayet eden biri. Bir kere rahmetli Menderes, şehirli bir başbakan.

Öyle kesinlikle.

Köylüyü bilmek; folluktan, samandan, traktörden anlamak, ekonomiyi bilmek bunlar başkadır. Kendi ufkuyla, yaradılışıyla, alışkanlıklarıyla, tamamen farklı. Ve böyle olduğunu da vatandaş biliyor, onda o yakınlığı görüyor. Adam sabah kalkmış. Necatibey Köprüsü yapılırken, inşaat halinde, biri geliyor, elleri cebinde, paltosu üstünde, hava da soğuk. İşleri soruyor. Yahu bu müteahhit değil, mühendis değil, inşaat kalfası değil. Kimdir, kimdir? Biri de diyor ki "Yahu bu başbakan olmasın?" Utana çekine geliyorlar diyorlar ki, "Beyefendi bir şey soracağız ama ayıp olmasın." "Sorun." "Siz başvekil Adnan Menderes misiniz?" "Evet, oyum." "Bir çayımızı içmez misiniz?" "İçerim. Bak şuradan simit de aldıralım" diyor. "Birlikte yeriz." E bunlar sipariş üzerine yapılacak işler değil. Böyle bir hayatı sürüp gelmiş...

CHP'yi de anlatalım mı?

CHP'li ekâbir, geleceğe olumsuz bakar.

Her yerde felaketler, batıyoruz...

Vatan elden gidiyor, şunlar satılıyor, şunlar kayboluyor şeklinde ve hiçbir şeye de "A bak bu da iyi oldu, doğru yani" demiyorlar. Rahmetli de, muhalefeti değerlendirirken, en çok "Bir tane de iyisi yok mu bizim yaptığımız işin?" diyor. Bunu sonra tekrar anlatacağım.

Bu rahmetli Menderes için çok büyük bir hicran; "Hiç mi iyi bir şey yapmadık?"

Hiçbir şey yok mu yani? Daha başka bu şeyle ilgili söyledikleri var da, yani bir tanesi iyi değil mi? Şimdi bir mesela, örnek. Ankara'da Kızılay Meydanı genişletilirken, Akasya ağaçları –böcek filan da yapar– kesildi. "Vay efendim, yollar genişledi ama ağaçlar kesildi." Yerine kestane ağaçları dikildi.

Hangi yılda bu?

55'te. 56-57. Ankara'nın imarı. Şimdi düşünebiliyor musunuz, yıl 2011. Hem İstanbul'da hem Marmaris'te işleri olan bir aile dostumuz var. O anlatıyor. Muğla-Gökova Marmaris'e çift yol yapıyorlar şimdi. Orada Halk Partililer yine itiraz etmişler, ağaçları kesiyorlar diye. Yani böyle her şeye karşı menfi. Bilirsek sadece biz biliriz. O vakit söylenmiş sözler işte. "Tanrı uludur Tanrı uludur, memur Tanrı'nın kuludur." Halk böyle şeyler çıkartmış.

Halk buna hicivler ekliyor. Bu şey galiba Tanrı uludur, Tanrı uludur, memur paşanın kuludur.

Gibi evet. Böyle bir şey yok. İsmet Paşa herkes sana düşmandır diyor harbe giderken.

İsmet Paşa'nın pozitif bulduğunuz bir tarafı yok mu? Şimdi yeri gelmişken sorayım. Benim şahsen İsmet Paşa'da pozitif bulduğum yönler var. Ama ben Karabekir'in partisindenim, ne bileyim, Fetih Okyar'ın partisindenim, Menderes'in partisindenim o başka. Bunun yanında pozitif bulduğum yönler var İsmet Paşa'da benim, İstiklal Mahkemelerini frenlemeye çalışmış, 1946'da demokrasiye geçiş kararı vermiş. İsmet Paşa'yı Menderes'in oğlundan dinlemek çok ilginç olacak.

Şimdi İsmet Paşa'yı hatta Menderes'i de değerlendirdiğimiz vakit, iki ayrı dünya, iki ayrı topluluk. Ve bu topluluklardan gelen arzular, istekler, talepler. CHP teşkilatının aşırı ve vazgeçilmez baskıları olmasa, İsmet Paşa'nın zaman zaman böyle bir regülasyona gideceğini tahayyül ederim – lokomotiflerde düdük çalıp fazla istimi bırakmak gibi. Bir gün Bayar bir tanıdığa demiş ki "Demokrat Parti'de toplandığımız vakit en iyi ihtimali anlatsın diye Refik Bey'e soruluyor."

Demokrat Parti 50'deki değil mi?

Evet, 46-50 arası. En olumlu ihtimali söylesin diye Refik Bey'e söz verilir. En olumsuz ihtimal içinse Samet Bey var, Samet Ağaoğlu'na –Samet zaten endişeli bir insan falan– söz verilir. Şimdi, tabii bir devlet adamı olarak İsmet Paşa ileri sürdüğü bütün düşüncelerde, koyduğu bütün rezervlerde haksız olamaz. Kendine göre onun da gelmiş geçmiş bir devlet tecrübesi, siyaset tecrübesi var. Bunlar ortaya konulduğu vakit, işte bir tarafta Bayar bir tarafta İnönü. Siyasette bıçak bir şey yapmıyor da makasın arasına düşmek var. Bıçak tam açılıyor da makasın arasına düştün müydü kötü. Biliyorsunuz zaten daha önce de söyledim, Bayar bizim büyüğümüz ve iyisinden. Hiç işe yaramaz bir yanı, "kendimizinki daha iyidir" diye bir söz vardır, ona inanır. Onun da bir devlet adamı olarak büyük şeylerini gördüm. Fakat şimdi 33'te Florya Köşkü'nde Atatürk. Falih Rıfkı dönmüş, Almanya'da Schacht'la görüşmüş.

Hitler'in iktisat bakanıydı.

O sırada İsmet Paşa geliyor. "Bak İsmet" diyor, "çocuk neler anlatıyor? Schacht nasıl para buluyormuş." İsmet Paşa "Olmaz, enflasyon olur" diyor.

Schacht finansman sihirbazı...

Şimdi ona dokun enflasyon, buna dokun irtica. Bir kuşatılmışlık haleti ruhiyesi. Biz mesela milletvekillerinin en fazla vatandaşın işini göreni değil ama en çok uğraşanı, olmaz demeyeni revaç görüyordu. Her vakit eli böğründe kalmış. Yani olmayacak bir şeyi söylesen dahi, makbule geçecek. Onun için "Dikkatin, tedbirin gerektiği yerlerde keşke bir yer bulunabilse, İsmet Paşa da siyasi hayatın içinde bir şekilde olmaya devam etseydi" denebilir. Ama bana göre Cumhuriyet döneminin insanları, bir şekilde 46 ve 50'den sonra hiç olmasalar da, ikinci kuşaklar bahçeyi demokrasi için düzenlemiş olsalardı, belki orada farklı bir şey ortaya çıkabilirdi. Tabii ki Bayar faktörü var. Ben Demokrat Partililere de çok sordum çünkü farklı şeyler anlatıyorlar. Yani İsmet Paşa bazında idare edilemez miydi rahmetli? Adnan Menderes gayet yumuşak, gönül alan bir insandı.

Mesela Rıfkı Salim Burçak, Bayar'ı sorumlu tutuyor.

Rıfkı Salim Bey aklı başında bir insandı. Bir bilimadamının titizliğine sahipti. Sonradan konuşmuşuzdur biz de. Anlatmış kitabında da, yani yazarak da hizmet etmiş, yazdırtarak da hizmet etmiş bir insandır.

Peki Millet Partisi için ne söylersiniz?

Millet Partisi bir çeşit daha sonraki –ilk yılları gibi söylüyorum– MHP-MSP karması gibi.

Kenan Öner tipi mesela, MHP-MSP karması. Fuat Arna aynı şekilde.

Fakat bunların içerisinde dini ön plana çıkartanlar var, kimisi içinse Türkçülük önde, tam oluşmuş bir yapı yok.

Bölükbaşı için ne dersiniz? Ben severim Bölükbaşı'yı.

Ben de severim. Bölükbaşı hep Millet Partili değildi.

Bu manada başlangıçtaki radikal Millet Partili değildi. Millet Partisi'nin lideriydi ama Anadolu insanı tipinde.

Hayır, Osman Bölükbaşı, Demokrat Partiliydi yani.

Ben de aynı kanaatteyim. Osman Bölükbaşı Menderes'le beraber olacak adamdı.

Şimdi Deniz Bey bunu teyit etmedi, ettiremez de, yapacak bir şey yok. Ama bu 60'tan evvel evde duyduğum bir şeydi, haberler sirküle olur siyasi evlerde. Sonra bana yıllarca sonra –81 filandı zannediyorum– Ahmet Tahtakılıç dedi ki "Aracıydım, birleşmek istiyordu Menderes, (Millet Partisi'yle) Bayar engelledi."

Soyut mantığa uygun bu.

Bölükbaşı meselesinde, onu doğrudan doğruya Bayar dışlattırdı. Bölükbaşı'yla rahmetli Menderes'in anlaşmaması için bir sebep varsa, anlaşması için yüz tane sebep var. Bunlardan filan hiç rahatsızlık duymayan bir insandı. Rahmetlinin, Bölükbaşı'yla bir arada olacaklarını zannetmiyorum. Mesela Fuat Arna, Allah rahmet eylesin, idamlara isyan etti ve kanserden öldü 62'de. Osman Bölükbaşı'nın 27 Mayıs dolayısıyla çok ağır sözleri vardır İsmet Paşa'ya. Demokrat Partililer "Devri sabık yaratmayacağız" demeseydi hiç öyle üç kişiyle falan kalmazdı idamlar. CHP'liler için elektrik direği bulunamazdı. Yani CHP dönemine ait işlenen suçlar DP dönemiyle kıyaslanmayacak kadar fazlaydı. Bölükbaşı bunu kastediyordu. Gayet böyle 60'lı yıllarda, 61'de, 62'de, 63'te. Bölükbaşı halkın adamı, insanı yüzde yüz öyle. Çok hoş bir insan.

Halk Partisi'nden başka bir çizgi, başka bir dünya, başka bir hassasiyet?

Aynen öyle. Öncelikler ayrı, yapmamak üzerine inşa edilmiş bir dünya. Zaten o fevrilik bürokrasiden kaynaklanan, özellikle muhalefetten kaynaklanan bir şey olmasa, daha tepkili olabilirdi sözleri. Belki zamanla kendiliğinden yerini bulabilir.

Menderes'in CHP'den kopuşu ve Celal Bayar faktörü

Siyasi hayata devam edelim. Bu mecliste muhalefetin teşekkül etmesi. Mesela Celal Bayar'la nasıl tanıştıklarını biliyor musunuz? Veyahut çalışmanın bir özelliği yok da mecliste karşılaşıyorlar falan öyle. Dörtlü Takrir'i veren niye bu dört isim de (Celal Bayar, Adnan Menderes, Fuat Köprülü ve Refik Koraltan) başka dört isim değil?

Şimdi benim burada kesin bir bilgim yok. Daha sonraki gelişmelere de bakarak, ben zaman zaman, başlangıçta rahmetliyle Fuat Köprülü'nün aralarında hükümeti, genel gidişatı görüştüklerini, eleştirdiklerini düşünüyorum. Demokrasi gelmedi, şudur budur. Bir tahmin bir model kurardı. Bayar o vakit menkup, yani gözden düşmüş potansiyel bir muhalefet. İyi de bir isim. Atatürk'ün son başvekili, sürekli elinden tuttuğu adam. Yani Atatürk'ü Bayar kadar seven bir başka kişinin çıkmış olacağını zannetmiyorum. Son derece de bağlı. Tutma sebebi dürüstlüğü ve Bayar tabii kesinlikle özel sektöre açılma taraftarı, her dönem çok açık.

Dörtlü Takrir

Bayar, Koraltan, Köprülü ve Menderes tarafından CHP'den ayrılarak DP'nin kuruluşunun ilk adımı niteliğinde yayınladıkları "Dörtlü Takrir" aynen şöyledir:

"Daha ilk kuruluşundan beri Türkiye Cumhuriyeti'nin ve Cumhuriyet Halk Partisi'nin en esaslı umdesini teşkil eden demokrasi prensiplerine inanmış ve Türk milletinin ancak bu prensiplerin tamamıyla tatbiki sayesinde refah ve saadete kavuşacağı kanaatine bağlanmış olan vatandaşların bütün memlekette ve bilhassa partimiz mensupları arasında en büyük ekseriyeti teşkil ettikleri şüphesizdir. İşte bu kanaatledir ki, milletçe özlenen bu amacın gerçekleşmesi için lüzumlu gördüğümüz tedbirleri partimizin Meclis Gurubuna arz ve teklif etmeyi borç bildik.

Atatürk'ün ölmez adına bağlı olan mukaddes Kurtuluş Savaşı'mızdan doğan Türkiye Cumhuriyeti, ilk Teşkilat-ı Esasiye Kanunu ile dünyanın belki en Demokratik Anayasasını meydana getirmiş ve bu sayede gerek ferdi hürriyetleri, gerek milli murakabeyi en geniş surette sağlamak imkânı vermiştir.

Memleketi, ortaçağdan kalma bir takım zararlı müesseselerden koruyabilmek ve irticaı kırmak maksadıyla, 1925'den sonraki yıllarda siyasi hürriyetlerin bazı takyitlere uğratıldığını, biliyoruz. Lakin Türkiye Cumhuriyeti Devleti, Teşkilat-ı Esasiye Kanunu'nun demokratik ruhuna daima sadık kalmış, ve Cumhuriyet Kurucusu Büyük Atatürk'ün, bunu tamamı ile demokratik bir şekle ulaştırmak idealinden ölünceye kadar ayrılmamıştır.

Burada izahına lüzum görmediğimiz türlü sebeplerden dolayı muvaffakiyetsizlikle neticelenen Serbest Fırka tecrübesi bu maksatla yapılmış hareketti. Bu talihsiz tecrübenin uyandırdığı tepkiler neticesinde siyasi hürriyetlerin yeni bir takım tahditlere uğratıldığı inkâr edilemez. Bununla beraber, Cumhuriyet idaresinin her şeye rağmen demokratik tekâmül yolunda ilerlemek istediğini gösteren teşebbüsler de vardır. Büyük Millet Meclisi seçimlerinde müstakil mebuslara gittikçe daha artacak bir nispette yer ayrılması tecrübesini, buna bir delil olarak zikredebiliriz.

İkinci Dünya Savaşı'nın belirmeye başlamasını ve harp tehlikesinin memleketimizi daimi bir tehdit altında bulundurması, pek tabii olarak siyasi hürriyetleri bir kat daha tahdide sebep olmuş ve bu suretle Teşkilat-ı Esasiye Kanunu'nun demokratik ruhundan biraz daha uzaklaştırılmıştır. Gerçi Cumhuriyet Halk Partisi içinde müstakil bir grup teşkili, milli murakabe işinin daha esaslı bir şekilde sağlanması ve Tek Parti usulünden doğan zararların karşılanması yolunda bir tecrübe olmakla beraber, kuruluşundaki gayri tabiilik sebebiyle bundan da müspet bir netice alınamadığını görüyoruz.

Bütün dünyada hürriyet ve demokrasi cereyanlarının tam bir zafer kazandığı, demokratik hürriyetlere riayet prensibinin milletlerarası teminata bağlanmak üzere bulunduğu şu günlerde memleketimizde de, cumhurbaşkanından en küçüğüne kadar bütün milletin ayni demokratik ülküleri taşıdığından hiç şüphe edilemez.

Uzun asırlardan beri müstakil bir devlet olarak yaşayan Türkiye'de, hatta okuyup yazma bilmeyen vatandaşların bile siyasi hürriyetlerini şuurlu kullanacak bir seviyede bulundukları inkâr edilemez bir hakikattir. Okuyup yazma bilmeyen köylüler arasında bile dünyanın en değerli idare ve siyaset adamları yetiştirmiş olan milletimizin, bilhassa Cumhuriyet idaresinin kuruluşundan beri yapılan büyük hamleler neticesinde, bundan yirmi yıl evveline nispetle çok daha yüksek bir seviyeye erişmiş bulunduğu övünülecek bir gerçektir.

İşte, bir taraftan, iç hayatımızdaki bu mesut tekâmülün yarattığı siyasi olgunluk, diğer taraftan, bugünkü medeniyet dünyasının umumi şartları daha ilk Teşkilat-ı Esasiye kanununuzda hâkim olan demokratik ruhu bugünkü siyasi hayat ve teşkilatımızda kuvvetle tecelli ettirmek zamanı geldiği kanaatine bizi sevk etmiş bulunuyor. Bunun bir an evvel gerçekleşmesi yönündeki düşüncelerimizi şöyle hülasa ediyoruz:

1. Milli hâkimiyetin en tabii neticesi ve aynı zamanda dayanağı olan Meclis murakabesini, Anayasamızın yalnız şekline değil, ruhuna da tamamıyla uygun olarak tecellisini sağlayacak tedbirlerin aranması.

2. Yurttaşların siyasi hak ve hürriyetlerinin, daha ilk Teşkilat-ı Esasiye Kanunumuzun gerektirdiği kullanılabilme imkânlarının sağlanması.

3. Bütün Parti çalışmalarının, yukarıdaki esaslara tamamıyla uygun bir şekilde yeni baştan tanzimi.

Muhterem milletvekili arkadaşlarımızın yüksek tasviplerine sunduğumuz bu teklifimizle, daha ilk kuruluşundan beri hâkimiyet gayesine erişmeyi, onu gerçekleştirmeyi hedef tutan Cumhuriyet Halk Partisi'nin ve bütün Türk milletinin yüksek arzularına tercüman olduğumuza, Atatürk'ün idealine sadık kaldığımıza tamamı ile inanmış bulunuyoruz.

Cumhurbaşkanımızın 19 Mayıs 1945 tarihli nutuklarında: "Siyaset ve fikir hayatımızda demokrasi prensiplerinin daha geniş bir ölçüde hüküm süreceği" hakkındaki ifadeleri, bu teklifimizin vakitsiz ve yersiz olmadığı hakkındaki inancımızı büsbütün kuvvetlendirmiştir. Milletimizin bütün kuvvet ve ifadesini temsil eden Büyük Millet Meclisi Parti Grubu arkadaşlarımızın, Türkiye Cumhuriyeti'ne Türk milletine dünya demokrasileri arasında şerefli bir mevki sağlayacak olan bu teklifi, kendi öz düşüncelerinin bir ifadesi gibi telakki edeceklerinden asla şüphe etmediğimizi bir defa daha tekrar eder ve bu takririmizin açık oturumda müzakeresini saygılarımızla rica eyleriz."

7 Haziran 1945

Celal Bayar, Refik Koraltan, Adnan Menderes, Fuat Köprülü

Evet çok açık. İnönü devletçi, Bayar daha özel sektörcü.

Belki de Çankaya'da bulan soran Atatürk, çünkü biraz da emrivaki onun İsmet Paşa'yı alışı. Çünkü kafayı İsmet Paşa tutuyor. Gazeteyi çıkartıyor. Bir şey söylüyor Hatay'la ilgili. "Ne vakte kadar bu işler içki sofrasında konuşulacak?" deyince, Atatürk de "İsmet cumhuriyeti birlikte kurmadık mı?" diye cevap veriyor. Sonra sofrayı dağıtıp Salih Bozok'u çağırıyor. Salih Bozok'a, "Ben 1933'te bunu Yalova'da atacaktım, sen mani oldun. Bu boş yere konuşmaz, güvendiği ne?" diyor. Salih Bozok "Bir şey olmaz paşam. Yine atar gidersin" der. Salih Bozok bayağı bunalmış "Ya", diyor "Çağır genelkurmay başkanı Fevzi Paşa'yı." Fevzi Paşa'yla konuşuyor Mustafa Kemal Atatürk. İşte ertesi gün veya öbür gün de İnönü'yle trene biniyor. Yani İstanbul'a beraber gidiyorlar. Orada istifa ettiriyor. Ve onun için bu da bir şans. Bayar da belki, bir ekonomik atılım başlattı. Onunla birlikte Türkiye'de yeni bir açılım elde etme şansı doğdu. Çünkü Atatürk de bir yerde, bir şeylerin sonuna gelindiğinin farkında.

Devletçiliğin sonuna...

Devrimlerin de... Çünkü devrimler yapılmış zaten. Birçoğu bitmiş, en önemlileri bitmiş. Daha fazla yapılacak olsa da herhangi bir şey gözükmüyor. Milletin önüne yeni bir şey koymak lazım. O da ekonomi. Bence tabii bir şey çok çok önemli. O da Atatürk'ün Türkiye'yi dolaşması. Ve Atatürk'ün bunu gördüğü ve bundan cidden de mustarip olduğu kanaatindeyim.

Evet, Falih Rıfkı da yazıyor, halkın sefaletini, ekonomik politikanın başarısızlığını gördükçe "İçim yanıyor" diyor. Bir yalnız adam hali de var.

Sizin Atatürk yalnız adamdı demenizde, Can Dündar'ın onun bakışlarındaki melal teşhisinde de olduğu gibi. Çünkü onların içinde halka en yakın olan da Atatürk. Bunu da kabul etmek lazım.

Evet, yine de Atatürk, halka İsmet Paşa'dan, hele de Recep Peker, Tevfik Rüştü gibi tiplerden daha yakın.

Çok daha yakın. Atatürk hiç olmazsa karşısına alan, konuşan, oturan, eden ve büyük duvarlara rağmen bunu yapan bir insan. Ve sizin de o fevkalade, şahane, ayrıntınız var: Hasan Rıza Soyak hatıralarında anlatıyor. Mustafa Kemal, Fethi Bey'e "Seçimi kim kazandı?" deyince, "Hangi fırkanın kazandığını ben sana söyleyeyim. Kazanan idare fırkasıdır. Nahiye müdürü, kaymakam ve valiler kazandı" der. Durumun farkında ve bundan da ciddi üzüntü duyuyor, yani bu memleketi bir güldüremedik, bir şey olmadı düşüncesinde. Evet dediğiniz gibi, bu istikamette düşündüğüne dair pek çok örnek var.

Ekonomi deyince de Bayar akla geliyor.

Diyorum ki ben, Adnan Menderes ve Fuat Köprülü Bayar'a gider, "Başımıza düş, vakittir" derler. Dördüncü olarak da Refik Koraltan, Bayar vasıtasıyla eklemlenir. Refik Bey bir cayacak gibi olur oyundan. Dörtlü Takrir'e Bayar'la eklenir. İşte o vakit Ekrem Hayri Üstündağ İzmir'de, yazılan mektuplar var. Bayar'a "Ne duruyorsun?" der mektuplarda. Türkiye'de büyük akisleri oldu mektupların. Ve gerçekten ilginç bir sorun. Köprülü ile Menderes'in çok yakınlıkları var, belli bir zaman. Ve Samet Bey bana şunu anlatmıştı -bana derken, dinlediğim için–: "Bazen feveran ederdik. Öyle şeyler olur ki 46'lı yıllarda. Rahmetli Adnan Bey, Köprülü filan gelirdi. Böyle teenni, sükûnet derlerdi."

Köprülü ve Adnan Bey diyorlar "teenni, sükûnet" diye... İtidali savunuyorlar.

"Bazen onlar da bize katılırlar. Bu sefer Bayar 'Teenni, sükûnet ile hareket edin' der. Onun devreye girdiği olur." Tabii Bayar'ın ismi, Atatürk'le olan münasebeti, birtakım kimselerin, irtica vs gibi suçlamalarına gerçi yine mani olamadı ama bunlara karşı bir paratoner. Bayar'ın hem o yönüyle, hem halkın anladığı bir dille hitap edişi önemli. Cumhuriyet'in tek sivil fotoğrafı oluşu var daha çok.

> "Celal Bayar Cumhuriyet'in tek sivil fotoğrafı."

Pardon, Celal Bayar'a Cumhuriyet'in tek sivil fotoğrafı mı dediniz?

Şükrü Kaya gibi başkaları da var ama onlar o kadar sivil değil. Bayar da gerçekten o da halka, millete filan yakın, yanında, yakınında, kürsüde gördük. Bayar'ın hakikaten o dönem, 46'yı 50'ye çıkartmaktaki rolü, gerek Demokrat Parti'yi halka yayma, gerekse parti içinde genel itibarıyla çok önemli. Bu arada Fuat Bey'le Menderes'in yaptıkları, Bayar'dan kopmamak, Bayar'la birlikte hareket etmek. İstanbul'da, meşhur il başkanı Kenan Öner'e kadar. Orada da çok enteresan, yine Samet Bey'den dinlediğim bir hikâye var.

Kenan Öner Demokrat Parti'nin İstanbul il başkanı. Ve biraz radikal.

Çok radikal. Kenan Öner Millet Partisi'ni kurdu. Yani İstanbul'u böyle biraz sarstı. Samet Bey diyor ki, "Kenan Öner kongreyi almış aslında. Bayar çıktı, konuşma yaptı. Sözün gücünü de ben o vakit anladım. Bayar 'Benim her şeyim Demokrat Parti içindir. Tekrar seçerseniz canla başla devam ederim. Seçmezseniz aynı şeyi yaparım. Efendim, onunki bir terazi olsun derseniz, hatta sen fazlalıksın der, beni partiden ihraç edersiniz. Hiçbir şey yapamadığım takdirde iki elimi avucumu açıp, Allah'a Demokrat Parti'nin başarısı için dua ederim' deyince birdenbire hava değişti." Ve tabii o gün için solda, sağda, Demokrat Parti'ye bir yaklaşma, yanaşma, orada yer tutma, hatta Tevfik Rüştü Bey'in solla, Serterlerle ilişkisi... Ama Bayar da, rahmetli de pek bu tür şeylere yakın durmuyorlar. Zaten Bayar'ın sağa yakın durması mümkün değil de, fakat bu her iki şeyin dışında bir parti olması gerekliliği kafalarında yerleşmiş. Yani kafalarındaki, özellikle Bayar'ın kafasındaki tabloyu tahmin ediyorum, Birinci Büyük Millet Meclisi tablosudur. Az çok milletin bütün kesimlerinin temsil edilebildiği bir parti.

Daha çok Bayar'da diyorsunuz, Menderes'te değil de, Bayar'da mı?

Hayır. Birinci Meclis'in öyle gelişimi itibarıyla.

Tabii anlıyorum. Birinci Meclis'i örnek alan daha çok Bayar mı?

Menderes.

Ha, ben de onu soruyorum.

Menderes'tir. Yalnız Birinci Meclis'te bulunduğu için, Bayar o bakımdan yani bir örnek. Yoksa işi sahipleniş bakımından, Bayar'ınki tabii daha dardır. Adamakıllı dardır.

Bayar'da 1930'ların bayağı izleri var.

Çok var.

Menderes Birinci Meclis'e felsefe olarak daha yakın.

Çok daha yakın.

Evet bu önemli.

İlk Meclis'te İkinci Grup denilenlere daha yakın.

Evet Adnan Menderes İlk Meclis'teki İkinci Grup'a çok daha yakın, Karabekir liderliğindeki Terakkiperver Fırka'ya çok daha yakın, Fethi Bey liderliğindeki Serbest Fırka'ya çok daha yakın.

Ve ayrıca şunu da belirteyim. Mesela ben rahmetlide Meşrutiyet'e, meşrutiyetçilere, İttihatçılara karşı falan da hiçbir yakınlık, hiçbir kalbi sempati görmedim, duymadım, işitmedim. Hatta o vakit, bir şey oldu muydu, pek isim vermemekle birlikte, muhtemelen Bayar'ı kastederek İttihatçı kafası dediğini duydum.

Bunu siz kendi ağzından mı işittiniz?

Evet, kendi ağzından duydum ama direkt Bayar'ı kasteden bir bağlam içinde dersem yanlış olur, öyle bir şey yok. Fakat bir yere gelince, bir düşünce falan, bunlar İttihatçı kafası diyerek, bunları böyle nitelendirmişti... O dönemler başka dönemlerdi. Gelip geçmişti. Yeni bir dünya kurulacak. Biz yeni dünyada neler yapacağımızı düşünelim taşınalım, karar verelim noktasında. Fakat burada bir de şu husus var tabii. Bayar'ın rahmetliyi başbakan yapmış olması, getirmiş olması, tabii mutlaka Bayar'ın lehine kaydedilmesi gereken bir nokta.

Niye Bayar Adnan Menderes'i tercih etmiş olabilir? Yani bu, Demokrat Parti hareketini Fuat Köprülü'yle ilk başlatıp, Bayar'a giden, önümüze düş diyen olduğu için mi? Menderes'i yakından müşahede edip, birtakım kabiliyetlerini sezdiği için mi? Celal Bayar başka dille konuştuğu için Halk Partisi'nden transfer edebileceği isimler de bulabilirdi. Demokrat Parti'de Sıtkı Yırcalı falan gibi başvekil olma kıratına sahip, başka isimler de vardı. Niye Menderes olabilir? Bayar'ın başvekil tercihi niye Menderes oldu?

Ki Menderes Köprülü'yü başvekil yapalım diye gidiyor.

Ha öyle mi? Ben onu bilmiyordum. Demek Menderes Bayar'a gidiyor, Köprülü'yü başvekil yapalım diyor.

Bayar da gülüyor, "Ben başbakana karar verdim Adnan Bey" diyor. O da "Hayırlısı olsun efendim" diyor, gayet mahcup, mütevazı bir edayla. "Adnan Bey başvekil sensin." Sonra da, "Biz İttihat ve Terakki'de parti grup münasebetlerini aynı böyle şiddetle yaşadık. Parti başkanı başka, başbakan başka olmaz. Onun için şimdi, siz genel kurul üyeleri, genel başkanı kendi aranızda seçeceksiniz. Sen mahcubiyet ve tevazudan aman, kendine oy vermemezlik etme" diyor.

Celal Bayar Menderes'e mi diyor?

Evet. Böyle öğüt veriyor. O vakit, başvekillikte gözü olan kişi, o da bir toprak sahibi, Ege bölgesinden gelen Fevzi Lütfi Karaosmanoğlu.

Fevzi Lütfi Bey değerli bir adamdır. Sonradan ayrıldı Hürriyet Partisi'ni kurdu falan ama değerlidir, liberaldir. Menderes'in başvekilliğine devam edelim mi?

Evet tabii.

Dolayısıyla, Menderes Celal Bayar'dan başvekillik talebinde bulunmuyor, aksine sürpriz oluyor kendisine.

Sürpriz oluyor. Fakat kendisi de ilk günden itibaren bunu hiç yadırgamadı. Gayet doğal bir durummuş gibi addetti. Herhalde Fuat Bey bir süre yapar, sonra da devreder gibi bir düşünce içindeydi. Kolay kolay kendi adına bir şey istemeyecek bir insandı. Rahmetli kendi bölgesindeki Demokrat Parti çalışmalarında daha faal. Her yerde bulunmuş. Bayar Menderes'le ilgili notunu aralarında görüşürken, gerek idare kurulu toplantılarında, buralarda vermiş. Bir de lisan bilmesinin, dünyaya açık oluşunun herhalde önemli bir rolü oynadığı kanaatindeyim.

Menderes hem muhalefet yıllarında, hem hükümeti kurduktan sonraki hükümet programında, CHP ile faşizm arasında benzerlikler kuruyor ve eleştiriyor. Mesela Halkevleri'ni faşist kültür ocaklarına benzetiyor. Bunu nasıl yorumlarsınız?

Şimdi ilk defa bunu rahmetli Menderes, toprak reformu bağlamında yapıyor. Dediğiniz gibi bu korporatif sistemdir. Almanya ve İtalya'da çıkışı var. Tabii faşizm rahmetlinin ağzında bir sol jargonu olarak değil. Ama bir de sizin çok iyi bildiğiniz Recep Peker'le İsmet Paşa'nın Atatürk'e verip, Atatürk'ün yırtıp attığı bir yeni parti tüzüğü var ki tamamen faşist bir sol İtalyası'nın taklidi.

Recep Peker İtalya dönüşü onu teklif ediyor zaten.

Evet. Yani Atatürk'ü bile rahatsız edecek ölçüde Türkiye'de bir faşizm ve Nazizm modeli. Nazizm biraz sert düşmüş olabilir, fakat burada, İtalya'ya, Mussolini'ye özenti var. Yani başından sonuna, rahmetli Menderes'in zihnindeki Tek Parti tasavvuru bir diktatörlüktür. Başından beri böyle kabul etmiştir. Zaten Ziya Paşa'dan alınmış tabirler, terkipler, beyitler var konuşmalarında. "Buyurun buyurun bunlar buyuracaklar, millet bunu yapacak." İşte hep, itilmişle bir olmak, onunla özdeşleşmek hali. Yani hiçbir zaman bir güç odağı olmak, böyle, beyaz trenlere binmek, bunlar tamamen Adnan Menderes dünyasının dışında. Bütün arzusu, hevesi: "Yeter, Söz Milletin." Milletin dediği olsun. Millet karar verdikten sonra her şeyi de millete götürelim, tekrar oylayalım, yeni anayasa yapalım gibi düşünülmüş.

Serbest Fırka ve Atatürk'le tanışma

Adnan Menderes'in Türk Ocakları ve Serbest Fırka'yla ilgisi konusunda ne dersiniz?

Rahmetlinin Türk Ocakları'yla, Halk Partisi'yle, bu tür kuruluşlarla herhangi bir ilişkisi yok.

Şevket Süreyya yanlış anlatıyor o zaman.

Yanlış anlatıyor yani bulunmuşsa da...

O zaman zaten Türk Ocakları Halk Fırkası'ndan farklı. Bağımsız.

Farklı. Bulunsa da bulunmuş. Farklı yerlere bakan birisi.

Onun için Serbest Fırka'ya gidiyor.

Evet. Adnan Bey bir kere belirgin bir şekilde onu koyduk, kendini itilip kakılanla özdeşleştirmiş. Onun yanında o vakit kim var? Köylü var, onun perişanlığı var. Onun yanında yani bir gün Samet Bey işte, "Hava yağdı, yağmaz" diyor: "Yaa Samet yağmaz." Biraz açılıyor, durduruyor arabayı, iniyor, "Şöyle bir bak" diyor, "yağmış hali var mı? Bir parmak işlememiş. İşlemez kolay bu yağmur." Samyeli eser, Anadolu'yu kavurur, diye içi gider. Gece kaç kere ben kalkıp yağmura baktığını bilirim. Uçakta pilota sorar: "Anadolu'da, Konya'da yağış var mı?" Ama bu kuru kuruya bir tarımcılık değil. Çünkü işin içinde, sanayi de var.

Serbest Fırka'yı konuşuyorduk.

Rahmetlinin Serbest Fırka'ya girişi çok enteresan. Fethi Bey İzmir'e gelir. İzmir'de o karşılamayı filan anlatmama size gerek yok.

Menderes'in ilk partisi Serbest Fırka

İzmir'de yer yerinden oynuyor

Adnan Menderes siyasi hayata liberal Ali Fethi Okyar'ın liderliğinde 12 Ağustos 1930'da kurulan Serbest Cumhuriyet Fırkası'nda atılıyor. Aydın il kurucusudur. Tercihinin o günün şartlarında doğal olan "Tek Parti" değil de liberal-muhalif SCF olması önemlidir. Fethi Bey'in miting yapmak ve Ege illerini dolaşmak için 4 Eylül'de İstanbul'dan vapurla İzmir'e gelişi cumhuriyet tarihinin önemli olaylarından biridir. "Bütün milleti kapsayan" CHP'nin, devlet partisinin halktan koptuğu ve halkın "serbestlik" yanlısı bir parti istediği görülmüştür.

Serbest Fırka lideri Ali Fethi Bey'in vapuru rıhtıma yaklaşırken ellerindeki bayrakları sallayarak ve "Yaşaşın Gazi, yaşasın Fethi Bey" diye bağırarak yüzlerce tekne vapuru karşılıyor. Rıhtımda kırk bin kişi Fethi Bey'i beklemektedir!

Kandemir'e göre, Fethi Bey, heyecanla kendisini kucaklayan, elini öpmek isteyen, sarılıp kucaklayan kalabalığın arasından 30-40 metrelik mesafeyi yarım saatte alarak otomobiline ulaşmış ve izdihamdan otomobilin tepesi çökmüş, camları kırılmış bir vaziyette otele ulaşıyor.

Fethi Bey otelin penceresinden halka hitapla herkesin sükûn ve intizamla dağılmasını ve yarın yapacağı konuşmaya gelmelerini rica ediyor. Halk yine "Yaşasın Gazi, yaşasın Fethi Bey" sesleriyle seller halinde akarak dağılıyor. Fakat bu esnada Fethi Bey'in aldığı haberler hiç de hoş değildir. Meğer daha kendisi yolda iken bu şekilde karşılanacağını anlayan Vali Kâzım Dirik Paşa ile Halk Partisi ileri gelenleri halkı bu katılımdan men etmek için ellerindeki kuvvete başvurarak yapmadıklarını bırakmamışlar, motörleri işletmemeye, grupların ellerindeki bayrakları almaya, etraftan gelenleri yollardan çevirmeye kalkmışlar, bu baskıya tahammül edemeyenlerle de çarpışmalar, dövüşler, vuruşmalar meydana gelmiş, bu arada yaralananlar, denize atılan polisler olmuştu.

Vali Kâzım Dirik Paşa Fethi Bey'e resmi yazı ile yarınki mitingden vazgeçmesini, vahim olaylar olabileceğini ve sorumluluğun Fethi Bey'e ait olacağını tebliğ etmişti! Fakat Atatürk'ün Fethi Bey'in İzmir'de konuşma yapmasını destekleyen telgrafı valinin, CHP kodamanlarının daha fazla ileri gitmelerini önlüyor.

İzmir'de bulunan Adalet Bakanı Mahmut Esat Bozkurt, Fethi Bey'in mitingini kesmek için CHP mitingi düzenliyor, polis ve jandarma zoruyla halk toplamaya çalışıyor; nafile... Mahmut Esat'ın konuşacağı alanda Fethi Bey'in konuştuğunu yayıyorlar, kitleler o tarafa akıyor, bakıyorlar ki konuşan Mahmut Esat'tır, halk öfkeleniyor, CHP aleyhine sloganlar atıyor...

Fethi Bey'in rıhtımda karşılanışını "para ile tutulmuş sarhoşların, satılmışların, baldırı çıplakların" yaptığını yazan CHP yanlısı gazeteler halkı büsbütün öfkendirmiştir... Bir gazete binası taşlanıyor, polis havaya kurşun sıkıyor, 14 yaşındaki öğrenci Necati hayatını kaybediyor, dördü ağır 15 yaralı var! Necati'nin cansız vücudunu kucağına alan babası İsmail Efendi, gözlerinden yaşlar boşanarak, arkasında binlerce İzmirli, Fethi Bey'in oteline geliyor:

"İşte size bir kurban! Başkalarını da veririz... Yalnız sen bu memleketi kurtar... Bizi kurtar!"

Fethi Bey ve herkes ağlamaktadır! Evladını kaybeden İsmail Efendi, yardım için Fethi Bey'in vermek istediği 100 lirayı kabul etmeyecektir.

Akademik kaynaklara göre Fethi Bey'i Kordon'da karşılayan kadınlı erkekli kalabalık on bin kişiydi. Fethi Bey karaya çıktığında işçi, esnaf ve tüccar karşılayıcı kitlesi kırk bine ulaşmıştı ki o gün muazzam bir kalabalıktır. Jandarma müdahale ediyor, halk jandarmayı alkışlıyor, olay yatışıyor.

İdris Küçükömer *Düzenin Yabancılaşması* adlı kitabında bu olayı ve evlat acısıyla kıvranan babanın "bizi kurtar" feryadını, halk-bürokrasi çatışmasının simgesi olarak yorumlar, haklı olarak...

Serbest Fırka gerçek bir halk hareketi haline gelmişti. Kendi kendi feshetmeye mecbur edilmesi, başarısızlığından değil, halkın desteğini kazanmış olmasındandır.

Serbest Fırka'nın ömrü 99 gün olacaktır. Ondan sonra yine sessizlik, durgunluk... Meydanların tekrar dolması 16 yıl sonra Menderes'in Demokrat Partisi'yle başlayacaktır. Aynı sosyolojik tabanın iki partisi... İlkinde Menderes il başkanı, ikincisinde liderdir.

Kaynak: Cemil Koçak, *Belgelerle İktidar ve Serbest Cumhuriyet Fırkası*, İletişim Yay.; Cem Emrence, *99 Günlük Muhalefet: Serbest Cumhuriyet Fırkası*, İletişim Yay.; Abdülhamit Avşar, *Bir Partinin Kapanmasında Basının Rolü*, Kitabevi Yay.; Mehmet Seyitdanoğlu, *Atatürk, Okyar ve Çok Partili Türkiye*, İş Bankası Yay.; Kandemir, *Serbest Fırka, Siyasi Dargınlıklar* cilt 4, Ekicigil Yay.

Hiç Serbest Fırka'dan bahseder miydi size?

Hayır. Hiç bahsetmezdi.

Burada şu karşımıza çıkıyor. Serbest Fırka hakikaten Halk Partisi'nden farklı, sizin dediğiniz gibi, başka yere bakan bir parti. O vakit rahmetli Menderes'in kendisinin de yaşadığı inkılaplar dönemine dair görüşü, Halk Fırkası'na, inkılaplara dair görüşü neydi?

Şimdi rahmetli yeni bir devrin başladığının idrakinde olan bir insandır, herkesten fazla. 1945'te Dünya Savaşı biterken kafasının içinde de Türkiye'yle ilgili birçok tercih de oluşmuştur. Bunların arasında evet, Atatürk inkılaplarının tutanı var, tutmayanı var. Bunları tutanları başımızın üzerine. Aynen kendisinin düşünceleridir. Bu konuşmanın kendisinin ruh haletini ve düşünce dünyasını yansıttığı kanaatindeyim.

Atatürk'ün çok konuşulduğu bir ev miydi, yoksa az konuşulduğu bir ev miydi?

Hayır, ben rahmetliden hiç işitmedim. Annemin Atatürk'e büyük bir bağlılığı vardı. Hatta bazen ortanca ağabeyimle, Mutlu Ağabeyim'le takılırdık ona. "Öyle diyorsun ama bak Atatürk'ün de şöyle hatası olmuş" diye. O da bize bir latifeyle tatlı bir şekilde cevap verirdi. Bir gün orada da demişti: "İşgal başka bir şey. Onu görmeyince konuşmak kolay." Bir gün ben dedim ki "Bak anne sen öyle diyorsun ama, ben babamdan Atatürk'le ilgili hiçbir şey işitmedim: Ondan bir söz, bir alıntı, 'Bakın örnek olsun sizlere' gibi bir sözü hiç işitmedim. Ben Park Otel'de baş başa yemek yedim rahmetli babamla odada üç yıl. Çok beraber olduğumuz zamanlar oldu. Buralarda bir örnek olarak söyleyebilirdi." Rahmetli annem güldü, "Oğlum sizin rahmetli babanız" dedi, "kolay kolay kendinden başka birini beğenecek bir insan değildi."

Büyük liderlerin hepsinde biraz bu var değil mi?

Belki, fakat şimdi bir de bunun pragmatik bir tarafı var. Şöyle, rahmetli Menderes inkılaplara karşı değildi, bir. Kendi modern bir adamdı.

Modern yaşayan, giyinen...

Evet, öyle yetişmiş bir insan. Fakat iki husus var burada Taha Bey, önemli olarak karşımıza çıkıyor. Ve Adnan Menderes için bu sözleri söylemek zaruri oluyor. Yani oradaki insan için. Şimdi birincisi, biz inkılaplar demişiz, modernleşme demişiz. Bunlar gelmiş, gerçekleştirilmiş. Bugün tekrar fes giyelim, yarın tekrar şapka inkılabı yapalım diyecek halimiz yok. O an için harp derdi var. Türkiye'nin öncelikleri başkaydı. Savaş bitmiş, Türkiye yapayalnız hissediyor kendisini, nerede yer alacak Türkiye? Dünyada bir ekonomik yardım falan çıkıyor, ne yapacak? Ekonomik kalkınmayla ilgili bir şey gerçekleşmemiş. Hatta benim kişisel kanaatim, bu ayrı bir konu. İsmet Paşa'nın son yıllarında, Atatürk'ü de bir şekilde enterne ettiği, yönetimden kopardığı...

1930'ların sonu mu?
35 belki.

Biraz Atatürk'ün kendisi de bırakmış zaten.
Biraz kendisi de bırakmış, hayal kırıklığıyla da bırakmış olabilir. Bununla ilgili eski büyükelçi Kâmuran Gürün çok uzun yazmış, çok da güzel yazmış. Atatürk bir kere Amerika'yla beraber olurdu, NATO'ya girerdi diye. Solcular filan çok çarpıtmıştır Atatürk'ü. Zaten böyle bir Atatürk ortaya konulduğu vakit, bugün bazı çevrelerin, gerek gerçek Atatürk'le kurgulanmış Atatürkler karşımıza çıkıyor. "Atatürk ama hangi Atatürk?" Yani gerçek Atatürk tamamen Batı dünyasıyla beraber olma düşüncesinde, fikrinde. Bütün Milli Mücadele boyunca, en zor şartların altında bile İngiltere ve Fransa'yla ilgili kötü bir söz söylemedi, söyletmedi, dövüşmedi, kavga etmedi. Şimdi Adnan Bey o noktada diyor ki, modernleşmek için bundan sonra bizim geriye kalan işimiz, ekonomik kalkınmadır. Bu bizi modernleştirir. Bu ekonomik kalkınmayı biz gerçekleştirirsek, kalkınan ahali, bu dünyanın çeşitli güzelliklerini gördüğü sürece, hiçbir zaman taasupkâr, bağnaz bir istikamete doğru gitmez.

Şimdi tabii bunu yanında ikinci bir husus var. Buna da çok önem veriyorum. Anadolu tabiridir, çatal kazık yere batmaz derler. Şimdi bir tarafta Atatürk ilkeleri, bir tarafta egemenlik, kayıtsız şartsız milletindir. Şimdi ya biri, ya öbürü, kafaları karıştırır. Zaten bu kafa karışıklığından dolayı biz hâlâ ilerleyemedik. Rahmetli Menderes düşünmüş, demiş ki, "Bu işi teraziye koyup tartarsak, şöyle söyleriz. Deriz ki, Atatürk inkılaplarının tutanları başımızın üstüne, zaten tartışmaya gerek yok. Tutmayanları ise bundan sonra tutturmak mümkün değil, kaldı ki sizin meseleniz." Ve böylece Atatürk inkılaplarının büyüklüğüne, onların devamlılığına, yekpareliğine dokunulmamış ama referansı kendinden bir kutsi metin veya kutsi icraatlar olmak yerine, milletin tasvibini aldığı için artık üzerine tartışılmasına gerek kalmayan, milletin hedefi haline gelmiş bir istikbaldir anlamında bunu söylüyor. Yani maksat çatal kazık yere batmaz, bir tarafta birisi, bir tarafta birisi.

Menderes milli iradeye öncelik veriyor: "Yeter, söz milletindir."
Atatürk'ü zaten millet kabul etmiştir.

Efendim Fethi Okyar aranızda hiç söz konusu oldu mu?
Fethi Okyar'la ilgili rahmetlinin pek fazla sözü olmadı. Hatta Serbest Fırkacılarla ilgili pek fazla konuştuğunu duymadım. Ancak Serbest Fırka'ya girişi, ilginç bir giriştir. Fethi Bey Aydın'a gelmiş. Bizim meşhur Abdi Ağa Menderes'i bulmak için yollara düşmüş. "Ben beyi arıyorum" diyor, "bey ortalıkta yok. Nereye baksam? Ara ara ara, sonunda buldum. Bey sen buralarda ne yapıyorsun?" "Abdi ne yapayım, görüyorsun işte" diyor. "Beeeyyy bu büyük adamlar gelmiş, bu gelenler seni arıyor, ortaya çıksana, adamları ne bekletiyorsun, ne uğraştırıyorsun?"

Yani Fethi Bey İzmir'e geldiğinde Aydın'daki Adnan Bey'i soruyor, araştırıyor.
Veyahut araştırmayı orada yaptıysa, Adnan Bey'i gençtir, lisan bilir, çiftçidir, sevilen bir isimdir diye bulur. Nitekim Serbest Fırka kapatıldıktan sonra, Cumhuriyet Halk Partisi kurulurken de, kendisi çok isteksiz olmasına rağmen çok büyük ısrarlarla çağırıyorlar. Rahmetlinin üzerinde mesela, İttihat ve Terraki Rüştiyesi'nden hocası olan Vasıf Çınar'ın etkisi oluyor, "Yaa gel, bu daha kötü olur, hiç olmazsa sizler elinden tutun partiyi" diyor. O hiç dönmek istemiyor. Sene 1931, Atatürk, Aydın'a geliyor ve belediyeler filan istenildiği gibi çıkmadığı için, "Tren hazır olsun, ben il merkezine uğramayacağım, vilayete uğrayıp Denizli'ye devam edeceğim" diyor.

Genç Menderes CHP'ye karşı muhalefeti seçmişti

Menderes Serbest Fırka'da

1920'lerin sonunda Tek Parti'ye karşı halkta büyük bir hoşnutsuzluk vardır. Ağır baskının yanında 1927-28 kuraklığı ve ardından 1930 dünya ekonomik buhranı ve hükümetin ağırlaştırdığı vergiler halkı bunaltmıştır.

Dahası, Ağaoğlu Ahmet Bey'in daha 1925'te Atatürk'e verdiği raporda belirttiği gibi yolsuzluk ve suistimal almış yürümüştür; bilhassa parti kodamanları halka tahakküm yapmaktadır.

Atatürk'in düşündüğü çözüm, iktidar üzerinde "murakabe" (denetim) yapacak, böylece işlerin düzelmesine katkıda bulunacak küçük bir muhalefet partisidir... Baştan beri liberal fikirlere sahip olan Fethi (Okyar) Paris Büyükelçiliği'nden çağrılarak parti kurmaya davet edilir. Parti'nin adı Serbest Cumhuriyet Fırkası'dır, kısaca Serbest Fırka.

Kitleler nazarında partinin cazibesi, "serbest" kavramıdır ve ilk defa devlet partisini eleştiren bir ses olmasıdır.

Fethi Bey, İzmir'de muazzam bir kalabalıkla karşılanıp iktidar sopasının yarattığı olaylar ortaya çıktıktan sonra Aydın'a gelmiştir. Aydın'da belediye başkanlığı yapmış olan Şahinzade Fuat Bey'in Fethi Bey'e tavsiye ettiği birinci isim, 31 yaşındaki Adnan Bey'dir. Adnan Bey "siyasete girmeyeceğini" ifade eder fakat Fethi Bey'le konuşunca ikna olur, Fethi Bey'in "serbest" fikirlerini beğenmiştir. Böylece 9 Eylül 1930'da Aydın'da Serbest Fırka'yı kurar ve il başkanı olur.

Belediye seçimlerini polis ve jandarmanın CHP'ye kazandırması, Menderes için çok önemli bir gözlemdir; devlet-halk ya da merkez-kenar çatışmasında halkın ya da kenar'ın yanında yer alması bakımından...

Serbest Fırka uzun ömürlü olmayacak, 17 Kasım 1930'da "kendi kendini fesih" zorunda bırakılacaktır.

Halktaki huzursuzluğu gözlemlemek için CHP Genel Merkezi, elbette Atatürk'ün isteğiyle, illere heyetler gönderiyor. Celal Bayar başkanlığındaki heyet Aydın'a geliyor ve Adnan Bey'i buluyor. Bayar eskiden beri Adnan Bey'i tanımaktadır. Menderes bir şartla CHP'ye girmeyi kabul ediyor: İl teşkilatını feshedip yeniden kurmak... Bu şekilde, eski Serbestçi arkadaşlarıyla CHP'nin Aydın il teşkilatını kuruyor.

Yurt gezisine çıkan Reisicumhur Musafa Kemal, Aydın'a geliyor, vali ve kumandan tarafından karşılanıyor. Halkla temaslar yapıyor fakat kendi partisine uğramıyor! Çünkü partisininin yeni teşkilatını burada Serbest Fırkacılar kurmuştur! Israrlar üzerine "beş dakikalığına" uğruyor, o kadar soğuktur ki Menderes'in ikram ettiği sigarayı bile almaz... Yine de fırsat bu fırsat, Menderes tarım, sanayi, kredi, kooperatifleşme gibi güncel konularda Atatürk'e görüşlerini anlatıyor ve Atatürk beş dakikalığına gelmişken Menderes'le dört saat görüşüyor!

Devamını Adnan Menderes üzerine değerli bir akademik eser yazmış olan Şerif Demir'den dinleyelim:

"Gazi Mustafa Kemal Adnan Bey'i ve fikirlerini çok beğendi. Adnan Bey'den iki istekte bulundu. Öncelikle Aydın Türk Ocakları yönetim kurulunun değişmesi ve konuşulan konuları ve çözüm önerilerini bir rapor haline getirerek ertesi gün Denizli'den dönerken kendisine takdim edilmesini isteyerek Aydın'dan ayrıldı. O gün ve gece Adnan Bey konuşulan konular hakkındaki fikirlerini ve çözüm önerilerini raporlaştırarak ertesi gün istasyonda Mustafa Kemal'e ulaştırdı. Adnan Bey Gazi Mustafa Kemal'de son derece olumlu izlenimler bırakmayı başarmıştır. Gazi, Adnan Bey hakkındaki fikirlerini Recep Peker'e, "bugün konuştuğum genç elbette burada bizim parti mutemetlerimizle çalışamaz. Şâyan-ı dikkat bir gençtir..." diyerek belirtir."

Kaynak: Şeref Demir, *Türk Siyasi Tarihinde Adnan Menderes*, s. 43.

Metinde geçen "parti mutemetleri" Ankara'dan tayin edilmiş CHP'li güçlü isimlerdir. Adnan Bey de "mutemetler"i sevmez, onları halk üzerinde bir tahakküm mekanizması olarak görürdü. Aydın'da CHP'ye girmek için teşkilatı feshedip Serbest Fırkalı arkadaşlarından yeni bir teşkilat kurmayı şart koşması da bundandır.

Menderes sonradan dostlarına "Beni Atatürk keşfetti" demiştir.

Atatürk'le konuşmasında genç Menderes'in zamanın modası olan inkılap, dil ve tarih devrimi gibi konularda değil, tarım, sanayi, kooperatifçilik, kredi gibi halkın geçim sıkıntılarıyla ilgili konularda konuşması dikkat çekicidir. Menderes daima ekonomik kalkınmaya öncelik vermiş, inkılap adına halka baskı yapılmasını doğru bulmamıştır.

Çünkü belediye seçimini Serbest Fırka kazanıyor, Atatürk buna sinirleniyor.

Sinirleniyor, evet. Ve burada çok ısrar ediyorlar, "Adnan Bey, gel Allah aşkına, sen de katıl vs" Diğer tarafta binbir rica minnet. Adımını bir atıyor ama Atatürk oturmuyor oturduğu yerde. Sigara yok, kahve yok. O sırada bir soru soruyor, rahmetli cevap veriyor.

Soruyu biliyor musunuz?

Bilmiyorum. Bu rahmetlinin kendi yazdırdığı bir yazı, başbakanlıkta bulunmuş. *Akis* "Menderes'i Tevfik Rüştü milletvekili yaptı" deyince, "Hayır, beni, Atatürk keşfetti, milletvekili yapan da Atatürk'tür" diyor. Ve bir görüşme başlıyor. Sigara ikram ediyor, sigara alıyor Atatürk. Kahve geliyor, karşılıklı. Kendi sigarasından ikram ediyor.

Pardon, ilk sigarayı Menderes ikram ediyor, ikinci sigarayı Atatürk, öyle mi?

Evet, ikinci, üçüncü, neyse. "Adnan Bey sen de buradan yak bakalım" filan diyor. Ve trene emir gidiyor, yolculuk yarın akşam, Aydın'dan kalkacak. Ayrılma vakti gelince diyor ki, "Bu konuştuklarımızı, bir rapor olarak yarın sabah trene yetiştirir misiniz?" Rahmetli de "Hay hay, emriniz olur, derhal yetiştiririz" diyor, zaten uğurlayacaklar. Bu şekilde uğurluyor.

Raporu veriyor mu?

Veriyor.

Belki o raporu Çankaya'da bulabiliriz.

Keşke bulunsa. Ve seçim zamanı, önce tabii adaylar açıklanmış. Menderes, Aydın'a inmiş o gün. Tebrik ediyorlar. "Adnan Bey milletvekili –mebus, o vaktin tabiri– olmuşsun. Diyor ki: "Arkadaşlar böyle bir şey yok, bu şakalık da bir iş değil. Mümkün de değil, benim adaylığım yok ki..." "Biz 13 ajansında dinledik, herhalde radyoda sen de duyarsın kendi adını" diyorlar. Ve rahmetli de bunu radyodan işitiyor, kalkıyor annemle birlikte Ankara'ya geliyor ve milletvekilliği dönemi başlıyor.

Milletvekilliği döneminde kendisi bir şey peşinde değil. İlla bir şey olayım filan, o vakit bir acelenin içinde değil. Yalnız gece meclis kütüphanesinin lambası yanıyorsa, "Adnan Bey burada, çalışıyor demek" diyor herkes. Defalarca şunu ben kendi ağzından dinledim. Derdi ki, "Şimdi siyasete girenler hemen bir şey olmak istiyorlar. Ben girdim, ilk önce arzuhal encümeni, dilekçe komisyonu, en sonunda bütçe komisyonu raportörü, bütçe komisyonu başkanlığı yaptım." Zaten uzun yıllar maliye bakanlığı gibi bir şeydi, raportörlüğü de o dönem çok önemli. Bütçe devletin fotoğrafının çekildiği yer, en önemli sahne. "Ve sabrettik. Kanun layihası yazmaktan şu ellerimiz, parmaklarımız nasır tuttu." Kanun layihasını o vakit bürokrat yazıp getirecek, milletvekili kabul edecek, gibi bir durum yok. Milletvekili yazıyor kanun layihasını ve bu bayağı da bir iş. Şimdi Türkçe yok bir kere bizim.

Kanunlarda, yeni anayasa falan. Hiç olmasa Türkçesi düzgün yazılsa. O arada 1934'ten önce Demirtepe'de kirada kalırken Güvenevler'e taşınıyorlar. Bu dönemde bir not düşeyim: Biz Ankara'ya gelince 1937'de ikinci ağabeyim, Mutlu ağabeyim doğuyor. Ve her sene meclis tatil olunca, İstanbul'a Tarabya'ya, şimdiki Tarabya Oteli'nin olduğu yere, sonra Büyükada'ya, sonra da İzmir'de Karşıyaka'da yalıda deniz kenarında teyzemle eniştemin bir evleri vardı, iki ağabeyimle mutlaka her yaz oraya gidiliyor.

Büyük ağabeyinizin adı neydi?

Yüksel. Sırasıyla: Yüksel, Mutlu, Aydın. 1950 yılına kadar program bu. Akşam evde misafirler, yemeğe gelip gidenler, mahalleden komşular ve tabii daha sonra o eve gelip gidenler de, politikacılar olmaya başlıyor. Sofra açılır zaten, rahmetli "Hadi buyurun, hem görüşürüz, hem bir çorba içeriz" der. Gelişleri böyle. Yani 1950'ye kadar mesela sabah kahvaltıları falan, onlar hep aile hayatı yaşıyorlar. Ama ben 50'de 4 yaşındayım. 50'den sonra tabii yoğun bir dönemdi. Ağabeylerimin yaşamış olduğu, normal bir Türk ailesinin o günkü yaşantısı. Beraber yaz tatilleri, yılbaşı hindileri falan. Babamın ilgisi hep üzerimizdeydi. Onları uzun uzun da anlatsam keşke. Keşke çok daha fazla olsaydı. İstanbul'da dediğim gibi üç yıl. Her gelişinde "Aydın'ı bulun, Yeşilköy'e gelsin, ona haber verin" der.

Adnan Menderes'i tanımak: çocukluk ve gençlik yılları, kişiliği

Dedesinden gelen unvanıyla Hacı Ali Paşazade Adnan. Onun doğumu, ailesi, çocukluk yılları, annesi, anneannesi, babaannesi hakkında sizin bildikleriniz nelerdir?

Özellikle rahmetli babamın doğumu, çocukluk yılları, evliliği, çok partili siyasi hayata geçişe kadar, 1945-46'ya kadar olanki dönemle ilgili bilgilerimin en büyük kaynağı tabii önce annemdir. Ondan sonra, Aydın'da çok yakınında bulunmuş, Ankara'ya her vakit geldiği zaman, babamın bizde yatırdığı, misafir ettiği, kâhyalığını yapmış Abdi Ağa'dır. Çakırbeyli ve civarındaki köylülerdir. Demokrat Parti'de milletvekili veyahut o ölçüde siyaset yaptığı insanlardır. Bir de Türkiye'nin birçok yerinde halkın kendisiyle ilgili anlattığı, bir kısmı menkıbe haline gelmiş diyebileceğimiz, anılardır. Bu esaslarla size bu nakilleri yapacağım.

Biraz Abdi Ağa hakkında bilgi verir misiniz?

Abdi Ağa uzun yıllar savaşır. Çakırbeyli'nin Gözkayası diye bir köyü, onun da Hasancılar mahallesi vardır. Bir Yörük köyüdür. Abdi Ağa da bir Yörük

Çiftliğin kâhyası mı?

Önce bekçi olarak girer. Annem evlendiği zaman Abdi Ağa rahmetli babamın kâhyasıdır. Ama pek çok adı geçecek, çünkü birçok olayın içinde bulunmuş. Fakat rahmetliyi çok iyi tanımış, yani onu ruh haletiyle, duygularıyla vesairesiyle tanımış. Ona da geleceğiz. Annemle arası gayet iyi olmuş ve babam milletvekili olduktan sonra ayrılmış. Ancak annem bunu, "Oradan gammazladı, işleri karıştırdı. Ethem ayırdı" derdi. Ethem Menderes için "O ayırdı" derdi. Fakat rahmetli babamla çok beraberlerdi "Hadi Abdi, çıkalım yürüyelim" der, yanına alırdı.

Ankara'ya geldiğinde sizde kalır, başvekilin evinde kalır.

Mutlaka bizde kalır geldiğinde. Bir tek o. Başkası değil. Kalmasa babam, "Gidin, bulun alın" der. Gider, alıp getirirler. Abdi Ağa sonra, bizim Çakırbeyli'nin yanındaki Boydere çiftliğini 50'li yıllarda kiralamış, para kazanmış, sonra kaybetmiş.

Tanımış olduk Abdi Ağa'yı.

Okuma yazma bilmezdi. Burada rahmetlini inceliğini hemen araya koyalım. Yurtiçi gezilerine Abdi Ağa'yı götürmemiştir hiç rahmetli babam. Zaten ne diye götürecek, onun işi var ayrılamaz. Sadece orada yakında bir resimde gördüm. Rahmetlinin yanında Abdi Ağa. Fotoğrafın çekildiği yer Muş. Sanıyorum 1955-56 yılında Muş-Genç demiryolu açılırken "Abdi Ağa" diyor, "sen hep anlatırdın, Muş ovasında, Ruslara karşı askerlik yaptın diye. Hadi seni götüreyim de, askerlik yaptığın yerleri bir kere daha görmüş ol." Böyle bir kişi. Tabii bir sürü milletvekilleri, birçok insan var. Onların bir kısmı yazdılar, bir kısmı bende kaldı. Bir de benim birebir kendisiyle anılarım var ama onlar daha çok 55'ten sonra ve 1957-60 arası İstanbul ağırlıklıdır. Tabii oraya gelinecek.

Şimdi hülasa olarak rahmetli Adnan Menderes Aydın'da doğmuş. Babası İbrahim Ethem Bey. Tahrirat kâtibi vilayette. Aydın'da evlerinin bulunduğu mahalle itibarıyla Aydın'ın el üstünde, itibarlı sayılacak ailelerinden kabul edilebilirler. Ama servet ve zenginlik sahibi değil İbrahim Ethem Bey. Gayet yakışıklı, İzmir'e gelip gider. İbrahim Ethem Bey Hacı Ali Paşa'nın kızı Tevhide Hanım'a tutulur. Aralarında büyük bir sevgi bağı oluşur ve evlenirler. İlk önce Melike, kız çocuğu dünyaya gelir, arkasından Adnan dünyaya gelir. Hacı Ali Paşa, Aydın'da daha hâlâ Kırlı Ali Paşa diye geçer. Aydın'da kırlının iki anlamı vardır. Birisi Kir Sarayköy'den, Denizli'den yukarıdan gelmişse, ora bozkırlı, yani kırlı memleketi. Isparta, Yalvaç işte oralar kırlı bölge. Bir de Aydın'da Ozkırlılar, çapası yapmış, yer kazmış, kesik yerler, tarlaların arasını kazmış, oluk açmış, kanal açmış, toprak işleriyle uğraşmışlar, çok gelenler olmuş. Kırlı Hacı Ali Paşa büyük toprak sahibi. Toprakları ikiye ayrılmış. Birisi Tire'deki toprakları, geniş bir arazi. Biri de Çakırbeyli çiftliği. Yine bildiğim kadarıyla iki oğlu bir kızı var.

Çakırbeyli kızına kalıyor...

Çakırbeyli, evet dediğiniz gibi kızına kalıyor. Hatta rahmetli babam "Oğulları Tire'yi almışlar ama Allah'tan da öyle yapmışlar. Toprakların güzel ve verimli, istikbali olanları da size kalmış" derdi. Babam, anne ve babasını tanımak imkânını bulmaz. Annesini bir buçuk yaşında, babasını da iki buçuk yaşında kaybeder. Ablası Melike ile birlikte babaannesi Tevhide Hanım'ın yanındadır. İzmir'dedir, Karşıyaka'dadır. Çocukluk ve gençlik hayatı askere alınıncaya kadar orada geçer. Ancak anne ve babanın ölümü veremdendir. Maalesef annesinin babasının yerine koyduğu ablası Melike de veremden vefat eder. Bir ifadeye göre Fitnat Hanım da verem olmuş.

Fitnat Hanım kim?

Babaannesi. Her ikisine de bakıp sahip çıkan, yetiştiren Fitnat Hanım. Fakat rahmetlide bu hastalık oluşmaz.

Yani Şevket Süreyya Aydemir'in Menderes'in kendisi de verem oldu ifadesi yanlış.

Yanlış. Olmadı. Çünkü malum bu verem, tedavi olsa bile o odak devamlı olarak kalır... Yani verem nispeten önlenen bir hastalık. Onun yerine Adnan kendisini spora verir; yelkenden bisiklete, kürekten yüzmeye dek. Zaten çok uzun yüzerdi. Bir şekilde kendisini vereme mağlup olmamak, ecele mağlup olmamak, şeklinde şartlandırır. Kilolu değildir ama gayet sporcudur. Karşıyaka'da, Altay'da futbol oynadığı söylenir. Biz sorduğumuzda gülerek "Oynadım" demekle birlikte fazla bir tafsilat vermemişti ama böyle bir gülüşme de geçmişti. Burada o dönemin tabii öksüzlük, yetimlik ve işte böyle bir hastalık ecel, "Elan bana da bir şey olur mu?" düşüncesi, bunların Adnan Menderes'in psikolojisi üzerinde etkilerinin ne olabileceği üzerinde çok duruldu. Bunlar yüzde yüz bilinmez, insan psikolojisidir. Doğru yönleri olur olmaz ancak ben burada başka bir hususu önemle ifade etmek istiyorum.

O yetim ve öksüz olma hali, bir yerde Adnan Menderes'in kendisini zor durumda olan insanlarla, muhtaç, hatta belki itilmiş kakılmış insanlarla özdeşleştirmesine sebep olmuş olabilir. Muhtemeldir ki, köylüyle, harple arasındaki ilişkinin temelinde, rahmetlinin bu öksüz ve yetim oluşu, ablasını kaybedişi yatar. Gerçi hiçbir zaman münzevi bir hayat sürmez, daha sosyal bir hayat sürer. Ben eniştem, eniştemin ağabeyi gibi onu tanıyanlardan da dinledim. Karşıyaka'nın o vakitki gençleri, o kuşak gayet iyi tanırlar, Adnan Bey'in nasıl spor yaptığını. Yani münzevi bir hayata kendini kaptırmaz, teslim olmaz. Spor yapar, mücadele eder, tembellik etmez, derslerine iyi çalışır. Ve bu arada yine Adnan Menderes'in şahsiyeti için çok önemli olan onun tahsil hayatıyla ilgili bir olayı zikredip tekrar bırakacağım sözü. Bir gün Adnan babaannesi Fitnat Hanım'a gelir.

Kaç yaşlarında?

11-12 olabilir. Gelir, der ki "Babaanne ben İzmir'deki Kızılçullu Amerikan Koleji'ne gideceğim." O Karabağlar tarafında yani bugünkü Adnan Menderes Havaalanı'na doğru giderken sol tarafta bir muhit. Babaannesi "Ama güzel oğlum der, sen İngilizce bilmiyorsun ki?" "Yok" der, "ben oradaki falan hocayla gittim, görüştüm. O da biliyorsun Karşıyaka'da daha aşağıda komşumuz. 'Seni okul açılıncaya kadar hazırlarım, zeki bir çocuksun,' dedi. O beni hazırlayacak ve ben yatılı olarak Amerikan Koleji'ne gideceğim" der. Doğrusu Fitnat Hanım biraz da burulur, çünkü onun da tek tesellisi okuldan çıktığı vakit her an gördüğü torunu Adnan'dır, o da yatılı okula gidecektir. Ama Adnan kararlıdır, kimse böyle bir şey ona telkin etmemiştir, tavsiye etmemiştir, tamamen kendi kararıdır ve tabii ileri görüşlülüğüdür. Ayrıca orada da temayüz eder ve sınıflarını geçer, hiçbir problem olmaz. Yıl 1917 olduğu vakit ise şu meşhur "Hey 15'li 15'li" türküsünde de olduğu gibi, –çünkü 1899/1315– askere alınır, babaannesini de yanına alır. Ve rahmetli İstanbul'a yedek subay okuluna gider.

Şimdi burada bir nokta koyalım. Rahmetli size hiç Fitnat Hanım'dan bahsetti mi? Fitnat Hanım'ın onun üzerindeki etkisi sadece onu yetiştirmekten ibaret mi?

Hayır, Fitnat Hanım'ın ona öğütleri de var.

Fitnat Hanım babaanne... Tevhide Hanım kim?

Tevhide Hanım anne. Fitnat Hanım tam bir Osmanlı hanımı. Muktedir bir kadın. Efendim işte, ama Adnan çiftliğe falan gitmiyor. Yani Çakırbeyli neresidir bilmez. Zamanında para gelir. Çocuğun zaten her şeyi yapılır. Fitnat Hanım'ın öğütleri var mesela. 'Toprağına ihanet etme, yani sen yarın bir gün çiftçilik yapacaksın, toprağına ihanet etme, insanına ihanet etme, bunların kıymetini bil, bunlara sahip çık, iyi ilişki kur" gibi. Bunları yakın arkadaşlarına, Mükerrem Bey'e falan rahmetlinin anlatmışlıkları var.

Mükerrem Sarol...

Samet Bey'e de, böyle özel sohbetlerinde anlatırdı. Fitnat Hanım'ın rahmetlinin okuma yazması üzerinde de çok büyük rolü oldu. Münevver bir hanım olarak, okuma yazmasında da onu yönlendirdi. Hatta bir gün rahmetli babam yanındakine "Yukarıya çıktım, sandık odasına çıktım, orada açtım, kitapları gördüm. Bunlar benim dünyamı değiştirdi' dediğini ben Yıldız Parkı'nda işittim. Ama bunlar nelerdi, hangi kitaplardı bilmiyorum. Ama bir dönemin bütün şair ve yazarlarını okuduğu kesindir. Fakat onun ötesinde Osmanlıcaya, kendi çağdaşlarının, kendi kuşağının olabileceğinin de fevkinde hâkimdi.

Kesinlikle, konuşmasından da o belli oluyordu.

Konuşmasından da belli oluyor. Çok açığa vurmamasına rağmen öyle zannediyorum ki Tanzimat dönemi sonrası sadece Batı tesirindeki Türk edebiyatıyla değil, onun öncesiyle de ilgili geniş bir okuması var, kullandığı tabirler itibarıyla... Bir de şimdi sıra sözü ona getirmenin zamanı olmayabilir. Benim rahmetli anneannem de, annemin annesi Naciye Hanım, o da İzmir'in Latife Hanımı. "Bak burada veremden birisi ölmüş, niye belediye burayı dezenfekte etmiyor?" diye yollara düşecek, konferanslar verecek, işte "ileri gitsek, modernleşsek," diyen, o rüzgârı taşıyan bir insan. Rahmetli babamı da sever, takdir ederdi. Çok iyi anlaşan, görüşen, babamın da çok sevdiği, takdir ettiği bir insan. Hatta bazen gelirdi. Adnan uzun uzun konuşur, gerek Naciye Hanım'ın ağabeyi, iki kere belediye başkanlığı yapmış Refik Bey, gerek annem "Yahu Adnan Bey, Adnan sen ne zaman çıkıp bunları söyleyeceksin?" derlerdi. O da "Herhalde bir zamanı gelir, günü gelir, söyleriz" derdi. Ama kendi kendini yetiştirmiş, hazırlamış. Hatta annem derdi ki, "Bazen ben böyle yakalardım. Beyefendi aynanın karşısında konuşurdu" derdi. Ama tabii bunun yanında da son derece alçakgönüllü. Adnan Bey fotoğraflarda ya en öndedir, ya en arkadadır, ortada durmuyor, böyle de bir tabiatın sahibi. Ama böyle olmasında, Fitnat Hanım'ın çok etkili olduğunu, ondan sık sık bahsettiğini biliyorum. Bir ara dayıları şikâyette bulunurlar. "Vasisi olan Fitnat Hanım iyi bakmıyor torununa, bize, dayılarına verilsin" diye, mahkemeye gidilir. Adnan Menderes, rahmetli, çocuk, daha belki okula başlamamış, camın kenarına gider, hâkime döner, "Beni, babaannemden ayırıp bunlara verirseniz bu camdan atarım kendimi" der. Bunu doğrudan doğruya rahmetli annemden dinledim. Yani babaannesi İzmir'deki hayatı itibarıyla bilgilerin çoğunun kaynağı doğrudan doğruya annem, sahih de bir kaynak. Hatta kendisinin anneme, "Ben bisiklete binerken, senin saçını çekerdim" dediğini, annemin de "Bana öyle derdi ama ben bunu hatırlamıyorum" dediğini annemin ağzından hoşluk olarak dinlemişimdir. Yani onun kafasında bir Berin Hanım figürü, böyle bir isim, böyle bir kişi, 1914-15-16'lı yıllara rahatlıkla dayanabilir.

Berin Hanım ve Adnan Bey nasıl tanışmışlar, nasıl evlenmişler? Evlilik yıllarını hatırlıyor musunuz? Hangi yılda evlenmişler?

1928.

Yani Milli Mücadele'den sonra evlenmişler.

Sonra.

O zaman sırayı bozmayalım. Birinci Cihan Harbi'nde ve Milli Mücadele'de Adnan Menderes.

Adnan Menderes Birinci Cihan Harbi'ne, İstanbul'a babaannesiyle gider. Meserret Oteli'nde kalırlar, hafta sonları babaannesinin yanındadır. Babaannesi ısrar eder, "Oğlum gel" der, "senin baban da annen de şu Merkezefendi Kabristanı'nda, oraya biz gömdük onları, bulalım." Bir gün giderler bulamazlar. Ertesi hafta giderler, "Oğlum Adnan" der, "biraz daha bakar mısın? Buralarda olması lazım." Bakar, "Babaanne" der, "sen babam rahmetlinin taşının üstünde oturuyorsun." Bu şekilde bulunur ama o akşam otele dönerler, bir misafir arkadaşı vardır, gece geç vakte kadar onunla oturur, bir ses filan da gelmez içerden hiç. Sabah kalkar ki, son tutamağı diyeceğimiz babaannesi de gitmiştir.

Babaannesi vefat etmiştir, o da defnedilir. Başbakanlık döneminde de, babamın babasının mezarını İstanbul'da çok arattığını, hatta benim yanımda anneme "Berin, ha bire aratıyorum ama bir türlü en ufak bir iz bile bulamıyorum" dediğini biliyorum.

Ve bu sırada yedek subaylık dönemi biter, trene biner, hastadır. Pozantı'ya geldiği vakit, ya hastalığı dolayısıyla, ya da Mondros imzalandığı için, oradan ayrılır, İzmir'e gelir. Terhis edilir. Ya hastalığı dolayısıyla tebdili hava ile İzmir'e gönderirler, zaten hemen Mondros Mütarekesi de sonuçta bir iki aylık arada fark olabilir. Mondros Mütarekesi imzalanır, arkadaşları "Kal burada" derler.

O vakit haberler duyulmaktadır. İşte "Yunan İzmir'e geldi, İzmir'e çıkartma yapacak" diye. Adnan Bey, "Ver elini Aydın" der. "Senin yerin artık hep, babaannenin sana söylediği, vasiyet ettiği toprak, çiftlik. Buraya gideceksin." Tahmin ediyorum Mart veya Nisan 1918. Adnan Bey köye gelir. Ethem Bey [Menderes] de o tarihten itibaren, Adnan Bey'le birlikte anılan isimdir.

Ethem Bey'in anası babası kimdir?

Koçarlı'nın üzerinde Sobuca köyünden olduğuna dair bilgimiz var.

Çiftlikte kâhya mıdır, ırgat mıdır, nedir?

Hayır değil, arkadaşlıkları var. Orada öyle bir hukuk teşekkül etmiş.

Soyadının Menderes olması tesadüf mü?

Babam kendisine vermiş. Sonrasında Ethem Menderes parti başkanı, belediye başkanı, milletvekili, vekil. Toprak vermiş, ailecek öyle bir şeyi olmuş.

Bir tür rahmetlinin *protégé*si?

Evet. Onun da nasıl olduğunu bir iki dakika içerisinde Milli Mücadele ile anlatacağım. Milli Mücadele'de rahmetli Adnan Bey, Ethem Bey, baba tarafından akrabası Sami Bey, gene Çakırbeyli köylülerinden bir ay yıldız çetesi kurarlar. Böylece Kuvayı Milliyeci olarak Milli Mücadele'ye iştirak ederler. İkinci Malgaç Köprüsü'nde bizzat bulunurlar. Aydın geri alınır. Geri alınışında Aydın'da daha önce Telsiz Tepesi denilen, şu sırada atıcılık federasyonuna ait *ball trap* atışların yapıldığı bir tepe vardır. Adnan Bey oradan gözcülük yapar ve topçular için de hedef belirler. Özellikle Yörük Ali'yle.

Adnan Bey milis olarak mı katılıyor, milli orduda yedek subay mı?

O anda milis olarak katılırlar. Kuvayı Milliyeci olarak kalpaklı resimleriyle katılırlar Milli Mücadele'ye. Çakırbeyli'nin olduğu yer, Menderes'in son sahilidir, yani güneyidir. Daha önce Menteşoğullarına bağlı olmuştur, işgalde de İtalyan bölgesidir. İtalyan bölgesi olduğu için hürdürler, rahat ve huzur içindedirler. Ve Menderes sınır olduğu için herhangi bir düşmanla, Yunanlılarla karşılaşmak gibi, bir durum söz konusu olmaz. Bu sırada kendisinin daha önceki rahatsızlığı devam eder. Zehirli sıtma, malarya dedikleri hastalık iyice azar. Aydın'da doktor yok, bir şey yok. Tire'de İtalyan bir doktor var derler. Tire'ye iki üç asker çıkartmış, o belki bir çare olur. Ethem Menderes'le ikisi gider. Kahvede vakti beklerken, rahmetli Adnan Menderes bayılır. Bayılması önemli değil, birileri omuzlar da, nereye gideceğini Ethem Bey dışında bilen yok. Ethem Bey kendi kucaklar falan, o İtalyan hekime giderler, hekim ilaç verir, rahmetli Adnan Bey de o sıtmayı atlatır. Bir şey olduğu vakit de, yani "Tamam ama benim de ona bir can borcum var" derdi.

Vefa duygusuyla hep elinden tutmuş.

Vefa, zaten o vefa duygusunu Koraltan'da vesairede böyle çok hoş anekdotlarla, hatta Fuat Köprülü'de onu ileride göreceğiz. Değişik dünyanın insanları. O ahde vefa etmek, dostluk, bırakmamak, sahip çıkmak duygularının günümüzdekinden çok daha farklı ve kuvvetli olduğu bir dönem. Kendisi için de öyle. Ve bu sırada askere tekrar alınırlar, Adnan Bey Koçarlı müfreze komutanı olur. Onu da şuradan biliyoruz: 1921'de Sakarya Savaşı'ndan sonra Malta kendiliğinden kaçaklarla boşalmaya başlayınca Ali İhsan Sabis Paşa Kuşadası'na gelecektir. Emir gelir, "Kuşadası'nda paşayı karşıla ve Denizli'ye kadar götür, teslim et." Rahmetli gider Ali İhsan Paşa'yı karşılar, misafir eder, sorular sorar. Ali İhsan Bey çok memnun olur. İngilizce bilen bir genç, her şeyin farkında bir insandır. "Adnan Bey" der, "seni yaverim yapayım." Rahmetli de "Paşam lütfediyorsunuz ama biz burada hem çalışıyoruz, hem üretiyoruz, eldeki imkânlara göre hem toprağımıza sahip çıkıyor, hem de düşmanla mücadele ediyoruz. Bizim gibileri orada siz her zaman bulabilirsiniz ama biz buraya aidiz, buralarda bulunmamız lazım" der. "İkna edemedi" demiştir sonradan. Ali İhsan Paşa gider. Denizli'den onu yolcu eder.

Yıllar sonra, Demokrat Parti'nin eylüldeki kongresi olabilir, Ali İhsan Paşa da Afyon milletvekili, rahmetli gider, "Paşam beni tanıdınız mı?" der. Ali İhsan Paşa da "Aman Adnan Bey seni tanımamak mümkün mü Demokrat Parti'de?" "Hayır paşam" der, "Siz, Malta'dan sonra Kuşadası'na geldiniz, orada sizi bir yedek zabit karşıladı, misafiri oldunuz, onu hatırlıyor musunuz?" "Nasıl hatırlamam, hatta ben ona yaverlik bile teklif ettim, kabul etmemişti." "İşte, o benim" der. Böylece de tekrar kucaklaşırlar ve zaten savaş yukarılara kaymıştır. 1922'de savaş bitse de Adnan Bey'in askerliği bitmez. O 26'lara kadar askerlikten rabıtası kopmaz. İzmir'de şurada burada fiilen kendi işine, çiftçiliğine engel olmayacak şekilde devam eder.

İstiklal Madalyası vardı...

Kırmızı şeritli İstiklal Madalyası vardır. Bilfiil katılmış ve bunları bir hayli uzun zamanda, o döneme ait şahitler kalmadı ama bir İmam Hatip Lisesi öğretmeni zamanında toplamış Yörük Ali'nin yazmış olduğu bir kitabı. Önemli kısmını da Menderes'e ayırarak bunlar orada anlatılmış. Geniş bir örgüt kurulmuş. Yörük Ali Efe zaten yakın. 1921'de bütün bunlar olurken, Adnan Bey'in çiftçiliği devam etmektedir. Kendi, Aydın'a Çakırbeyli'ye ilk geldiği gün, o vakit Memişoğludur kâhya. Başka birisi. Memişoğlu alır Adnan Bey'i karşısına, –bizim bölgede büyük toprak sahibine ağa demezler; ağa kelimesi yok Ege Bölgesi'nde, bey tabiri kullanılır– nasihatlerde bulunmak için. "Bey şöyle olacak, tüfek şurada asılı olacak, sesin gür çıkacak, atı şöyle bineceksin, köylüye bağıracaksın" falan. Adnan Bey ise Memişoğlu ne dediyse tamamen tersini yapar, gayet yakın ilişkiler kurar köylüyle, onlarla hemhal olur, onlarla bir aile gibi olur. Zaten o vakit konak da köyün içindedir. Bir bakarlar köyde sabah ilk kalkan adam Adnan Bey. Sonra o, yatılı okuldayken, Amerikan okulunda, onları yıkanacakları vakit, duşların olduğu yere kapatır, üzerlerine kilitler, kaçamayacakları şekilde soğuk su açarlarmış. Onun için rahmetli bir ömür boyu soğuk suyla yıkandı. Fanila falan hiç onlar nedir bilmez. Yine orada da sıtma dışında herhangi bir rahatsızlığı yok. Tam tersine, hatta benim işittiğim orada, zaman zaman köylülerle falan güreş ettiği; o kadar yakın. Ayrıca çok iyi nişancı, domuz avına, sürek avına çıktıkları da oluyor. Biz Çakır Dede derdik, Çakır Hüseyin, o da 1315'liydi. Onun da çok güzel bir tabiri vardır. "Çok iyi nişancıydı bey, emme" derdi, "yalnız onu hiç göğe doğru tutmadı." Yani kuşa, kanatlı hayvana sırf nişancılık gösterisi olsun diye ateş etmezdi. Hatta bir gün, annemin anısıdır: Çiftlikte otururlarken, "Bir şuradaki tüfeği alıverin" der. Alırlar, kimse bir şey anlayamadan, alacakaranlıkta ateş eder. "Gidin bir bakın bakalım" der. Orada bir domuz ölüsü bulurlar, rahmetli anneannem var filan, heyecanlanırlar.

1926'da Macar ustalar gelmiştir. Adnan Bey, bugün bizim çiftlik binasının bulunduğu, o vakit inşaat tarzı kuleli diyebileceğimiz bina türünde, iki katlı bir bina inşa ettirir 1926'da ve kendisi bu eve gelir, yerleşir. Konağı, vesaireyi köylüye bırakır. En iyi pamuk yetiştiren çiftçi unvanını kazanır yarışmada. Bir gün annemden dinlediğim: "Berin" demiş, "başımı kazıttım, saçımı usturaya vurdurdum ki şehre filan inmeyim, sonra şunu ister bunu ister, burada işimin başından ayrılmayayım." Ve o vakit ki, tarım şartlarının içindedir ve belki burada şöyle bir parantez de açabiliriz izniniz olursa.

Buyurun.

Türkiye'nin modernleşmesinde kapitalist çiftçiliğin başlaması pamukla birliktedir. Zirai ürünlerin, kolayca ticarileşmesinde pamuğun çok büyük bir rolü vardır, yani pamuk bir dönem adeta bir özne gibi. Çünkü incir var, tütün var, zeytin var ama bunların yetiştirilmesinden de farklı pamuk. Ve orada henüz Türkiye'de olmamakla birlikte, su olsa, makine olsa, tohum olsa, toprağın neler verebileceğini, orada onu Adnan Bey çok iyi görür.

Buradakilerde Adnan Bey'in takip edeceği tarım politikasının başarısını gösteriyor

Tarım politikası önemlidir. Baraj açılır, taşkınlar olmasın diye. Çünkü ben de çiftçilik yaptım, bir yağmur elinizdekini alır götürür. Yağmur bir gecikir, bu sene iyi mahsul alırım derken onu kaybedersiniz. Bir an için bir taşkın olur, ne varsa suyun altında kalır. Hakikaten çileli hayattır. Annem bir gün dedi, "Bir adamcağızı, upuzun hem de yaz günü, yatırmışlar, uzatmışlar güneşin altında. "Hayrola bu nedir, niye böyle yatıyor?" "Bunu kuyruklu –mahalli adıyla– soktu, yani akrep, soktu. Akrep sokan üşür, onun için biz de onu güneşte yatırıyoruz." Ona rağmen evler temizdi. Süpüre süpüre o toprak zemin, beton gibi olmuştu." Rahmetli Menderes'in herkesle arası iyidir, oturur hallerini sorar, şakalaşır, lakaplarıyla hitap eder ve o arada tabii o civarda bulunan, Romanlar gibi gelip yerleşen topluluklar olmuş; yani çiftlikte sürekli bulunmazlar ama, sepet veya kenetir derler bizde, bunda pamuk toplarlar. Köylüler bakar Adnan Bey fark gözetmiyor, oturmuş onlarla da yemek yiyor. Derler ki "Bu bey bizim iyi hoş ama bunları da tepemize çıkartırsa, bir daha indiremeyiz." Hiç kimseyi ayırmayan, birbirinden tefrik etmeyen bir insan. Söke'nin zenginlerinden, ileri gelenlerinden arkadaşları vardır. Zaman zaman onlarla görüşür eder ama böyle çok sürekli, kalıcı ilişkiler sürmemiş ve o vakit bir bey portresi çizilecek olursa onunla hiç ilgisi olmayan bir Adnan Bey vardır orada. Onun için de işte bizim böyle şematik, efendim, "toprak ağasıydı, büyük toprak sahibiydi, toprak reformuna karşı çıktı" vs falan bu tür kategorileştirmeler tabii Adnan Bey'in anlaşılmasında, yaptıklarıyla o dönem arasında bağlantılar kurulmasında, karşımızda hiç elverişli birer araç olarak durmuyor. Zaten nevi şahsına münhasır bir insandı, öyle yaşadı, öyle oldu, öyle bilindi.

Berin Hanım'la evlenmesi? Evliyazadeler ailesi?

Evet, şimdi savaş bitmiş, askerlikten terhis artık bir şekilde gerçekleşmiş. Köyden ayrılmış, ev yaptırmış, hatta köylüye "Gelin sizi de o tarafa götüreyim" demiş. "Yok biz burada kalalım" demişler. Bütün bunlar olup bittikten sonra Adnan Bey vaktin evliliğe geldiğini görür anlar, kendini yetiştirmiştir de.

Çiftliği yoluna koymuştur, konak yaptırmıştır.

Evet, düzenli her şey. Yaşı 27-28. Tam zamanıdır, araştırır. "Bak Evliyazadelerin kızı var, Berin Hanım, ona talip ol" derler. "Verirler mi, vermezler mi?" "Verirler, bir tanışın." Çok detaylarını sormadım ama Ali Galip Pastanesi o zaman meşhur Aydın'da. Güya sinemadan çıkmış gibi, tesadüf gibi bir karşılaşma olur. Burada izniniz olursa bir parantez açmak mecburiyeti doğuyor. Evliyazade ailesi Doktor Nazım Bey'i çok sevmiştir.

Doktor Nazım Bey, meşhur İttihatçı.

Evet. İşte Tevfik Rüştü Bey bir damat, Doktor Nazım bir damat. Daha doğrusu Tevfik Rüştü Bey'in damadı Fatin Bey, yani Makbule Hanım'ın kızının eşi Fatin Bey.

Bir saniye Doktor Nazım'dan yola çıkalım, karıştı. Doktor Nazım?

Refik Evliyazade'nin kızı ile evli.

Biz şimdi Evliyazade'nin kızları ve damatlarını konuşuyoruz.

Evet. Çok büyük bir şey. Onu bir ikinci baba gibi fevkalade sevmişlerdir. Rahmetli anneannem çok severdi. Ve buna rağmen, ondan sonralarında da çok enteresan hususlar var. Ama ben annemde, Evliyazadelerde ve rahmetli anneannemde, hiçbirisinde Doktor Nazım dolayısıyla Atatürk'e karşı en küçük bir kırgınlık işareti görmedim ve hissetmedim.

Bunu söyleyişinizin nedeni, Doktor Nazım 1926 İzmir Suikastı dolayısıyla idam edildi.

İdam edildi ve idam edilecek bir şey yapmadan idam edildi, onu da bilirlerdi.

Doktor Nazım, Berin Hanım'ın neyi oluyor?

Dayısının damadı. Mesela çok böyle dürüstlüğüyle bilinir... Gerçi bu yazılmış ama rahmetlinin de bir anısı var onunla. Size anlatacağım. Zenginleştirir. Ama biraz daha sonra. O Nazım Bey travması dolayısıyla annemde, "Aman ben bir politikacıyla evlenmeyeyim" fikri sabit hale gelmiştir adeta.

Aileyi etkilemiş demek ki.

Aileyi çok etkilemiş, çok severlermiş. Annem derdi ki kaldığı Almanya'daki aile İsa peygamberin yani istavrozun yanına Doktor Nazım'ın resmini koymuş, bu evliya gibi adam diye. Son derece de hürmet ettikleri biri. Tevfik Rüştü Bey'e karşı, belli belirsiz "Acaba engel olur muydu, olamaz mıydı?" duygusu varmış.

Çünkü Tevfik Rüştü Atatürk'e çok yakın. Yakın olduğu halde engel olmadığı gibi bir his de var.

E tabii. Tevfik Rüştü Bey de Doktor Nazım Bey'in kayınpederinin küçük kız kardeşiyle evli.

Akrabalık bağı biraz uzak yani. Çok dolaylı akrabalık.

Dolaylı akrabalık var, evet. Bizde imam eklemesi derler, sıhriyet bağı yok da, bu şekilde. Ve annem Doktor Nazım dolayısıyla siyasetçi olmaz, "Aydın'a gidilir mi gidilmez mi?" diye düşünür.

O sırada zaten Adnan Bey tam siyasetçi değil?

Değil, çiftçi. Der ki "İyi, hiç olmazsa Aydın'da çiftçi. Siyasete girme ihtimali hemen yok gibi. Hiç olmazsa biz bu siyaset işini garantiye almış oluyoruz." Diğer tarafı da severler, beğenirler. Ve aralarında her zaman bir sevgi ve saygı olduğunun da ben şahidiyim ve birçok insan da bunun şahididir. Ve saygının da. Zaten anneme karşı çok özel bir saygısı oldu rahmetlinin. Çok özel bir saygısı oldu, her türlü şeyin dışında.

Ve evlilik: İzmir'de nikâh kıyılır. Beraberce giderler. Adnan Bey şart koşar der ki, "İş zamanı, diyelim ki, martta başlar, kasımda biter, bu süre zarfında Aydın'dan ayrılmak yok. Ondan sonra İstanbul'a gidelim, İzmir'e gidelim. Ama annendi, akrabandı, şuydu, buydu hepsi evin yerlisidir, gelirler, buyurur kalırlar." Kalırlardı da zaten. Benim bir nenem vardı, Evliyazade Mehmet Bey'den halayık almış, evlenmemiş, ama ailenin bir ferdi haline gelmiş. O hatta gelir, annemin yanında kalırdı. Kendisi bu sırada siyasetin dışında, mutlu bir evlilikleri var.

Berin Hanım'ın tahsili, terbiyesi nedir?

Özel.

Yani kültürlü bir hanım.

Kültürlü, Fransızcayı iyi bilir. Bu tam, Birinci Dünya Savaşı yıllarına rastladığı için. Mesela teyzem daha uzun Dame de Sion'a...

Teyzeniz...

Annemin ablası.

İsmi nedir?

Güzin Hanım, o daha uzun süre Dame de Sion'da öğrenci olabilmiş. Annem biraz da küçük kız, nazlı. Ayrıca onun zamanında savaş, işgaller. Gayet tabii annemin Fransızcası gayet iyi. Okuyan yazan biri.

Biraz Latife Hanım tipi, değil mi? Osmanlı'nın son dönemindeki kültürlü ailelerin kızları...

Yani, gibi. Ama Berin Hanım daha feminen bir tip, daha anne, daha kadın, daha evinin içinde. Her an bakışları kocasının üstünde, çocuklarının üstünde. En ufak bir şey eksik kalmasın... Ve şimdi halbuki benim rahmetli annem 27 Mayıs 1960'a kadar yemek pişirmedi, sonra pişirdi Allah rahmet eylesin. Herkes var ama olmaz, başında durmadan olmaz derdi. Başbakanlık zamanında da babamı mutlaka uğurlayacak ki sabah 5'te kalkar çıkardı rahmetli. O vakit hatta bazen şoför gelmemiş olur, telefon eder, "Arabayı gönderin beyefendi çıktı" derdi. Böyle bir bağ. 1931 Haziranı'nda büyük ağabeyim dünyaya gelir. Evlilik böyle tam.

Mutlu Menderes ortanca değil mi?

Ortanca. İşin hoş tarafı, annem de babama der ki "Senin şartların kabul. Benim de bir şartım var." "Nedir o?" "Siyasete girmeyeceksin." Ve siyasete girdiğini öğrendiği vakit, çok ağır bir telgraf çeker rahmetli babama. "Sen böyle mi sözünde durursun?" falan. O kadar işlemiş içine. Ve takdir de o kadar güçlü bir şey ki, yani tedbir bozmuyor takdiri. Anneannem der ki "Valla kızım benim bildiğim Adnan bu telgraftan sonra seni boşar, yerden göğe kadar da haklıdır." Yeri geldiği vakit, kızına filan tercih edecek kadar da damadına sevgisi var. İşte anneannem daha çok...

Kayınvalidenin adı neydi?

Naciye Yemişçibaşı. Naciye Hanım işte tam Halide Edip Hanım'ın İzmir şubesi gibi. Gazetelere, dergilere yazılar yazmış. O vakit ki, meşhur yazarlarla mektuplaşmış.

Hem milliyetçi hem modernist kadın tipi?

Tam manasıyla, tam tamına. Ama diyelim ki, kimyada gelenekler ve ilgili bağlantı tamamen kopmamış. O var ama, böyle bir modernistliğin içinden... Zaten İzmir öyle bir yer, Karşıyaka.

Berin Hanım'ın böyle okuduğu, etkilendiği yazarlar, şairler, sevdiği şarkılar konusunda fikriniz var mı?

Fransız yazarlar okur, Balzac, Victor Hugo, Napoléon'un hayatıyla ilgili eserler. Sinemalar, tiyatroları zaten kaçırmazlardı. Bütün bunlardan zevk alıyor, haberdar. Ve şairleri bilir, Tevfik Fikret hayranı. Ama ben iki yerde, hani babamın acısı dışında annemin gözyaşı döktüğünü gördüm, birisi İstiklal Marşı, özellikle tam metin okunurken. Hele "Etmesin tek vatanımdan beni dünyada cüda" geldiği vakit böyle göz pınarlarından yaşlar akardı. Bir de televizyonda filan, askeri görünce duygulanırdı. Biz de tabii ki... Ama asker 27 Mayıs'ı yaptı.

Babamı astı!

"Siz işgal görmediniz" derdi. Onu bir başka yerde daha söyledi, onu ileride anlatacağım. O da hoş bir hikâyedir. Bu arada şu değerlendirmeyi de ekleyelim mesela, annem siyaseti çok meşhur bir insandı. Rahmetli annem bütün gazeteleri okurdu. Babamı eleştirirdi.

Ne diye eleştirirdi?

"Sen Halk Partisi'ne kusur bulma, kendi grubundaki adamlara kusur bul" diyecek kadar. Ama bu bir kadının siyasete karışması gibi bir karışma değil. Ve şey, mesela bir gün ben, geldim okuldan eve öğlen, yemeğe, o vakit müsait okul. 1955 yılı, o gün de büyük kongre. Babam gelmiş, salonda duruyor. Daha yeni gelmiş, iki üç dakika önce. Annem geldi sarıldı babama, hüngür hüngür ağlıyor, tuhaf oldum. Annemin arkası bana dönük, babamla göz göze geldik. "Merak etme Aydın" dedi, "annen beni dinlemişti de kongrede, ondan heyecanlanmıştır." Hakikaten de o kadar. Ne zaman miting olsa, kendisi hiç gözükmeyecek şekilde mutlaka gider, izler. Annem siyasetçi olmasın demiş, ama devamlı takip eder, sorar, mim koydukları var, koymadıkları var.

İsmen eleştiri yapar mıydı? İsmen, falanca falanca şahıslar diye?

Ethem Menderes.

Ethem Menderes'i eleştirirdi öyle mi? 27 Mayıs'tan önce de eleştirirdi. Neler söylerdi?

Yani kendi yüzüne de, baş başayken söylemiş olabilir. Üç kişiyken söylemez, böyle bir şeyi, o ahlak anlayışı içinde. Bizle beraberken "Haindir oğlum bu" der.

Daha 1950'lerin ortalarında.

50'lerin ortalarında. Ve rahmetli babam da meşhur akşam yemeklerine nadiren de olsa, Ethem Bey'i getirdiği olurdu. Annemin o duygularını da kale alırdı.

Ciddiye mi alırdı?

Yani saygı gösterirdi. Yine getirirdi ama niçin getirmiştir? Başlı başına o da karşımıza çıkan bir muamma. Ama annem her vakit düşüncelerini söylerdi.

Adnan Bey hangi kitapları okurdu?

Mesela rahmetli gece uyku tutmaz, Hüseyin Rahmi okur, güler.

Böyle birkaç kitaptan, okuduğu yazarlardan bahsedersek... Reşat Nuri'yi herhalde okuyordu, o nesil okurdu.

Reşat Nuri'yi bir tamam okuduğunu biliyorum. Hiçbirisiyle bir özdeşleşme, o hususta bir şey söyleyemem.

Şu yazar diye yaptığı bir referans yok mu?

Öyle bir şey yok, ama latifeye çok düşkün, latife latif gerektirir. Şakaya, takılmaya, hatta kendisinin eleştirilmesine düşkün. Rahmetli Muammer Karaca'ya kadar.

Şimdi rahmetli Menderes'in sevdiği, okuduğu iki yazardan bahsettiniz: Hüseyin Rahmi, Reşat Nuri. Böyle başka okuduğunu bildiğiniz, evde sözü geçen o dönemin yazarları, –köşe yazarı anlamında söylemiyorum– edebi yazarlar, sevdiği şarkılar, şiirler... Öyle bir şey var mı hafızanızda?

Şiir bilmiyorum ama "nihansın dideden" şarkısını dinlerlerdi ama onu millet Menderes için söylüyordu.

Bana insan değil, ağlar melekler...

Ama şimdi çok enteresan, şimdi ben gidersem, işte bir de sizde var yani. Yazılmıştır ama kim çıkaracak bunu? Çünkü anlatan Dr. Alaattin Yavaşça, yazan da bizim meşhur Ayvazoğlu. Zaman da 20 küsur sene önce. Olay şu. "Bir gece musiki faslındayız" diyor, "başbakan ayağa kalktı, yürüyor dışarı doğru. Tuhafıma gitti. Beğenmiyor olabilir ama, bu reva görülmez ki sanatçıya diye düşünüyordum ki, tam tersi bir şey çıktı. Belli belirsiz bir el sırtıma dokundu. 'Alaattin Bey, şu şarkı acaba repertuvarınızda var mıdır?' Alenen benden istemiyor, belki o anda repertuvarımda yoktur. 'Hay hay sayın başvekil' dedim."

Hangi şiir?

Şiir çok enteresan. Şiir enteresan değil de tarihi çok enteresan. Lem'i Atlı bestelemiş. Bana verin, ben okuyayım, şiir şöyle:

Bu imtidad-ı cevre ki bahtın şitabı var
Mihnet-medar olan feleğe intisabı var
Eyler nesîm-i subhu bize gird-bâd-ı gam
Bu rûzgâr-ı bî-mededin inkılâbı var

Son mısra "bu rûzgâr-ı bî-mededin inkılâbı var." Efendim bu Doktor Nazım'ın idam sehpasına götürülürken "bu sözü gidip Atatürk'e söyleyin" dediği mısra.

"Bu rûzgâr-ı bî-mededin inkılâbı var", yani geri dönüşü var!

Bu rüzgâr tabii döner. Çok ilginç bir şey.

Menderes, Alaattin Yavaşça'dan bunu mu istemiş?

Evet. Onun için rahmetlinin, şiirler, müzik, bunları çok özel hayatında, sımsıkı kapalı tuttuğu kanaatindeyim. Evde bile pek fazla açmadı.

Yahya Kemal'e özel bir alaka gösteriyor değil mi?

Gösterirdi, aynı kattalardı zaten Park Otel'de. Ona hürmet ederdi. Böyle günlük konulara konsantre olmak için Menderes'in çok zengin bir iç dünyası var.

Çok duygulu bir insan, evet.

Onun yanı sıra aynı derecede gülmeye de mütemayil. Mütebessim, neşeli.

Aydın Menderes: Başvekil oğlu olarak siyasetin içine doğmak

Şimdi sizin özel hayatınıza başlıyoruz. DP ile yaşıtsınız, ilkokul öncesi hayatınız, hatırlayabildiğiniz en küçüklüğünüzden başlayalım.

14 Mayıs dediniz ya, aklıma hep iki tane çadır gelir. O vakit Güvenevler'de oturuyoruz. Şimdiki Kavaklıdere, Şili denilen yerin karşısı, orası düzenlenmiş değil, ağaçlık bir yer. O vakit oraya iki tane Kızılay çadırı gibi çadır kurulmuş. Ben "Ne olacakmış?" diyorum, "seçim olacakmış" diyorlar. Bu bir tür zihnin kendini yanıltması mı? Doğru mu? O kadar zaman geçti, hep aklımdan gelip geçmiş olmasına rağmen aileme, bir başkasına sorup böyle bir şey oldu mu olmadı mı diye teyit ettiremedim. Seçimin ne olduğunu bilmiyorum, başvekillik nedir bilmiyorum

Daha 4 yaşındasınız değil mi?

Daha 4 yaşındayım, bilmiyorum. Fakat bir gün beni öğlen uyusun diye yatırmışlar. Oturduğumuz yerin karşı tarafına iki tane manav, bir kasap, kuru temizleyici, bakkallardan falan oluşan geniş bir çarşı, Güven Çarşısı. Öğlen vakti birisi herhalde kafayı çekmiş: "Demokrasi var, bana kimse karışamaz" diye bağırıyor. Demokrasi kelimesi ilk öyle kulağıma çalındı. Arkadan, babam rahmetli bir sarılık geçiriyor evde. Doktor falan da kalıyor, bir hafta, on gün kadar yattı tahmin ediyorum. Açıldı sonra, herhangi bir şey gerektirmeden, yeniden başbakan. O vakit gidip gelenler çok, onlarla konuşuyorum. E tabii eve resmi plakalı arabalar, şoförler geliyor, bir değişiklik var. O sırada bir gün beni Kızılay'da bir berbere götürdüler: Güneş Berber Sarayı, Ulus'a doğru giderken sol tarafta. Tahtalar var orada filan, ben çıktım tıraş oluyorum. Berber sordu: "Sen de büyünce baban gibi başvekil olacak mısın?" diye. Çapraz bir soru. Hayır desem sanki beğenmemiş gibi olurum, evet desem o bir tuhaf. Aklımda kaldığına göre ortada bir cevap verdim, ama başbakanlık, başvekillik, ülkeyi idare etmek, hükümet gibi kavramlar artık peş peşine yerleşmeye başladı. Eve gidip gelenler, o sırada büyük ağabeyim Yüksel, Hukuk Fakültesi son sınıfta, 50-51. Ortanca ağabeyim Mutlu da hatırladığım kadarıyla orta son sınıfta. Onlar o boş zamanlarında beni karşılarına alırlar, tarih anlatırlardı.

Hangi tarih?
Türk tarihi.

Yani Türklerin hangi faslı?
Osmanlısı, Cengiz'i, Atilla'sı, Hunları, Göktürkleri, Bilge Hanlar, Gültekinler.

Biraz Türkçü tarih anlayışı.
Evet, ama Osmanlı tarihinin ve padişahların da en az yarısını ezbere sayabiliyordum, özelliklerini biliyordum. Ve evde boş birisini bulsam, o zaman Abdullah Ziya Kozanoğlu, *Kızıl Tuğ*lar *Gültekin*ler, *Kolsuz Kahraman*lar. Aman bunları bana bir okuyun diye, hemen birilerinin peşine düşerdim. O vakit *Pekos Bill* çıkmıştı ve onu da okutuyordum fakat diğerinden aldığım haz, özellikle de Osmanlılarda Orhan kısmı, hele hele II. Selim'e kadar başkaydı. Sonra o duraklama devri falan deyince ruhumda şöyle bir daralma, o vakit çocukluğumda hissederdim. İşin hoş tarafı birkaç kere annem "Adnan bak, Aydın neler biliyor, neler anlatacak?" demiş, babama da anlattım o da sorular sordu, hoşuna gitti. Evin arkası dolu olur, misafirler olur. O misafirler çalışırlar, yazılar yazarlar, arada çay kahve molası verirler. O vakit de beni rahmetli babam çağırtır, "Bak Aydın size neler anlatacak, anlat bakalım" derdi. Sorular sorarlardı ve şimdi aklıma geldikçe hâlâ yüzümü bir tebessüm kaplar. Bir tarafta orada okula gitmemiş bir çocuk tarih anlatıyor, öbür tarafta oturanların içerisinde koskoca allame tarih profesörü Fuat Köprülü. Böyle hoş bir manzara. Onlardan da çok büyük bir keyif alıyorum, hayal dünyamda hep onlar var. Onlar benim o yaştaki kahramanlarım; işte Sokullu falan gibi büyük veziri azamlar, onların hepsi. Ve bu, zaman zaman tekrarlanır ve kendisinin de hoşuna gider. Ve o şartlarda biz karayolu ile İstanbul'a gidelim dedik. 10 saat bir yol, arabanın arkasına şoför bidonla benzin koydu. Bitse yolda benzin almak müm-

kün değildi. Evin önünde 300 metre bir yere, herhalde başvekil evi diye, asfalt yapmak istemişler. Aşağı yukarı 50 yılında, bütün yaz sürdü oranın asfaltlanması. Bütün bunlardan şöyle bir kısaca bahsediyorum ki, Türkiye'nin az çok o günkü şartlarına ışık tutsun. Okula 52'de başlayacağım o zaman özel okullar moda olmuş. Rahmetli annem de "Seni Ayşe ablaya verelim, İngilizce öğrenirsin" dedi. Halbuki benim iki büyük ağabeyim var, Çankaya İlkokulu'nu bitirmişler. İsmet Paşa'nın çocukları da keza. Şimdi bu bende artık bir "Niye onlar orada, niye ben buradayım?" duygusu oluşmuş. Okula gittim geldim rahatsızlandım, böyle bir türlü ısınamadım. Anneme "Anne ben okula gitmeyeceğim" dedim. O da babama söylemiş, o da "Dur bakayım, yarın ben bırakırım" demiş. "Hadi bakalım bu sabah okula beraber gidelim" dedi. Arabaya aldı beni babam, gittik, okulun önünde durduk. Eski Bulvar Palas'ın biraz da aşağılarında. Araba orada durdu, ben de indim, elimde çantam veya sırtımda, o vakit değişik tarzlar vardı. Yürüyorum ama birisi yemin et dese edeceğim, arabanın da gitmediği kanaatindeyim. Yaklaştım yaklaştım, 2 metre, 1 metre. Kapıyı açıp gireceğim, aniden geri döndüm, araba da orada bekliyor, ben de döndüm içeri girdim, oturdum. Babam da oğlum niye gittin, niye gitmedin, hiçbir şey demedi. "Beni başvekâlete bırakın, sonra da Aydın'ı eve bırakın" dedi.

Israr etmedi okula gitmeniz için.

Hiç, hiç. Niye gidiyorsun gitmiyorsun, hiçbir ısrar yok. Gayet büyük bir olgunluk. Eve geldim, annem merakla sordu, böyle böyle oldu dedim. Akşam beklemiş babamı. Babam da anneme demiş ki "Yahu öbürleri bitirdi de, bir şeyleri eksik mi kaldı? Madem Aydın istiyor. Çankaya'ya gitsin, ne var bunda? Başöğretmenleri tanıdık, onunla bir görüşün, zaman kaybı oldu. Olmazsa sene sonu imtihana alırlar. İmtihanı verirse ikinci sınıftan devam eder, bu mümkün olur" demiş. Annem de ertesi sabah bunu söyleyince fevkalade memnun oldum. Evde hoca gelir, ders gösterir, derslerim falan da fevkalade iyi. Ve eylül sonunda da biz zaten o binayı bıraktık Çankaya'da o vakit Camlı Köşk denilen, Atatürk'ün hemşiresi Makbule Hanım için yaptırdığı bir yer var, orada kalalım dedik. Babam "Burası gelen giden için zor oluyor. Oraya taşınalım" dedi. 1953 Mayısı'nda da oraya taşındık. Eski ev yıkıldı, yeniden yapıldı ve bende 53 senesinde Çankaya İlkokulu'nda başladım. Arkadaşlarım var, okula gitmeden de vardı, mahalle arkadaşlarım vardı; bahçeler güzeldi, orada oynardık.

Yan komşumuzun alt katında oturan kiracıları Rum'dular. Hiç unutmuyorum sık sık rahmetli tembih ederdi: "Rum demeyin, Ermeni demeyin, gâvur demeyin, kâfir demeyin. Müslüman demeyin, sünnet demeyin, bunları hiç demeyeceksiniz, onlara farklılığınızı belli etmeyeceksiniz." Bu böyle iyice zihnime yerleşmiştir ve büyük bir haz duyarak bunu hatırlıyorum. İşte bir imparatorluk mirası budur. Bütün bunları dışa vurmamaktır. Kim kendisini sahibi kabul ediyorsa, her şeyi sineye çekmek onun görevi olacaktır. Bu arada ben rahmetli babamın, beni şuraya buraya dikkat et gibi bir nasihati, bir öğüdüyle hiçbir zaman karşılaşmadım. Bunun sebebi çok açıktır, rahmetli babam bu işi anneme devretmiş. Her şeyi tam zamanında, en iyi şekilde annemin yapacağını, bir ana babanın vereceği özel eğitimi onun vereceğini, bir eksiklik olursa kendisini haberdar edeceğini biliyordu. Onun için besmele çekmesini, İhlas'ı, Fatiha'yı, gece yatarken dua etmeyi, sağ ayakla kalkmayı, o şekilde dışarı çıkmayı, bütün bunları, bu âdetleri ve daha pek çok şeyi ben rahmetli annemden öğrendim. Ve en fazla annemin öğütlediği ise: "Şu evden dışarı çıktığınız vakit başvekil oğlu değilsin, bunu unut, bundan dolayı hiçbir şey istemeyeceksin. Bundan dolayı hiç başkalarından farklı bir hakkın olmayacaktır. Çalışırsan geçeceksin, çalışmazsan kalacaksın. Hiç geri dönme, ne babandan ne benden ne ağabeylerinden hiçbir konuda muavenet, müzaheret bekleme. Yolun budur, bundan sonra böyle hareket edeceksin." Bu sık sık tekrarlanmıştır. Muhakkak ki diğer ağabeylerime de. Ama onlar zaten belli bir yetişkinlik düzeyine gelmişlerdi. Büyük ağabeyim üniversite mezunu oluyordu, mezun oldu ve İsviçre'ye ikinci fakülteyi okumak için gitti. Ortanca ağabeyim liseye başlamıştı. Yani zaten onlar bu eğitimi hep birlikteyken almışlardı. Rahmetli babamın başvekillikten önceki dönemini tanımayan, bilmeyen, yetişmemiş olan ben vardım; dediğiniz gibi Demokrat Parti'yle yaşıt ben vardım. Ama bu hep tembih edilmiştir ve bu tembihleri de hep tuttuk, bundan dolayı ailemize bir söz getirmedik. İlkokulda bir tane hocamız oluyordu zaten, bir de başöğretmen Rasim Bey. O bazen daha büyük sınıflara beni çağırır, matematik problemi çözdürür.

Matematiğiniz çok iyiydi, öyle mi?

İlkokulda öyleydi. Diğer derslerin zaten çoğu evde duyduğum, işittiğim şeyler. Hocalar da gayet yakınlık duyarlar, severlerdi. Okulda tam bir arkadaşlık havası hâkimdi. Çankaya İlkokulu'na ta Dikmen'den, plastik çizmeyle gelen öğrenciler vardı. Zaten oradan Kızılay'a kadar ilkokul yoktu. Yavaş yavaş yapıldı. Arkadaşlar arasında siyaset konuşulmazdı. Bunların bahsi açılmadı hiçbir zaman, hiçbir şekilde; gayet uyumluyduk. Futbola çok merakım vardı. Sınıf geçince "Hediye ne alalım?" dediklerinde "Top alın" derdim. Babam da teşvik ederdi. Bir ara ortanca ağabeyimin güzel bir bisikleti vardı, vitesli falan, benim bisiklet de eskimiş. İlkokulu bitirince anneme dedim ki, "Ya babam bana bir bisiklet almaz mı? Bu çok eskidi, küçük geliyor artık." Böyle bir şey aklımdan da geçiyor. Oralar da gezmek için müsait, trafik yok. Sonra sabah veya öbür gün "Anne ne oldu?" dedim. "Olmaz diyor baban" dedi. "Niye?" dedim. "'Şeytan arabası o, ne yapacak onu Aydın' dedi." Bir an düşündüm, ya kendisi de binmiş bisiklete, ağabeyimin vardı falan. Öbür taraftan da şöyle düşündüm dedim ki, ya önem vermiş, esirgiyor, şeytan arabası diye. Yani üzülebileceğim bir konu haline geleceği yerde, bir sevinç haline geldi.

Zaten akşamları gelinir, sofra kurulur, bazen kalabalık azdır, tanıdıklar vardır, o vakit annemler falan da katılırlar. Bazen daha kalabalık olur ama ben aradan ne yapıp yapıp, ne yapıyorlar, ne konuşuyorlar, onu dinlerdim. Babamın benle meşgul olmasına gelince, babamın bana hayatının hangi döneminde olursa olsun, belki ilk bir yıl haricinde "Ne istersin, ne yapalım" dese, "Nereye gidiyorsanız beni de yanınıza alın, yanınızda durayım ve ne yaptığınızı göreyim, neler konuştuğunuzu anlayabildiğim kadar duyayım" derdim. Evde misafir olsa, dışarıda arkadaşlarım olsa top oynayacağız, sinemaya gideceğiz şu bu, eğer bir tercih hakkım varsa ben evde kalayım misafirlerle bir köşede, ben de o konuşmaları dinleyeyim diye bir tercihte bulunurdum. Bundan dolayı da bir büyük bütünleşme söz konusu oldu.

Sonra 57'de ilkokul bitti, babam çağırdı. "Otur bakalım Aydın." Oturduk. "İlkokulu bitirdin maşallah. Şimdi ne yapmayı düşünüyorsun?" dedi. "Baba ilkokulda beni Çankaya'ya gönderdiniz, şimdi ödül verme sıranız geldi" dedim. "Babacığım siz de Amerikan Koleji'nde okumuşsunuz, emriniz olursa, ben de İstanbul Robert Kolej'e gideyim." "Bak bu düşünceni çok beğendim, çok doğru olur" dedi. "Görüşülsün, yazdırma işleri bitirilsin." Gittik, imtihana girdik, kazandık, İstanbul'a geldik. Tabii bu arada 54 seçimleri geçti. 57 seçimlerinin arifesinde ben İstanbul'a Robert Koleji'ne geldim. Babam her İstanbul'a gelişinde beni çağırır, aldırır, Yıldız Parkı'na gidilir. Böylece o yılları, 54 seçimlerini çok iyi hatırlarım. Hatta 2 Mayıs 1954'tü. 3 Mayıs da benim doğum günüm. Annem sabah çıkarken "Bak, Aydın tebrik ediyor seçim için. Elini öpecek" dedi. Babamın elini öptüm; saçımı okşadı, sevdi. "Ayrıca Aydın'ın bugün doğum günü. Böyle bir mutlu güne rastladı. Orada artık ne koparsa gönlünden" dedi annem. "Tabii derhal" dedi babam, "sen benim yerime Aydın'a bir 50 lira ver." Annem de gülmüştü "Bunu iyi ki söyledim, beni borçlu çıkarttın" diye. Gülüşerek ayrıldılar. Zaten üzerinde hiç para, kâğıt, kalem taşıdığını görmedim.

Herhalde başvekil olarak alması gereken notları özel kalem müdürü alırdı.

O aldırtır. Yani olur fakat kendisinin gerek insan tanıma, gerek olayları, rakamları hafızada tutmak itibarıyla son derece de güçlü, hiçbir şeyi kaçırmayan dikkati ve hafızası vardı. Kâğıda kaleme hiç başvurmadan rahat rahat yürütürdü. İşte rakamlarla konuşur ederdi. Sinemalara giderdik.

Sinemalara giderdik derken kimle giderdiniz?

Annemle, bazen, ağabeylerle. Gerçi büyük ağabeyim o, 51-52 kışı İsviçre'ye gitmişti, Kâmuran İnan Bey'le ikisi orada 3-4 yıl öğrencilik yapmışlardı.

Bu yaş günü kutlaması, hediye verme biçiminde mi olurdu, yoksa şimdi yapıldığı gibi mum, pasta filan mı?

Annem pasta yaptırtırdı. Ama bir tanesi hem üzücüdür, hem ilginçtir. 3 Mayıs 1960 günü, başbakanlıktan bir araba, bir kişi de geldi. Anneme sordum, hiçbir şey söylemedi, "Babanız doğum gününüzü kutluyor, gözlerinizden öpüyor, vakti dolu, Aydın'a bir şey alamadı. Şu iki kravatı hediye olarak size gönderdi" dedi. O günün o zor şartlarında bunu hatırlaması, çok olağanüstü bir şey.

Anlaşılan Başvekil Adnan Menderes, çocuklarıyla çok ilgiliydi. Türkiye'de böyle başvekiller, liderler, kolay kolay ailelerine zaman ayırmak için fırsat bulamazlar.

Bulamazlar. Halbuki, belki tekrar 50'ye bir dönüş gerekecek ama, 1957'de Ankara'ya gidiyorum, "Aydın da gelsin trenle, hafta sonu döneceğim, sadece bir gün kaybeder, bir şey olmaz" demiş. Geri dönüyoruz, trende Ethem Menderes var, oğlu var.

Yani Adnan Bey, oğlu Aydın'la beraber olmak için bir vesile üretiyor, trende gidiyoruz, bari o da gelsin anlamında değil mi?

Ethem Bey herhalde bir vesile üretiyor. İstanbul'da vilayete gittik, oturuyoruz. Heyetleri filan babam orada kabul ediyor. Öğlen yemeğini de beraber yeriz demiş. Dışarı artık çıkma vakti geldi, ne kadar ağırdan alsa da. Bir Ethem Bey'e baktı, bir oğluna baktı, bir de bana baktı. "Hadi hep beraber gidelim, karnımızı doyuralım." Kalktık o vakit Sirkeci'deki Konyalı'ya gittik. Hiç unutmam, o tandır kebabı, ben de kuru fasulye pilav, üstüne de kaymaklı kadayıf yedik. Ondan sonra zaten onun oraya gittiğini, bu tür yemekler yediğini de işitmiştik. Sonra "Otele bırakın beni" dedi, "Sen de gidersin gideceğin yere Aydın" dedi. Arabaya binince "Bak, oğlum görüyorsun değil mi?" dedi, "insanlar, baba evlat baş başa bırakmıyorlar, bir rahat yemek yesinler."

Kimden şikâyet ediyor?

Ethem Menderes'ten. Yani o öyle planlamış. "Aydın'la oturup, Konyalı'da şöyle birlikte yemek yiyelim, görüşelim." Fakat Robert Koleji'nde derslerimin iyisi vardı, ortası vardı. Hiçbir zaman, hiçbir dakika böyle sık nefes ederek "Aydın ne yapmış ne etmiş, dersi ne olmuş?" diye ne bunlarla kendisini meşgul etti, ne herhangi bir sorgu sualle karşılaştım. Zannediyorum yeterli derecede güveni vardı. Zaten çok sık görüşme imkânı da oluyordu.

Şunu sorayım, Menderes'lerin evinde dini geleneklerin, bayramların, kandillerin yeri neydi?

Tabii bayramlarda gelenler olur, büyükler olur, ipek mendillerin içinde az çok paralar getirenler olur. Eller öpülür, şekerler çikolatalar, ikram edilecekler önceden hazırlanır. Fakat babam rahmetli bayram cumartesi pazar, bunlar yok, mesaiye devam ederdi. Hatta annem bir gün annem kendisine, "Adnan bak en çok sizler geziyorsunuz, Avrupa'yı görüyorsunuz. İnsanların cumartesileri var, pazartesileri var. Tatili de var. Siz de biraz hiç olmazsa, kendinize zaman ayırsanız" deyince, rahmetli de gülüp, "E mesafeyi kapatalım da inşallah, biz de öyle yaparız" dedi tebessümle.

Berin Hanım Adnan Bey'e siz diye mi hitap ederdi?

Hayır, sen diye. Hitaplar sen şeklindeydi, fakat tabii bu, bulunulan ortama göre. Protokol içerisinde beyefendi olabilir. Evde bir insan varsa olabilir. Çünkü bir gün anneme demiş ki "Berin, ben sabah çıkarken sen bana bir şeyler söylüyorsun, bense o anda dua ediyorum, dua ettiğim için de sana cevap veremiyorum. Orada da bir sürü çalışan eden insan var. Hanımefendi konuşuyor, beyefendi cevap vermiyor derler, kafalarında yorum yaparlar. Onun için de kusura bakma, cevap veremiyorum ama sebebi de budur, bilmeni isterim." Annem de "Hay hay" demiş. "O zaman bütün vatandaşlara olduğu gibi ben de ismimi yazdırayım da, kalemin varsa, bana da bir randevu verdirt. Ben de meramımı anlatayım, çocukların şusu, büyüklerin busu." Evet. Ramazanlar olur, bayramlar olur, kandiller olur, simitler olur, hazırlıkları yapılır. Özellikle annemin gittiği iftar davetleri olur, iftara çağırdıkları olur. Bazen ben de onlarla giderdim, daha ziyade, bakanlar, hanımları, milletvekilleri hanımları, haftada bir gün de bezik oynarlar, böyle günleri de vardı.

En yakın görüştüğü bakan hanımları kimdi? Veya fark etmez miydi?

Fatin Bey'in eşi Emel Hanım, rahmetli annemin akrabasıydı. O zaten akrabalık, çok büyük bir yakınlık. Sonra babamın baba tarafı akrabalarından, milletvekili de olan, Kemal Akbaylar vardı milletvekili. Onun hanımı Lütfiye Hanım rahmetli, onunla çok sık görüşürdü. Rahmetli Emin Kalafat'ın eşi, Celal Yardımcı'nın eşi. Özellikle de, rahmetli Tevfik Bey'in (İleri) eşi Vasfiye Hanım'la da özellikle 27 Mayıs'tan sonra dost oldular; her ay uğramıştır, yani o da çok şahsiyetli bir hanımefendiydi. Ben hafta sonları Fatin Bey'in annesi Güzide Zorlu'da kaldım, İstanbul'da. Böyle de bir yakınlık var. Onunla da annem çok iyi görüşür, anlaşır. İstanbul'a gelince mutlaka uğrar. Şimdi birden isimleri hatırladım, Neriman Ağaoğlu, Rahmetli Servet Bey'in eşi, son derecede yakınlar. Sonra bakan olurlar, bakanlıkları biter, hanımlarıyla münasebetler, ailevi münasebetler sürer. Belli bir dönem Fuat Köprülü'nün hanımı Behice Hanım'la arası fevkalade, çok iyi anlaşırlar, uyuşurlar. Onlar sık sık görüşür, karşılıklı ziyaretler yaparlar birbirlerine, karşılıklı kahve içmeler, gelmeler şeklinde. Yani büyük bir kısmıyla münasebetleri vardı.

Celal Bayar'la ilişkiler nasıldı? Resmi ilişkiler miydi, böyle aile ziyaretleri, sohbetleri falan da olur muydu?

İlişkileri resmi kaldı. Rahmetli Bayar annemi çok severdi, çok saygı duyardı o da, Allah var, hep devam etti. Annem de Bayar'ı çok severdi, sayardı. Fakat bazı insanlarla, ne hikmetse Taha Bey, bir an geliyor ki aşılamaz mesafeler oluşabiliyor, yani o niye oluyor bilmiyorsunuz. Bir mesafe var, ama neden bilmiyorum.

Celal Bayar'la öyle miydi?

Evet tabii, gelinir gidilir ama protokole bağlı. İşte bugün şudur, kalkayım gideyim Reşide Hanımefendi'yi ziyaret edeyim, falan bunlar pek olmadı. Babamın cumhurbaşkanlığı köşküne gittiği, uğradığı, görüşüldüğü vakitler oluyordu.

Reşide Bayar'la Berin Menderes arasında fazla münasebet yoktu. Adnan Bey'le Celal Bayar arasındaki münasebetler de resmiydi. Öyle mi anlayalım?

Reşide Hanım'la rahmetli annem arasında sıcak ama sık olmayan bir münasebet vardı. Bayar ailesi ile bizim ilişkilerimiz de ayrı, babamın Bayar'la olan ilişkileri başbakan-cumhurbaşkanı veya iki kurucu, siyasetçi ilişkisi veya işte bu ilişkileri birbirinden farklıdır. Biz ilk taşındığımızda bir film makinesi var köşkte, bazen bizi de çağırırdı, giderdik orada film izlemek için. Bayar'ın daveti olurdu. Ama böyle çok yakın değil, yaş farkı da vardı tabii.

Ethem Menderes'le nasıldınız? Ethem Menderes'i soruşumun sebebi şu: Önceden bahsettiğimiz üzere Yassıada duruşmalarında Ethem Menderes çok kötü bir sınav verdi. 1950'lerde Ethem Menderes'le münasebetleriniz nasıldı?

1950'lerin başında daha çok gelip giderdi. Ama annemizin sürekli bir presi, markajı vardı. Ve rahmetli babam da, pek fazla eve, annemin göreceği, gözü önünde olacak yerlere pek çağırmadı Ethem Menderes'i.

Bu soğukluk nasıl girdi araya? Ki Berin Hanım Ethem Menderes'e hain dermiş.

Eski fikri, ta 1930'lardan itibaren aşağı yukarı. Abdi Ağa'yı da bu gammazlamıştır, attırmıştır filan. Orada çok köklü bir güvensizlik var. Hatta 27 Mayıs sabahı, "Oğlum bu Ethem Bey, milli müdafaa vekili ne yapıyor acaba?" diye bana sorarken arkasından da sizin bahsettiğiniz bilgiler döküldükçe, "Ah keşke haksız çıksaydım" dedi.

Demek ki Berin Menderes kişileri iyi tanıyormuş, kadınca bir hissi kablel vuku mudur desek?

Budur. İyi tanıyordu tabii. Şemi Ergin, Esat Budakoğlu gibi birkaç isim için, "Onlar da niye muhalefet ediyorlar durduk yere Adnan'a?" diye, yani kocasının hesabına onlara karşı bir tutumu olmuştur ama Ethem Bey'le ilgili olanı radikal bir tutum.

Ethem Bey'in karakterini sezmekten gelen bir şey.

Evet. "Sinsidir" derdi. "Babanı çekemez, bakma sen bu kadar

yanında gibi gözüktüğüne" derdi. Böyle bir duygusu vardı ezelden gelen. Ve dediğim gibi rahmetli de buna uydu. Ethem Bey'i de niçin bakan yapmıştır? Yani yanında bulundurmasının anlamı neydi? Çünkü içişleri gibi, milli müdafaa vekili gibi en kritik yerlere geldi Ethem Menderes.

Niye yapmıştır?

Çözemiyorum. Çünkü sonuç da alınamamış. Bir sonuç alınsa... Sonuç alınamamış, ki ihtilal oldu.

Ek

"Müdahaleci kapitalist, bürokratik ve inhisarcı bir devlet tipi..."

Menderes Tek Parti'yi eleştiriyor

Başvekil Adnan Menderes 29 Mayıs 1950 Çarşamba günü hükümet programını okudu.

Programda "Atatürk ilkeleri, Ulu Önder Atatürk" gibi referanslar yoktur, o zaman CHP'nin hükümet programlarında da bu ifadeler görülmezdi. Programda sonradan Atatürkçü kesim ve CHP tarafından eleştirilen temel husus "millete mal olmuş inkılaplar" terimini kullanarak "millete mal olmamış inkılaplar"ın da bulunduğu imasının yer almasıdır.

Menderes, 1950 seçimlerini "tarihimizde ilk defadır ki millî iradenin tam ve serbest tecellisi" olarak nitelemek suretiyle Tek Parti devrindeki seçimlerde ve meclislerde bu bakımından bir noksanlık gördüğünü ifade etmektedir. Menderes, Atatürk-İnönü devirleri arasında ayırım da yapmadan Tek Parti devrinde "uzun yılların beyhude israf edilmiş olduğunu ve hatta memleketin tabiî inkişaf seyrinin hatalı ve sakat politikalarla engellenmiş olduğunu" söylemektedir.

Menderes, Tek Parti rejimini böylece, "zamanla müdahaleci kapitalist, bürokratik ve inhisarcı bir devlet tipi ortaya çıkmıştır" diyerek eleştirmekte ve bunun millete yük olduğunu söylemektedir.

Menderes'in "devr-i sabık yaratmayacağız" ifadesi önemlidir. Fransız devriminde Jakobenlerin giyotinde hesap sorma ve yok etme anlamına gelen "eski rejim" terimini Menderes "devr-i sabık" olarak tercüme etmekte ve reddetmektedir. Anlamı Tek Parti devrinden hesap sorulmayacağıdır.

Bu "eski rejim" ya da "devr-i sabık" jakobenliğini 27 Mayısçılar yapacaktır.

Aşağıda Birinci Menderes Hükümeti programından alınmış bazı paragraflar veriyoruz. Ara başlıklar tarafımızdan konulmuştur.

Metinde görülen (soldan alkışlar) gibi kayıtlar, Meclis tutanaklarında mevcuttur ve tutanak kâtiplerinin oturuş düzenine göre DP sıralarını ifade etmektedir.

Milli irade ilk defa 1950'de

"Dokuzuncu Büyük Millet Meclisinin millî tarihimizde alacağı yer her bakımdan çok mühim olacaktır. Tarihimizde ilk defadır ki yüksek heyetiniz millî iradenin tam ve serbest tecellisi neticesinde millet mukadderatına hâkim olmak mevkiine gelmiş bulunuyor. Dokuzuncu Büyük Millet Meclisinin âzaları olan sizleri, Türk Milletinin hakiki mümessillerini selamlamakla derin bir gurur ve iftihar duymaktayız. (*Soldan alkışlar*)

Demokrat Parti'nin gayritabiî siyasi şartlar içinde devam eden beş yıllık çetin mücadeleleri On Dört Mayıs seçimleriyle en muvaffakiyetli surette sona ermiş ve artık memleketimizde normal siyasi hayat başlamıştır. Şüphe yok ki; Ondört Mayıs, bir devre son veren ve yeni bir devir açan müstesna ehemmiyette tarihî bir gün olarak daima anılacaktır. Bu tarihî günün hatırasını yalnız Partimizin değil, Türk demokrasisinin bir zafer günü olarak yâd ediyoruz. *(Soldan alkışlar)*

Filhakika asırlarca geri kalmış bir memlekette bugünün ileri milletleri seviyesine gelebilmek için duyulan ihtiyaçların sonsuz olmasına mukabil imkânlarımızın israf ve tahdit edilmiş bulunması Demokrat Parti hükümetlerini bir müddet için, çok çetin meselelerle karşı karşıya bulunduracaktır.

Biz aynı partinin birbirini takibeden hükümetlerinden biri değil, millet iradesiyle henüz iktidara gelen bir partinin hükümeti olduğumuz için, iktidarı devralırken karşısında bulunduğumuz müşküllere ve memleket işlerinin umumi manzarasına kısaca bir göz atmayı faydalı görmekteyiz. Bilhassa elimize mamur bir vatan devredilmekte olduğu iddialarına karşı bugünkü durumun umumi efkâr önünde açıklanması zaruri oluyor.

Bir memlekette hükümetlerin en değersizi bile uzun müddet iş başında kaldıktan sonra, şurada ve burada vücuda getirdiği bazı eserleri göstererek övünebilir. Fakat herhangi bir hükümetin vazifesinde muvaffakiyet derecesinin hakiki ölçüsü ancak başardığı işlerle elinde mevcut imkânların karşılaştırılması neticesinde taayyün eder.

Hakikat şudur ki; uzun süren Tek Parti hâkimiyeti devrinin hükümetimize intikal eden neticeleri bu ölçüye göre, asla müsait sayılamaz. Nitekim memleketimizin geniş imkânlariyle milletimizin yüksek vasıfları göz önünde tutulacak olursa, uzun yılların beyhude israf edilmiş olduğuna ve hatta memleketin tabiî inkişaf seyrinin hatalı ve sakat politikalarla engellenmiş olduğuna hükmetmek icabediyor.

Millî ve siyasi murakabeden mahrum bir idarenin çok uzun yıllar sürüp gitmesi, birçok hataların irtikâbına, israflara ve ifratlara yol açmıştır. Eski iktidarın Tek Parti hâkimiyetinde ifadesini bulan siyasi görüş ve kanaatleri onun iktisadi ve mali politikasına da aksetmiştir; vatandaş yalnız devletin siyasi ve idari hükmü altında bulundurulmakla iktifa olunmak istenmemiş, onu iktisadi sahada da nüfuz altında tutmak temayülüne göre hareket edilmistir.

Böylece, zamanla müdahaleci kapitalist, bürokratik ve inhisarcı bir devlet tipi ortaya çıkmıştır. Bu tip devletin; masrafları mütemadiyen artırarak memleketi borçlanma yoluna sokmuş olmasını ve iş ve istihsal hayatını kısırlaştırarak iktisadi kaynaklarımızın gelişmesine engel olmuş bulunmasını tabiî görmek lâzımdır.

Devletçiliğe karşı piyasa ekonomisi

Şimdiye kadar verdiğimiz izahattan anlaşılmış olacaktır ki, iktisadi ve malî görüşlerimizin esası bir taraftan devlet müdahalelerini asgariye indirmek diğer taraftan iktisadi sahada devlet sektörünü mümkün olduğu kadar daraltmak ve buna emniyet vermek suretiyle hususi teşebbüs sahasını mümkün olduğu kadar genişletmek diye ifade olunabilir. Bu esasların takibinden doğacak ilk neticelerden biri devlet tesis ve işletmeciliğini tabiatı ve mahiyeti icabı olarak yalnız ve yalnız hususi teşebbüs ve sermayenin hiçbir suretle ele alamıyacağı işlere ve bir de aynı zamanda âmme [kamu] hizmeti mahiyetinde olan iktisadi işlere hasretmek olacaktır. Çünkü bize göre hususi mülkiyet ve şahsi hürriyete dayanan bir iktisat rejiminde, iktisadi sahanın asıl olarak ferde veya şirket halinde hususi teşebbüse ait olması lazımdır.

Devletin doğrudan doğruya iktisadi teşebbüslere girişmesi, nâzım veya murakabeci olarak iktisadi sahada üzerine vazifeler alması ancak bir istisna teşkil etmeli ve ancak katî zaruret haline inhisar etmelidir.

Bundan böyle âmme karakterini haiz olmayan sahalarda işletmeciliğe geçmiyeceğimiz gibi muhtelif sebepler altında kurulmuş olan işletmeleri, âmme hizmeti gören ve ana sanayie taallûk edenler hariç, muayyen bir plan dâhilinde elverişli şartlarla peyderpey hususi teşebbüse devretmeye çalışacağız. (*Soldan bravo sesleri, alkışlar*)

Devlet iktisadi teşekkül ve teşebbüslerinin iktisadi bünye üzerinde teşkil etmekte oldukları ağırlığı hafifletebilmek için idare ve murakabelerini de daha sağlam esaslara bağlamak ve fuzuli görülen teşkilâtı lâğvetmek kararındayız. (*Soldan alkışlar*)

Ticari sahada iç ve dış şartların müdahaleyi zorlamadığı hallerde işi serbest ve normal kaidelere bırakmak asıl olacaktır. (*Soldan alkışlar*)

Tarıma öncelik veren kalkınma

Yeni iktidarı Halk Partisi'nden ayıran mühim bir görüş farkı da, ziraat işlerimizin ele alınışında tecelli edecektir. Nüfusumuzun yüzde sekseni ziraatle meşgul bulunmakta, Türkiye'de ziraat millî ekonominin ticaretimizin ana kaynağını teşkil etmektedir. Bunun içindir ki, millî gelirin artması ve her sahada kalkınmanın ana şartı bu temelin kuvvetlenmesi suretiyle mümkün olabilecektir.

Ziraatin iktisadi bünyemizin temelini teşkil ettiğini hiçbir zaman gözden uzak tutmayacağız.

Eski iktidarın yaptığı gibi gösterişçi ve pahalıya mal olan bir devlet müessesesinin, karasaban ve kağnının mahkûmu olan geri bir zirai bünye üzerine kurulamıyacağı, kurulmak istendiği takdirde ise millî ekonomiyi takatsiz düşüreceği hakikati daima hesap olunmak lâzımdır.

Bugüne kadar takip olunan yol şayet şu kısaca ifade ettiğimiz görüşe mutabık olsaydı, yalnız ziraatimiz inkişaf etmekle kalmaz diğer bütün istihsal ve iktisadi faaliyet şubelerinde de çok feyizli gelişmelere şahit olmak mümkün olurdu.

Ziraati ön plana alan böyle bir görüşle hareket ederek zirai kredi davasını, ziraat alet ve vasıtaları meselelerini hastalık ve haşerelerle mücadele, iyi tohum ve tohumları ıslah mevzularını ziraat tekniğini ilerletme çarelerini ehemmiyetle yeni baştan gözden geçireceğiz.

Küçük ve büyük sulama işlerine hız vermenin verimi süratle artıran ve yeni yeni teşebbüslere geçmek imkânını veren bir mevzu olduğuna kaniiz. Topraklandırma işini daha emniyetli, pratik ve süratli usullere bağlamak niyetindeyiz.

Unutulmamak icabeder ki, daha düne kadar milyarı geçen Devlet Bütçesi içinde Ziraat Vekâletine tahsis olunan miktar otuz milyon lira civarında idi. Ve bu nispet hiçbir zaman bütçenin yüzde üçünü geçmemiştir.

Eğitim politikası

Maarif işlerimize gelince:

Maddî bakımdan ne kadar ilerlemiş olursa olsun, millî ve ahlâki sarsılmaz esaslara dayanmayan, ruhunda mânevi kıymetlere yer vermiyen bir cemiyetin, bugünkü karışık dünya şartları içinde kötü akıbetlere sürükleneceği tabiîdir. Talim ve terbiye sisteminde bu gayeyi göz önünde bulundurmıyan, gençliğini millî karakterine ve ananelerine göre mânevi ve insani kıymetlerle teçhiz edemiyen bir memlekette ilmin ve teknik bilginin yayılmış olması, hür ve müstakil bir millet olarak yaşamanın teminatı sayılamaz. (*Soldan bravo sesleri, alkışlar*).

Yıllardan beri sarih bir istikametten ve rasyonel bir plandan mahrum olduğu için mütemadi değişikliklere, sarsıntılara uğrayan maarifimizin, milletçe katlanılan büyük maddi fedakârlıklarla mütenasip bir verimlilik arzetmediği açık bir hakikattir. Hükümetimiz, Parti Programımızda tesbit edilmiş esaslar dairesinde, bu büyük millî davayı bir kül halinde ehemmiyetle ele almış bulunuyor. Tamamiyle demokratik bir ruh ile ve ilmin son neticelerine göre tesbit edilecek geniş ve teferruatlı bir plân içinde maarif nimetini memleketin her tarafına müsavi şartlarla yaymayı temin edecek kanun tasarılarını hazırlıklarımız biter bitmez yüksek tasvibinize arzedeceğiz. (*Soldan alkışlar*)

Devr-i sâbık yaratmamak

Çok muhterem milletvekili arkadaşlarım, seçimlere takaddüm eden zamanlarda Demokrat Parti adına neşrolunan seçim beyannamemizde ifade ve taahhüt olunduğu gibi, iktidar değişikliğinin memlekette maddi ve ruhi hiçbir sarsıntıya meydan vermemesi ve bilhassa bir devr-i sâbık yaratmak gibi meşum temayüllerin önlenmesi, esaslarında azmimiz katidir. (*Soldan alkışlar*)

Bundan başka, gene seçim beyannamemizde yazıldığı üzere, millete mal olmuş inkılâplarımızı mahfuz tutacağız. (*Soldan alkışlar*)

Demokratik inkılâbımızın bugüne kadar elde edilmiş neticelerini mahfuz tutmakla kalmayıp, Anayasada vatandaş hak ve hürriyetlerine ve millet iradesine dayanan istikrarlı bir devlet nizamını teminat altında bulunduracak esaslı tadiller hazırlayıp huzurunuza arzetmek kararındayız.

Bunun sebebi, bugünkü Anayasanın kuvvetler birliği esasına dayanması ve vatandaş hak ve hürriyetlerini kâfi teminat altında bulunduracak müeyyidelerden mahrum olmak itibariyle millet hâkimiyeti yerine Tek Parti hâkimiyetinin kurulmasına mâni olamamış bulunmasıdır.

Bununla muvazi olarak, kanunlarımızda itiyatlarımızda ve telâkkilerimizde Tek Parti devrinden arta kalan ne varsa tam olarak tasfiye edeceğiz. (*Soldan alkışlar*) Bu cümleden olmak üzere, meselâ Matbuat (Basın) ve Ceza Kanunları, Memurin Muhakemat Kanunu gibi belli başlı antidemokratik hükümleri ihtiva eden kanunları ve mevzuatımız içinde yer yer tesadüf olunan buna mümasil hükümleri demokrasi ruhuna uygun tadillerle huzurunuza getireceğiz. (*Soldan alkışlar*)

Aşırı sol, irtica, laiklik

Biraz yukarda millete mal olmuş inkılâplarımızın korunmasından bahsetmiştik. Bu konuda bilhassa üzerinde duracağımız mesele memleketi içinden yıkıcı aşırı sol cereyanları kökünden temizlemek için icabeden kanuni tedbirleri almaktır. (*Soldan alkışlar*) İrticai ve ırkçılık gibi ayırıcı cereyanları vasıta olarak kullanan ve çok defa kendisini bu maskeler altında gizliyen aşırı solcu hareketlere karşı gereken bütün kanuni tedbirleri almakta asla tereddüt etmiyeceğiz. Biz bugünün şartları içinde aşırı sol cereyanları fikir ve vicdan hürriyeti mevzuunda mütalâa etmek gafletinde bulunmıyacağız. (*Soldan bravo sesleri*)

Bugün aşırı sol cereyanlara mensup olanların, mücerret bir fikir ve kanaat sahibi olmaktan ziyade yıkıcı cereyanların aletleri olduklarına şüphemiz yoktur. Fikir ve vicdan hürriyeti perdesi altında bütün hürriyetleri kan ve ateşle yoketmekten başka bir maksat gütmiyen bu ajanları adalet pençesine çarptırmak için icabeden kıstasları vuzuh ve katiyetle tesbit etmek zaruretine inanıyoruz. (*Alkışlar*) Ancak bu suretledir ki, mizah veya siyasi tenkid kisvesi altında ayakta tutunmak istenilen ve hakikatta düpedüz aşırı sol cereyanların eseri olan neşriyatın tahribatından memleketi korumak kabil olabilecektir.

İrticai tahrike asla müsaade etmemekle beraber din ve vicdan hürriyetlerinin icaplarina riayet edeceğiz. Hakikî lâyikliğin manasını biz böyle anlamaktayız. Programımızda da sarahaten ifade edildiği gibi, hakikî lâyikliği dinin devlet siyasetiyle hiçbir ilgisi bulunmaması ve hiçbir din düşüncesinin kanunların tanzim ve tatbikında müessir olmaması şeklinde anlıyoruz. Bu itibarla gerek din dersleri meselesinde gerekse din adamlarını yetiştirecek yüksek müesseselerin faaliyete geçmesi hususunda icabeden tedbirleri süratle ittihaz etmek kararındayız. (*Soldan alkışlar, bravo sesleri*)

Dış politika

Bugün her hangi bir partinin değil bütün milletin müşterek kanaatinin bir ifadesi olan dış siyasetimiz hakkında fazla bir şey söylemeye ve Birleşmiş Milletler idealine olan samimi bağlılığımızı tekrara lüzum görmüyoruz. Ananevi İngiliz ve Fransız ittifakına ve Birleşik Amerika ile en sıkı dostluk ve iş birliğine dayanan, dostluklarına daima sadık kalan, uzak yakın ve büyük küçük bütün milletlerin istiklâl ve toprak bütünlüklerine her zaman hürmetkâr olan dış siyasetimizin sulhcü mahiyeti bütün dünyaca malûmdur. Bu açık ve samimi siyasetimizin, coğrafi durumumuzun ehemmiyet ve nezaketi ve milletimizin en ağır şartlar altında dahi tebarüz eden yüksek ruhi kudreti itibariyle, demokrasi cephesi ve cihan sulhu için mühim bir âmil olduğuna inanmaktayız.

Truman Doktrini ve Marşal yardımiyle bu sulhçü siyasetimizi desteklediğinden dolayı kendisine milletçe samimi şükran hisleri beslediğimiz büyük dostumuz Birleşik Amerika ile ve büyük müttefiklerimiz İngiltere ve Fransa ile siyasi, iktisadi, kültürel münasebetlerimizi, samimiyet ve anlayış havası içinde her gün daha kuvvetlendirmek en büyük emelimizdir. (*Soldan alkışlar*)

Bu arada, cihan sulhu için haiz olduğu ehemmiyet her gün daha iyi anlaşılan Şarkî [Doğu] Akdeniz emniyetini maddi ve manevi bakımlardan korumak ve kuvvetlendirmek için, bir taraftan büyük dostumuz ve müttefiklerimizin dikkat ve alâkalarını bu mesele üzerine çekmek, diğer taraftan da kendilerine sıkı dostluk rabıtaları ile bağlı bulunduğumuz Yakın Şark [Ortadoğu] devletleriyle daha sıkı münasebetler kurarak bu bölgelerde adalet ve anlayış esaslarına dayanan samimi bir dostluk ve tesanüt havası yaratmak lüzumunu duymaktayız.

Kanaatimize göre, bu neticenin süratle elde edilmesi yalnız bu bölgelerin değil hattâ Orta Şark memleketlerinin, binnetice dünyanın emniyeti bakımından da büyük bir ehemmiyet arzetmektedir. (*Soldan alkışlar*)"

Kaynak: *TBMM Zabıt Ceridesi*,
Devre IX, cilt 1, s. 32, gün 29 Mayıs 1950.

Fotoğraf albümü

Adnan Menderes gençlik yıllarında.

Adnan Menderes Serbest Fırka yıllarında.

Berin Menderes.

Adnan Menderes ve Berin Menderes'in çocukları Yüksel, Mutlu ve Aydın Menderes. 1940'ların sonu.

Adnan Menderes oy kullanırken.

Adnan Menderes ile Refik Koraltan.

Menderes halka hitap ediyor. (Solunda Namık Gedik.)

Adnan Menderes askeri selamlarken.

Berin Menderes, İsmet İnönü ve Mevhibe İnönü'yle beraber.

Berin-Adnan Menderes bir davette.

Berin Menderes, Adnan Menderes ve Fatin Rüştü Zorlu.

Başbakan Adnan Menderes Kırşehir, Nevşehir ve Hacıbektaş gezisinde halkın arasında, Şubat 1960.

Yassıada'da ilk anlar.

Menderes, Yassıada'da iki askerin nezaretinde mahkemeye götürülüyor.

Topkapı Olayları davası sanıkları duruşma salonuna götürülüyor.

Ayhan Aydan "Bebek Davası"nda ifade veriyor.

Aydın Menderes Örtülü Ödenek davasında ifade veriyor.

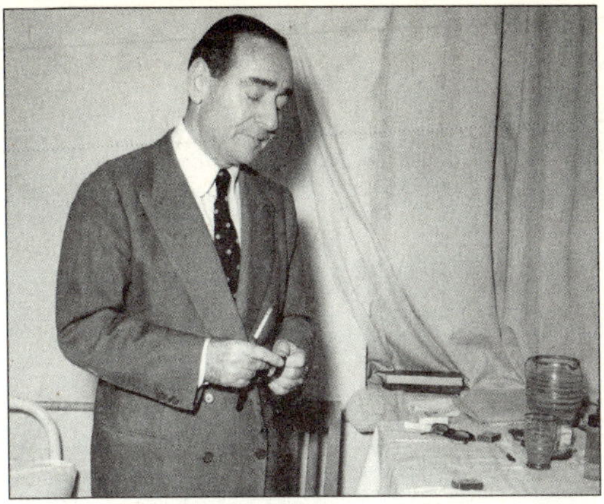

Adnan Menderes Yassıada'da 1 No'lu odasında.

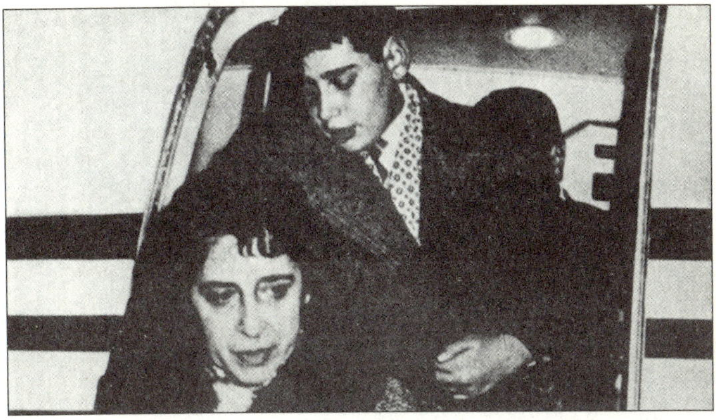

Menderes ve ailesinin görüşmesine izin çıkınca
Berin ve Aydın Menderes uçakla İstanbul'a gelirler.

Yassıada'da Menderes, eşi Berin Hanım ve oğlu Aydın bir aradalar.

Adnan Menderes İmralı Cezaevi'nde infazını beklerken.

1961 Ağustosu'nda Menderes ailesi Yassıada Komutanı Tarık Güryay'ın odasında son kez birlikteler.

Pazartesi 18 Eylül 1961

Hürriyet

GÜNLÜK MÜSTAKİL SİYASİ GAZETE

Kolynos

Menderes de idam edildi

Altı doktor, sıhhatinin iyi olduğuna dair rapor verdi

Zorlu ve Polatkan'dan sonra son infaz da İmralı'da yapıldı

Türkiye'nin on beşinci Başbakanı Adnan Menderes, Marmara denizindeki Mahkûmlar Adası İmralı'da dün öğleden sonra idam edilmiştir.

Tarihi rapor

İnfaz

Resmî tebliğ

Yassıada Sanıkları Ayrı ayrı 2 Cezaevine Veriliyor

GÜMÜŞPALA MBK ÜYELERİ İLE GÖRÜŞTÜ

"Hususi bir meseleyi konuştuk" diyen AP lideri açıklama yapmadı

Hürriyet gazetesinin 18 Eylül 1961 tarihli nüshasında Adnan Menderes'in idamı bu şekilde duyuruldu.

Aydın Menderes ve eşi Ümran Menderes.

Sayın Aydın Menderes ve muhterem eşi Ümran Menderes Hanımefendi'ye
bu kitabın meydana çıkmasındaki büyük katkılarından dolayı
Doğan Kitap olarak teşekkür ederiz.

Milliyet arşivinden 27 Mayıs'a ait kupürler ve karikatürler

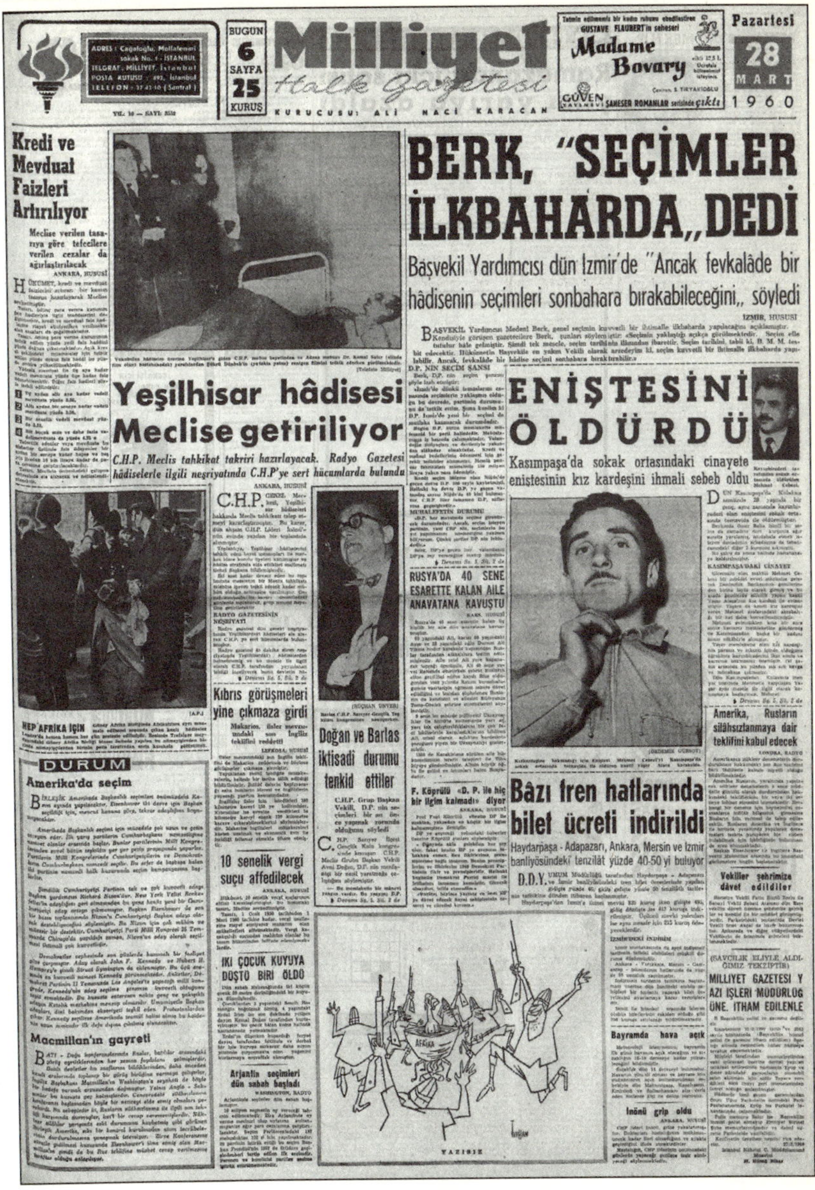
Milliyet
Halk Gazetesi
KURUCUSU: ALİ NACİ KARACAN
BUGÜN 6 SAYFA 25 KURUŞ
Pazartesi 28 MART 1960
GUSTAVE FLAUBERT'in eseleri
Madame Bovary
GÜVEN SAHESER ROMANLAR serisinde çıktı

BERK, "SEÇİMLER İLKBAHARDA,, DEDİ

Başvekil Yardımcısı dün İzmir'de "Ancak fevkalâde bir hâdisenin seçimleri sonbahara bırakabileceğini,, söyledi

Kredi ve Mevduat Faizleri Artırılıyor

Meclise verilen tasarıya göre tefecilere verilen cezalar da ağırlaştırılacak

Yeşilhisar hâdisesi Meclise getiriliyor

C.H.P. Meclis tahkikat takriri hazırlayacak. Radyo Gazetesi hâdiselerle ilgili neşriyatında C.H.P.'ye sert hücumlarda bulundu

ENİŞTESİNİ ÖLDÜRDÜ

Kasımpaşa'da sokak ortasındaki cinayete enişstesinin kız kardeşini ihmali sebeb oldu

RUSYA'DA 40 SENE ESARETTE KALAN AİLE ANAVATANA KAVUŞTU

Kıbrıs görüşmeleri yine çıkmaza girdi

Doğan ve Barlas iktisadî durumu tenkid ettiler

10 senelik vergi suçu affedilecek

IKI ÇOCUK KUYUYA DÜŞTÜ BİRİ ÖLDÜ

Arjantin seçimleri dün sabah başladı

DURUM

Amerika'da seçim

Macmillan'ın gayreti

Bâzı tren hatlarında bilet ücreti indirildi

Haydarpaşa - Adapazarı, Ankara, Mersin ve İzmir banliyösündeki tenzilât yüzde 40-50'yi buluyor

Amerika, Rusların silâhsızlanmaya dair teklifini kabul edecek

Vekiller şehrimize dâvet edildiler

MİLLİYET GAZETESİ YAZI İŞLERİ MÜDÜRLÜĞÜNE İTHAM EDİLENLE

Bayramda hava açık

İnönü grip oldu

F. Köprülü «D. P. ile hiç bir ilgim kalmadı» diyor

HEP AFRİKA İÇİN

YAZIŞIK

28 Mart 1960

İktidar seçimlere gideceğini açıklıyor

Menderes iktidarına yöneltilen suçlamalardan biri diktatörlük ilanına hazırlanmaktı. 28 Mart 1960 tarihli *Milliyet*'e, Başbakan Yardımcısı Medeni Berk'in, ilkbaharda veya sonbaharda seçime gidileceğine dair açıklaması görülüyor. Hükümet Meclis'e de seçmen kütüklerinin yenilenmesi için kanun tasarısı sevk etmişti.

Milliyet Halk Gazetesi

KURUCUSU: ALİ NACİ KARACAN

Perşembe 26 MAYIS 1960

BUGÜN 6 SAYFA 25 KURUŞ

Başvekile göre Komisyon işini bitirdi

Menderes, vazifesi 3 ay olarak tesbit edilen komisyonun işinin dün bittiğini açıkladı

Eskişehir'de "Ölçüsüz hareketlerin hatâsına düşmeyeceğiz,, diyen Başvekil, Tahkikat Komisyonunun bundan sonraki çalışmalarının sâdece dosya üzerinde yapılacağını söyledi

Dünkü MECLİSE AİT NEŞRİYAT YASAK EDİLDİ

Sebep: Tahkikat Komisyonunun tahkikatı selâmetle yürütebilmesi

ÇIROZ BOLLUĞU

AİLELERİ ARANIYOR

Trabzon, Afyon ve Isparta'daki hâdiselerin neşri yasak edildi

D.P. GRUP TOPLANTISI 1,5 SAAT SÜRDÜ

Parti liderleri yurt gezilerine çıkıyor

Başvekil Eskişehir ve Konyadan sonra Güney - Doğu illerini ziyaret edecek

Bu dönem Yedek Subay alınmıyor

Yedek Subay okulları Ekim devresine kadar kapalı kalacak

BANDA ALDI

Ankara'da açık hava tiyatro ve sinemaları faaliyette bulunabilecek

BU GÖZLER NELER GÖRDÜ!...

PAZAR GÜNÜNDEN İTİBAREN MİLLİYET'TE

ÜNİVERSİTELİLER TECİLLERİNİ POSTA İLE YAPTIRACAKLAR

ANNESİ KURTARDI

Müstehcen neşriyattan 2 gazeteci mahkûm oldu

Turistik sefere çıkan Hacı namzedi, ibriğine 14 bin lira saklamış

AMERİKAN UÇAKLARI BÜTÜN RUSYA'NIN RESMİNİ ÇEKMİŞ

Menderes'in ziyaretini tehiri Yunanistan'da üzüntüye sebep oldu

Eğitim Enstitülerinin imtihanları belli oldu

Amerikan gazetecileri Nasır'ı protesto etti

3.5 metrelik yılan bir timsahı yuttu

OZAVCI DÖNDÜ

26 Mayıs 1960

"Yolumuz seçim yolu"

Menderes'in 25 Mayıs'ta Eskişehir'de yaptığı konuşmaya ilişkin *Milliyet*'in manşeti... Tahkikat Komisyonu'nun sonu: Başbakan Menderes Tahkikat Komisyonu'nun görevi tamamladığını, "ölçüsüz hareketlere" girmeyeceklerini söylüyor, "yolumuz seçim yoludur" diyor.

BUGÜN 6 SAYFA 25 KURUŞ

Milliyet

Halk Gazetesi

KURUCUSU: ALİ NACİ KARACAN

ÇANLAR KİMİN İÇİN ÇALIYOR

Türkiye Yaymevi

CUMA 27 MAYIS 1960

Bâzı D.P. Milletvekilleri durumun ıslâhını istiyor

Arzulanan hususlar arasında hükûmette tadilât ve Örfi İdare sona erer ermez seçimlere gidilmesi var

Zorlu, "En kısa Zamanda seçime Gidilecek" dedi

Diğer bâzı Mebuslar ise tedbirlere taraftar

İnönü Başvekile Cevap Verdi

GÜVENLİK KONSEYİNDE RUS TEKLİFİ REDDEDİLDİ

Başvekil dün bir konuşma yaptı

Konuşma metnini, ancak Anadolu Ajansından yayınlama mecburiyeti yüzünden doğan teknik imkânsızlık sebebiyle neşredemiyoruz

Ankara Üniversitesinin açılmasını rektör talep etti

400'e yakın profesör ve asistanın dilekçelerini müzakere eden İstanbul Senatosu, Başvekil'in Turgutlu nutkunun cevaplandırılmasını kararlaştırdı

Cevabî notamız Rusya'ya verildi

İstanbulda ses ve ışık gösterileri yapılacak

Eskişehir'de CHP'li bir avukatın yazıhanesi taşlandı

Mahrumiyet bölgelerinde değişiklik

TALAT PAŞA'NIN KAATİLİ ÖLDÜ

ÖNDE KAMYONA SONRA

İstanbul'un 507 nci Fetih yıldönümü münasebetiyle tören yapılmıyacak

Bâzı Cemiyet, Dernek ve Kurumların faaliyetine Örfi İdare müsaade etti

Tütün Kraliçesi Geldi

ÜMİT DENİZ sizlere yılın en güzel aşk, macera ve cinayet romanını sunuyor:

YAKUT GÖZLÜ KEDİ

Pazar Günü "MİLLİYET"TE

27 Mayıs 1960

Darbe gününün gazeteleri

Sabaha karşı yapılan darbe, o günün teknolojisiyle gazetelere girmemiş. *Milliyet* DP'nin Meclis grubunda hükümet değişikliği, sıkıyönetimin kalkması ve seçimlere gidilmesi için hareket olduğunu haber veriyor. Yandaki iki haber, İnönü "seçim şartları gerçekleşirse memleket huzura kavuşacaktır" diyor, Menderes bir tesisin temelini atıyor.

Milliyet
Halk Gazetesi

KURUCUSU: ALİ NACİ KARACAN

BUGÜN 6 SAYFA 25 KURUŞ

Cumartesi 28 MAYIS 1960

YAZI ve TEKSİR

Meclis Feshedildi

Yeni Anayasa hazırlanana kadar siyasî faaliyet durdu

Hapisteki gazeteciler, subaylar ve talebeler tahliye olunuyor. Kapatılan gazeteler açıldı

Üniversite ve Yüksek Okullar açılıyor

BÜTÜN Türkiye'de idareyi eline alan Silâhlı Kuvvetler tarafından teşkil edilen «Milli Birlik Komitesi» Meclisi fesh ettiğini açıklamıştır.

Örfi İdarece çıkarılan tebliğler de iptal edilmiş ve yeni Anayasanın hazırlanması için Rektör Sıddık Sami Onar'ın başkanlığında Profesörlerden müteşekkil bir ilim heyeti kurulmuştur.

Milli Birlik Komitesi Başkanı ve Silâhlı Kuvvetler Başkumandanı Orgeneral Cemal Gürsel, saat 16 da radyoda Türk milletine hitab ederek, «Gayenin süratle temiz ve dürüst bir demokratik nizam kurmak ve devletin idaresini milletin iradesine terketmek» olduğunu söylemiştir.

ÜNİVERSİTELER AÇILIYOR

KAPALI GAZETELER AÇILDI

"NE MUTLU, TÜRKÜM DİYENE!.."

Gürsel "Diktatör olmıyacağım,, dedi

Milli Birlik Komitesi Başkanı millete hitab ederek dürüst bir demokratik nizamın kurulacağını bildirdi

Orgeneral Cemal Gürsel, politika ihtirası ile şuuru bozulanları vaktiyle ikaz ettiğini açıkladı

İLİM VE HUKUK HEYETİ KURULDU

Rektör Onar'ın riyasetindeki profesörler yeni bir anayasa hazırlayacaklar

MEMURLAR BUGÜN MESAİYE BAŞLAYACAK

Menderes, Kütahya yolunda yakalandı

Reisicumhur, Meclis Reisi ve sâbık hükûmet erkânı muhafaza altına alındı. Menderes de Ankara'ya getirildi

ATATÜRK — ARTIK RAHATÇA UYUYABİLİRİM...

28 Mayıs 1960

Asker ve hazırol vaziyetinde genç

Darbeyi haber veren gazete manşetlerinden bir örnek; asker, hazırol vaziyetinde genç, darbe fetvası verecek "İlim ve Hukuk Heyeti", Gürsel'in "Diktatör olmayacağım" açıklaması ve "Menderes Kütahya yolunda yakalandı" haberi...

Milliyet *Halk Gazetesi*

KURUCUSU: ALİ NACİ KARACAN

BUGÜN 8 SAYFA 25 KURUŞ

BÜYÜK TÜRK ROMANI DAĞ BAŞINI DUMAN ALMIŞ ÇIKTI

Yazan: OĞUZ ÖZDEŞ

Çıkaran: TÜRKİYE YAYINEVİ

PAZAR 29 MAYIS 1960

Hükûmet kuruldu

Reisicumhur ve Başvekil Orgl. Gürsel seçimin 3 ay içinde yapılacağını söyledi

Gürsel "Âyân Meclisi, Anayasa Mahkemesi tesis edilecek" dedi

Nisbî temsile göre olacak seçimlere partiler eşit şartlarla katılacak

YENİ KABİNE

YENİ hükûmet dün Devlet Reisi Başvekil ve Başkumandan Orgeneral Cemal Gürsel tarafından ilân edilmiştir. Yeni kabine ilk toplantısını yarın saat 9 da yapacaktır.

Nezaretteki sâbık vekiller birbirlerini itham ediyor

Harbokulunda muhafazada tutulan Bayar, Menderes, Gedik, Koraltan, Ethem Menderes ve Zorlu ayrı odalarda kalıyor

Gedik ve A. S. Korur "Hakikatleri açıklayacağız" dediler

HÜRRİYET ŞEHİTLERİ İÇİN KAMPANYA

Şehit Üniversitelilere Üniversite bahçesinde dikilecek anıt için ilk gün 48 bin lira toplandı

YENİ VEKİLLERİN HAL TERCÜMESİ

Şehit gençlerin Gömüldükleri Yerler açıklanacak

İlim ve Hukuk Heyeti ilk tebliği yayınladı

Heyet, gayri meşrû hale gelen idareye karşı girişilen hareketin meşrû olduğunu bildirdi

Polisler silâhsız olarak vazifelerine devam ediyor

TEBERRU LİSTESİ

HÜRRİYET ŞEHİTLERİNDEN BİRİNİN MEZARI

29 Mayıs 1960

"Üç ayda seçim" sözü!

Darbenin lideri "seçimlerin üç ayda yapılacağı" sözünü veriyor! Dönemin yaygın retoriği "hürriyet şehitleri" için kampanya... Ve aşağıda küçük bir haber: İlim ve Hukuk Heyeti İlk Tebliğini Yayınladı... Hukuk profesörleri darbenin meşru olduğuna dair fetva vermişlerdi.

ADRES: Cağaloğlu, Mollafenari sokak No. 1 - İSTANBUL
TELGRAF: MİLLİYET, İstanbul
POSTA KUTUSU: 492, İstanbul
TELEFON: 27 42 10 (Santral)

BUGÜN 8 SAYFA 25 KURUŞ

Milliyet
Halk Gazetesi

KURUCUSU: ALİ - NACİ KARACAN

Defalarca filme alınmış, dünyaca meşhur roman MAVİ MELEK
Yazan: Heinrich Mann
GÜVEN YAYINEVİ ŞAHESER ROMANLAR serisinde çıktı

Pazartesi 30 MAYIS 1960

Fatin Rüştü Zorlu'nun eşinin kaçırıp sakladığı kutunun içinden 4,5 milyon liralık mücevherat çıktı.

Askeri Vali Tulga, dün Davutpaşa'da nezarette bulunanların arzusu üzerine kendileri ile konuştu.

Sâbık Devlet ve Hükûmet erkânının İstanbul'a getirilerek tecrit edildiği haberi resmen tekzip edildi.

Yeşilköyden geçen İran Şahı, Türk Ordusunun girişmiş olduğu harekâtı çok tasvib ettiğini söyledi.

VESİKALAR AÇIKLANACAK

Orgl. Gürsel "Asîl milletimiz yaşadığı karanlık günleri bütün çıplaklığı ile öğrenecektir,, dedi

Millî Birlik Komitesi Başkanı dış basına harekâtın yurdu hürriyete kavuşturmak için yapıldığını belirtti

YENİ KABİNE TOPLANIYOR

Yeni hükûmet, Millî Birlik Komitesinin yetkililerini devir alacak

507 NCİ YILDÖNÜMÜ

HÜRRİYET ŞEHİTLERİ İÇİN KAMPANYANIN 2. GÜNÜ
YEKÛN: 70.430 LİRA

Çanakkale âbidesinin yükselmesini sağlayan vatandaşlarımızın Hürriyet Şehidleri için hiç bir fedakârlıktan kaçınmayacağı muhakkaktır

EN BÜYÜK 5 BAĞIŞ

TEBERRU LİSTESİ

ANAYASA HEYETİ ŞEHRİMİZE GELDİ

İNÖNÜ GÜRSEL'İ DÜN ZİYARET ETTİ

Bölükbaşı tarafından da ziyaret edilen Başvekil Gürsel ile İnönü arasındaki görüşme yarım saat devam etti

Örfi İdare Sözcüsü "Aleyhte bir teşebbüs intihar olur,, dedi

Yurt dışına çıkış bir müddet için durduruldu

Pakistan yeni Türk hükûmetini tanıdı

Şehit olan gençlerin Üniversite bahçesine gömülmeleri isteniyor

30 Mayıs 1960

Resmi yalanlar

Yalanlar "resmi tebliğ"ler olarak savruluyordu. Fatin Rüştü Zorlu'nun eşinin 4.5 milyon liralık mücevher kaçırdığı yalanı bunlardan sadece biridir. Darbe lideri daha neler olduğunu ima ederek "vesikalar açıklanacak" diyor.

ADRES: Cağaloğlu, Mollafenari sokak No. 1 - İSTANBUL
TELGRAF: MİLLİYET, İstanbul
POSTA KUTUSU: 492, İstanbul

BUGÜN 8 SAYFA 25 KURUŞ

Milliyet
Halk Gazetesi

KURUCUSU: ALİ NACİ KARACAN

YATAK ODALARINIZ İÇİN
SAĞLAM YOL HALILARI

SALI 31 MAYIS 1960

Gedik İNTİHAR etti

Odasının penceresini parçalayarak 10 metre yükseklikten kendini dışarı atan sâbık dahiliye vekili boynu kırılıp öldü

Gedik yakalandığı günden beri sinir buhranı geçiriyordu

ANKARA, HUSUSİ

NAMIK GEDİK'İN ODA ARKADAŞI
ETHEM MENDERES HADİSEYİ İZAH ETTİ
Sâbık Milli Müdafaa Vekili, Gedik'in istikbal endişesiyle intihar etmiş olabileceğini söyledi

Ş. ERGİN, GEDİK İÇİN "ALLAH TAKSIRATINI AFFETSİN,, DEDİ

YENİ KABİNE TOPLANDI
Yayınlanan tebliğde, hürriyetleri tahdit eden kanunların lâğvedileceği ve dış taahhüdlere sadakatımız bildirildi

Başvekâlet binası önünde toplanan binlerce Ankara'lı Orgeneral Gürsel'e ve yeni hükûmet âzâlarına büyük tezahürat yaptılar ve kurbanlar kestiler

SARPER, ZORLU İLE GÖRÜŞTÜ

"İHTİLAL DEDİĞİN BÖYLE OLUR,,

GEDİK'İN DAMADI TEVKİF EDİLDİ

BAŞVEKÂLET TEBLİĞİ

PASTERNAK DÜN ÖLDÜ

Mebuslardan bir kısmı Yassıada'ya sevkedildi
Harbokulundaki 70 mebus İstanbul'a gönderildi. Davutpaşada bulunanlar da bugün naklediliyor

Bir mebus, evraklarını yakarken ele geçirildi

31 Mayıs 1960

Darbenin ilk kurbanı

Darbenin ilk kurbanı merhum Namık Gedik'in intihar haberi...Ve adalet tarihinin kanlı bir utanç dönemi olan Yassıada Mahkemeleri'nin başlangıcına dair ilk haber: Demokrat Partili Milletvekillerinin Yassıada'ya sevkıyatı başlıyor.

Milliyet

Halk Gazetesi

KURUCUSU: ALİ NACİ KARAÇAN

BUGÜN 6 SAYFA 25 KURUŞ

Perşembe 2 HAZİRAN 1960

BUZHANELERDEN TOPLU HALDE CESETLER ÇIKTI

Cesetlerin ekserisinin nümayişlerde öldürülen talebeler olduğu açıklandı

B.B.C. Radyosu bir albayla yapılan konuşmayı yayınladı

Antidemokratik Kanunlar Ayıklanacak

Hukukçulardan kurulu heyet dün çalışmaya başladı, faaliyet bir ayda bitirilecek

Yeni ticaret rejimi ilân EDİLECEK

Cihat Iren, tasarruf yapılacağını ve icabında kemerlerin sıkılmasının istenebileceğini açıkladı

Davutpaşa Kışlasında kalanlar dün gece Yassıada'ya sevkedildi

Selim Sarper anlaşmalara sadık kalınacağını bildirdi

Hariciye Vekili, ancak, müstakil ve hükümran bir politikanın tatbikinde farkların olabileceğini söyledi

Sarper, Anderimen'ların intihar meselesini tahkik ettirdiğini, neticeyi alınca açıklayacağını bildirdi

Hariciye Vekili, Harb Okulunda ziyaret ettiği sâbık Vekillerin durumu hakkında malûmat verdi

BAŞVEKİL GENÇLİĞE HİTAP ETTİ

İLMİ HEYET ÇALIŞIYOR

İNÖNÜ "HAREKÂTTAN HABERİM YOKTU„ DEDİ

İHTİLÂL HAREKETİNİ MEMLEKETTE MEŞRU BİR AMELİYAT KABUL ETTİĞİNİ BİLDİREN C.H.P. LİDERİ, KİN DUYGULARININ ORTADAN KALKMASINI İSTEDİ

ELİNE TAŞ BAĞLANAN UŞAK VALİSİ ENGİN, ANKARAYA GETİRİLDİ

Suçluluğunu kabul eden sâbık vali, "Bana emir veren Gedik'di, şimdi nasıl isbat ederim„ dedi

BASININ BEYANNAMESİ

CENTO delegeleri dün Gürsel'i ziyaret etti

İZMİR'DEN YASSIADA'YA 16 KİŞİ GÖNDERİLDİ

— BEYFENDİ!
— RİCA EDERİM, BANA HAKARET EDEMEZSİNİZ...

2 Haziran 1960

Korkunç ve iğrenç yalan

Menderes'in öldürttüğü gençlerin cesetleri buzhanede bulunmuştu... Bu yalan darbeden önce çok fısıldanmış, gençleri sokak hareketlerine, askerleri darbeye tahrik eden etkenlerden biri olmuştu.

Milliyet
Halk Gazetesi
Kurucusu: Ali Naci Karacan
BUGÜN 6 SAYFA 25 KURUŞ
Perşembe 9 HAZİRAN 1960
YAZI ve TEKSİR

Harbokulunun imha plânları açıklandı

Orgl. Cemal Gürsel, bu konuda Bayarın riyasetinde Çankaya'da yapılan toplantının tafsilâtını anlattı

Sâbık Cumhurbaşkanı 1500 Harbiyelinin imhasında hiç mahzur olmadığını söylemiş

Dilâver Argun icabında ordunun lağv edileceğini bildirmiş

Şehrimizde dün iki büyük miting yapıldı

Taksim ve Beyazıt meydanlarını dolduran binlerce insan hürriyet sevincini haykırdı

ESKİ ANKARA VALISI "Ordu nedir ki,, demişti

İSKOÇLARI 4 - 2 YENDİK

Ordu mensupları ziynet eşyasını hazineye veriyor

Hazinenin altın stokunu takviye maksadıyla 1. Zırhlı Tugay ve mensuplarının teşebbüsü ile başlayan harekete halk da katılıyor

DURUM
Rey avcılığına paydos

Kıbrıs'ta miting

Şehitler Ankara'ya Naklediliyor

Kapatılan Üniversite bugün tekrar açılıyor

KAMPANYAYA MİLLİYET TE KATILIYOR

Milli Birlik Komitesi bir kurucu meclis şeklinde çalışacak

VALİLİKLERE TAYİN YAPILDI

Amerika 52 milyon lirayı serbest bıraktı

İzmir'de de dört aile çocuklarının kayıp olduğunu bildirdi

9 Haziran 1960
Harbiye'yi imha planı
Darbenin lideri Org. Cemal Gürsel, Cumhurbaşkanı Bayar başkanlığında toplanan Demokrat Parti yöneticilerinin "1500 Harbiye öğrencisinin imha edilmesi için planlar hazırladığını" resmen açıklıyor! Yalanın bu kadarı artık sözün bittiği yerdir! Önemle üzerinde durulması gereken husus, Demokrat Parti'nin maruz kaldığı kin ve husumetin boyutlarıdır ve "27 Mayıs ideolojisi"nin bu kör fanatizmidir.

Milliyet
Halk Gazetesi
BUGÜN 6 SAYFA 25 KURUŞ
KURUCUSU: ALİ NACİ KARACAN
PAZAR 12 HAZİRAN 1960
TÜRKİYE KREDİ BANKASI
Beheri 45.000 T.L. değerinde APARTIMAN DAİRELERİ ZENGİN PARA İKRAMİYELERİ

Mahkemeler teşkil ediliyor

İlim heyeti, sâkıt ricalin hususî ihtilâl mahkemelerinde yargılanmasını istedi

İlim Komisyonu mahkemelerin yetkisini ve cezaî müeyyideleri tesbit için tâli bir komite kurdu

Türk Parasının Kıymeti Yükseliyor

Suriye'de 18 kuruş olan bir lira şimdi 40-45 kuruşa çıktı. Dolar da geriliyor

GÜRSEL ÇELENK KOYDU

Subaylara 1 yıl kıdem verildi

Millî Birlik Komitesinin yayınladığı kararname ile evvelce yapılmış olan bâzı nasıplar da düzeltildi

ULUÇ İZMİR'DE

DURUM

İnkılâbın şayânı hayret neticeleri

GEÇİCİ ANAYASANIN BAZI MADDELERİ TADİL EDİLDİ

SUİİSTİMAL İHBARI yapanın suiistimali MEYDANA ÇIKARILDI

Diyanet İşleri Reisi emekliye sevkedildi

Bir nümayişçiye tekme atarken resmi çekilen D. P.'li inkâra kalkıştı

Bavulunda iki polis elbisesi ile Ankara'da yakalanan Kemal Temizkap İzmir'e götürüldü

TEKMEYİ BÖYLE ATMIŞTI

İSTİFA ETTİRDİLER

YÜKSEL MENDERES Belgrad'a tâyin edildi

100 Hariciyecinin yerlerini değiştiren kararname ile Sâbık Başvekilin oğlu Cenevre'den Belgrad'a getirildi

Japonya'da dün de nümayişler yapıldı

Tolga "Elimizde bir çok vesika var,, dedi

Beyazıt hâdiseleri tahkikatı başladı

Suhunet gölgede 31 dereceye çıktı

Makarios, müzakereler için şart koşuyor

ŞEY...

KOPAN HECELER

12 Haziran 1960

Hukukun yüz karası hukukçular

İçinde dönemin ünlü hukuk ulemasının yer aldığı "İlim komisyonu", hukukun doğal hâkim ilkesini çiğneyerek "ihtilal mahkemesi" kurulması için fetva veriyorlar! Bu "İlim komisyonu" Demokrat Partililere uygulanacak "müeyyideleri" de tespit edecekti! Hukukun "kanunların geriye yürümezliği" ilkesini de çiğneyerek Türk Ceza Kanunu değiştirilerek yeni suç tanımları yapılacak ve Yassıada Mahkemesi tarafından Demokrat Partililere uygulanacaktır!

Milliyet
Halk Gazetesi
BUGÜN 6 SAYFA 25 KURUŞ
KURUCUSU: ALİ NACİ KARACAN
SALI 5 TEMMUZ 1960
HAZRETİ MUHAMMED
ANADOLU EVLİYALARI

Artus "en az 11 genç öldürüldü„ dedi

Devlet Bakanı yolsuzlukları ve kanunsuz hareketleri anlattı

Sâbıklardan birinin 3 vapuruna yük bulmak için Amerikadan 400 milyonluk yağ alınmış

Amerika dün 1 milyar lira hibede bulundu

Serbest bırakılan paranın 500 milyonu Millî Savunma hizmetlerine tahsis edildi Bu yıl 100 milyon dolar yardım muhtemel

HASTA BİR GENÇ KIZ HAZİNEYE ZÜRİH'TEN KÜPELERİNİ GÖNDERDİ

SORUŞTURMA KURULU

Fırtınadan 2 kişinin öldüğü anlaşıldı

Bir kişi de kayıp. Dün de şiddetli yağmur yağdı.

EVVELKİ GÜNKÜ KAYIPLAR

Yeraltı faaliyetine Girişen bir şebeke Meydana çıkarıldı

Gürsel üniversite'li gençlere hitab etti

İlim yuvalarına copla ve tabancayla saldıranların alçak olduğunu söyleyen Devlet Başkanı, iş adamlarına da iktisadi durumun feci olduğunu bildirdi

DURUM
AMERİKAN YARDIMI

Devlet ve Hükümet Başkanı, icabettiği zaman sel gibi kan akıtılabileceğini söyledi

Darülacezede yapılan yolsuzluklar açıklandı

9 milyonluk bağış için muamele yapılmadığı ve müdürün, evine hediye götürdüğü anlaşıldı

ŞEY
HASTALIK

5 Temmuz 1960

"Sel gibi kan akıtılabilir!"

Darbe hükümetinin Devlet Bakanı Âmil Artus "en az 11 genç öldürüldü" diye yalan söylüyor. Ve darbenin lideri Gürsel'in İstanbul Üniversitesi'ni ziyareti... Gürsel Paşa, hukuk profesörlerinin alkışları arasında "icap ettiği zaman sel gibi kan akıtılacağını" söylüyor!

Turhan Selçuk'un fırçasından 27 Mayıs

28 Mayıs

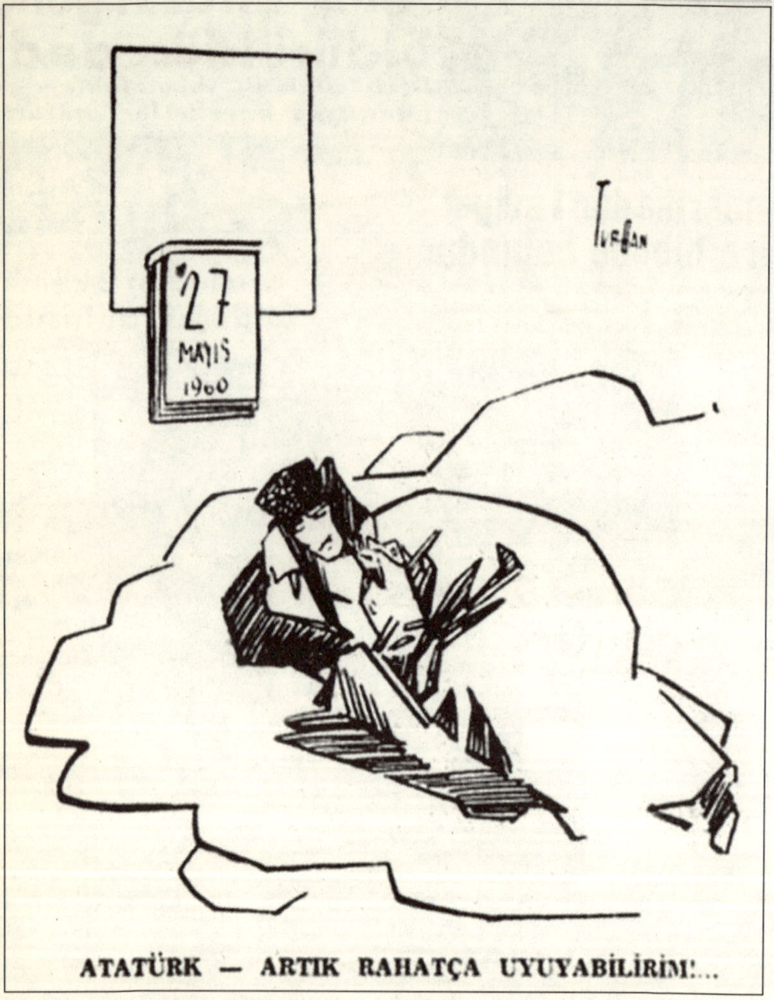

ATATÜRK — ARTIK RAHATÇA UYUYABİLİRİM!...

29 Mayıs

30 Mayıs

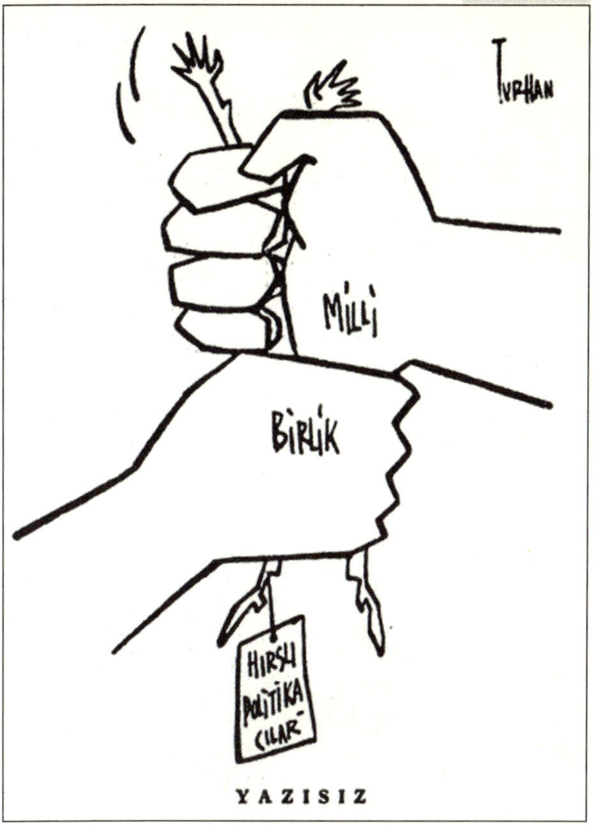

31 Mayıs

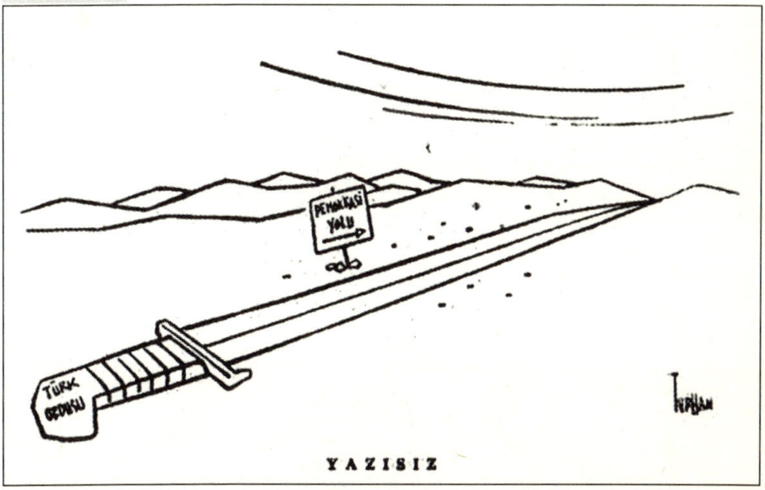

9 Haziran

5 Temmuz

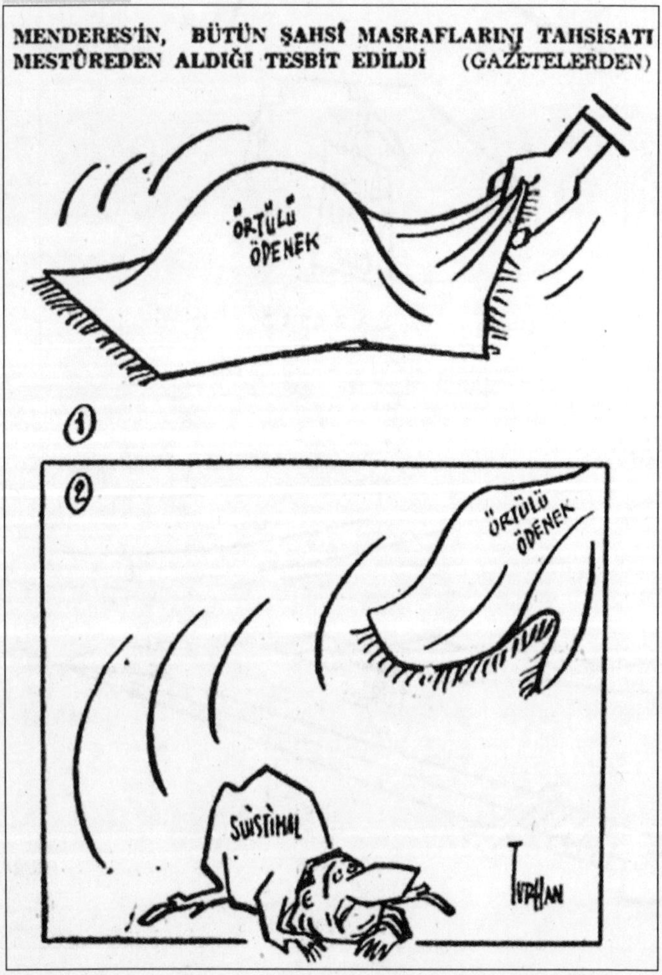